用得上的商学课

路骋 编著

中信出版集团 | 北京

图书在版编目（CIP）数据

用得上的商学课 / 路骋编著 . -- 北京 : 中信出版社，2019.4（2021.6 重印）

ISBN 978-7-5217-0121-0

Ⅰ. ①用… Ⅱ. ①路… Ⅲ. ①商业经济学 Ⅳ. ① F710

中国版本图书馆 CIP 数据核字（2019）第 033632 号

用得上的商学课

编 著 者：路骋

出版发行：中信出版集团股份有限公司

（北京市朝阳区惠新东街甲 4 号富盛大厦 2 座 邮编 100029）

承 印 者：北京盛通印刷股份有限公司

开 本：880mm × 1230mm 1/32 印 张：13.5 字 数：265 千字

版 次：2019 年 4 月第 1 版 印 次：2021 年 6 月第 6 次印刷

书 号：ISBN 978-7-5217-0121-0

定 价：68.00 元

服务热线：400-600-8099

投稿邮箱：author@citicpub.com

目 录

2 读得懂的互联商业

3 学得会的品牌传播

4 做得到的自我迭代

自　序
你有多久没有投资你自己了？

你会投资房子，投资车子。

你会投资“圈子”，投资第一个孩子，投资第二个孩子。

但你有多久没有投资你自己了？

一

你的老板缺少识人的眼光，更没有用人的魄力；你的员工要么眼高手低，要么纸上谈兵；你的同级只会拍马屁，拉帮结派，小肚鸡肠。

你举重若轻，经天纬地；你怀才不遇，渐遇瓶颈……

这么烂的工作，辞了吧。辞？开什么玩笑？房贷怎么办？孩子的学费怎么办？老人的医药费怎么办？

要不，再等等吧……为了家庭，再等等吧。

我们这一代人所有的不安全感和焦虑，都源自我们把最珍贵的一切投资了别人，而舍不得为自己投资，哪怕只投资一点儿。

二

2013年，我放弃了价值上亿元的期权，重回校园，完成了清华-MIT Global MBA[①]的进修。毕业后，常有人问我，你读书时最大的收获是什么？

我想了想，是知识吗？我是一个“学渣型”的“学霸”，读书期间，我每天用6个小时在图书馆学习，“堆”出了清华年级第八的成绩。我在学校的最强人脉是图书馆的管理员。

是人脉吗？因为是国际班，我的同学遍布世界，个个都是实打实的行业精英，一等一的圈层领袖。到今天，这个圈子里的人仍不时地带给我最新的认知。

都不是。我最大的收获，是视野和格局。

什么是视野和格局呢？就是进修之后，我知道了自己有多么无知，有多么渺小，有多么坐井观天，有多么自以为是。

你也许还记得，网上流传的哈佛图书馆凌晨4点的景象。我总在问自己：兔子在奔跑，而我这只乌龟该怎么办呢？

---

① 清华-MIT Global MBA即清华大学经管学院与麻省理工学院（MIT）斯隆管理学院联合推出的工商管理硕士（MBA）项目。——编者注

三

傅盛曾在一篇文章中提到，所谓成长，就是认知升级。有一幅认知结构图，说明了人们认知的四种状态。

第一种，不知道自己不知道——以为自己什么都知道。这种人占 95%。

第二种，知道自己不知道——有敬畏之心，有空杯心态。这种人占 4%。

第三种，知道自己知道——抓住了事物的规律，提升了自己的认知。这种人只有 0.9%。

最后一种，不知道自己知道——永远保持空杯心态，这是认知的最高境界。这种人只占 0.1%。

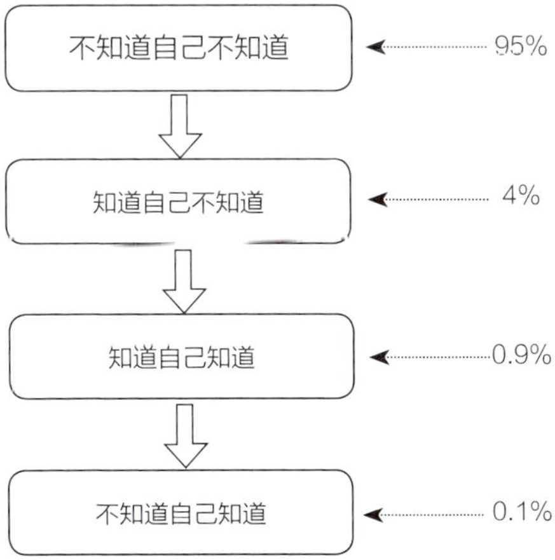

多么可怕，95% 的人不知道自己不知道。而我在读书之后，也许才可以定义自己属于那 4%，即知道自己不知道的人。

四

名校 MBA 毕业生的平均工资是年薪 45 万元。清华、北大 MBA 毕业且年薪破百万元的，车载斗量，不可胜数。有人预言，未来社会 96% 的社会劳动将被人工智能取代。毫不夸张地说，如果没有经过系统性商业认知的梳理，未来的我们将确定被这个社会淘汰。

那为什么这么有价值的内容，不是每个人都能学到呢？第一，名校 MBA 都有工作年限的要求，一般要求有 5 年以上工作经验，以及 3 年以上管理经验，这就让一大批刚刚步入职场的年轻人无法企及。第二，名校 MBA 学费不菲，动辄几十万元，最重要的是，全日制的学习需要你两三年内完全放弃工作和收入，全身心回到校园，这就让一大批有家庭负担的人望而却步。

因此，2017 年，我们决定开设一门音频课程，名字叫“用得上的商学课”。我们愿做喧嚣世界里与自己“死磕”的匠人，把中国顶尖的商学院课程，以及全美最前沿的 MBA 商科内容，浓缩成一门音频课程。

这门课程共有 100 期，每一期都介绍了一个独立的知识点，用户能从中收获在当下的商业实践中，可以拿来比照、参考的方法或者思路，能获得有关商业底层、企业经营、组织管理的洞察或者思考。希望这些内容可以很好地帮助你串联对商业规律的完整理解，打开你在认知升级过程中更多的可能。

“用得上的商学课”分为看得透的用户心理、读得懂的互联商业、学得会的品牌传播、做得到的自我迭代四大模块，总计 100 节。每节有一个知识点，每个知识点有三种用法。

五

截至本书出版，“用得上的商学课”全网累计订阅量已经超过了 65 万份。这个数字，按付费人数来看，说全网“遥遥领先”，恐怕问题不大。我们做了粗略的统计，在过去一年多的时间里，几乎平均每分钟就有一个用户订阅了我们的课程。

于是，在中信出版集团的大力协助之下，我们决定将这门课程转化为书籍出版。书籍终究是人类学习最好的工具。

在此也需要特别说明，本书内容的原始稿是为音频场景设计的。在转化为书稿的时候，为了提高严谨性，我们对文字做了结构上的调整，也因此会丢失一些在音频场景独有的小设计、小包袱。这是两种学习场景天然的差别，这一点，恳请读者谅解。

如果你觉得看书不够过瘾，那不妨找音频课程来听。我们有

65 万人的口碑推荐，肯定差不了。

如果你希望和我产生更多的连接，第一时间获取最新的内容，又或者对本书有任何意见或建议，你可以在“老路识堂”微信公众号回复“商学课书”4 个字，我们将在第一时间为你解答。

六

最后，感谢樊登读书会创始人樊登老师；有书 CEO（首席执行官）雷文涛先生；我们的投资人英诺天使基金创始合伙人李竹先生和红杉资本中国基金合伙人曹曦先生；知名心理学家、专栏作者刘轩先生；清华大学苏世民书院副院长、经管学院教授，我的授业恩师钱小军老师对本书的真诚推荐。这一路，有你们不吝提携斧正，真好。

还要感谢此课程内容的共同编撰者、我的合伙人李世凡先生，以及内容生产团队的严臻、安玲、吕凌雪等。是大家的共同努力，让这些内容成为知识付费行业的一匹黑马，这份荣耀属于团队的每一个人。

最重要的是，感谢书本前的你，是你让我们有机会与你一起投资自己。

那么，你有多久没有投资你自己了？

1

看得透的用户心理

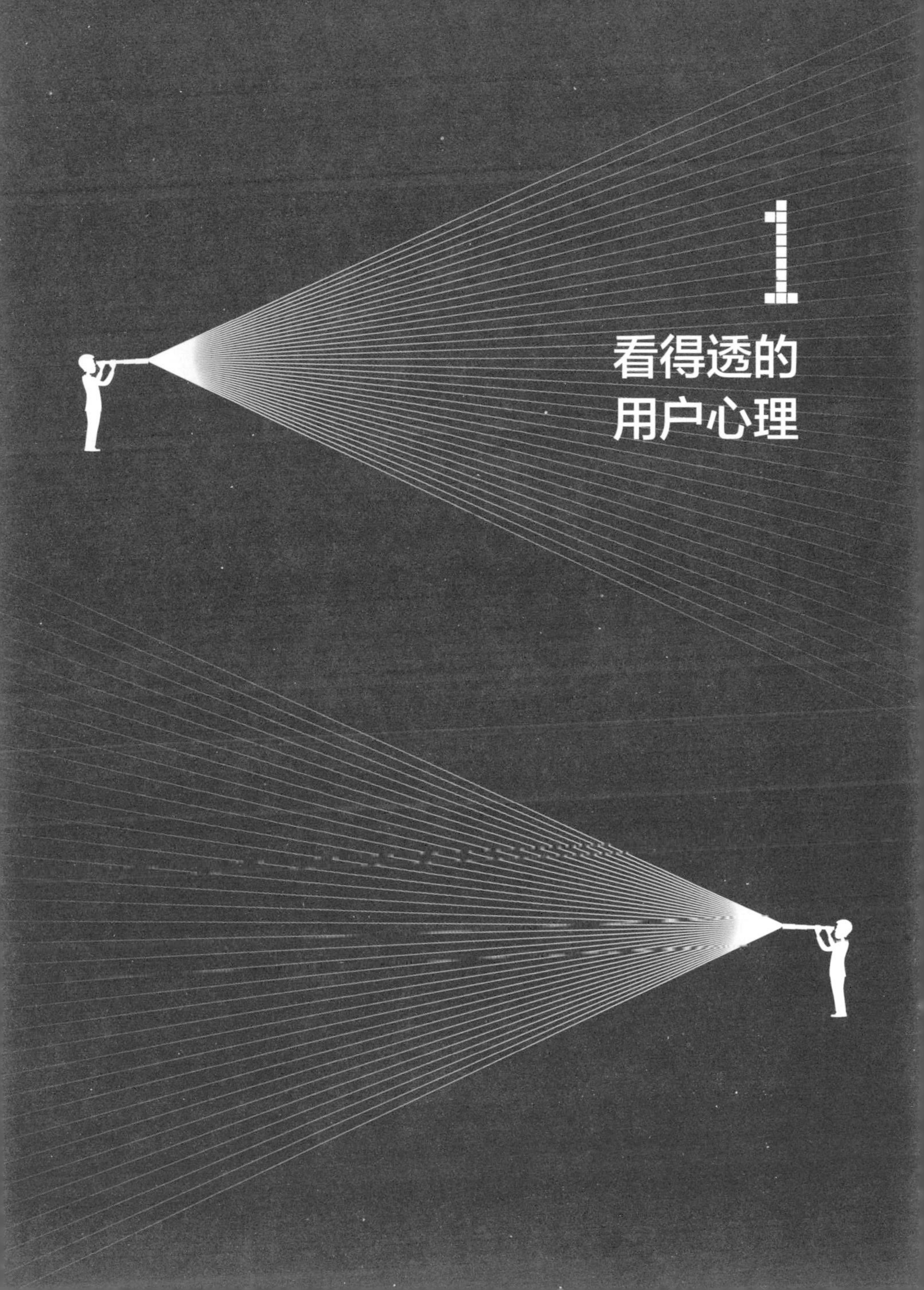

第1章

成本，你真的算对过吗？
微观经济 · 成本

放弃的鱼，就是你选择熊掌的代价
——机会成本——

读了世界上最贵的 MBA

有朋友曾经开玩笑说："老路，你可能读了这个世界上最贵的MBA。"其实，就学费而言，清华－MIT Global MBA 这个项目虽然不便宜，但也绝对算不上全世界最贵。[①]上学这两年，我在学校食堂吃饭，在图书馆学习，平时的交通工具是二手自行车，花费应该跟普通大学生差不多。了解这个项目的人可能会说，你读的是全日制课程，要上学就不能工作，这两年本应拿到的工资和奖金收入

① 2018 年，该项目学费约为 19.8 万元。

也算你上学的成本。

机会成本

我们每天都在做选择，而每个人所拥有的时间、金钱、社会资源都是有限的，所以我们为了得到某一样东西，通常都不得不放弃另外一些东西。在经济学里，这些不得不放弃的东西，就是我们为当前选择所付出的机会成本。

确实，学费并不能完全代表上 MBA 所放弃的东西。这种计算方法忽略了进修的最大成本——时间。当我把两年的时间用来听课、在图书馆学习和写论文时，我就不能把同样的时间用于工作。为了读书而不得不放弃的工作收入，就是每个职场人重回校园最大的代价。何况我辞职的时候还放弃了价值上亿元的期权。

我算过一笔账，如果我的一个同学犯懒了，没去上某一节课，折算下来大概损失 500 元。而对于我来说，算上所有的机会成本，逃一堂课相当于损失 15.6 万元——北京学区房 1 平方米的价格。这也是为什么我在读书的时候一堂课都不敢逃，外加每天至少要花 6 个小时在图书馆。

机会成本帮你做出更理性的选择

理解机会成本有利于我们做出更理性的选择，尤其是在投资领域。比如，你投资了 10 万元，一年后，那个项目原封不动地还给你 10 万元，那你是既没赔又没赚吗？如果你懂得了机会成本的概念，你就知道，你一定赔了用这 10 万元投资其他标的可以赚到的固定收益。假设你用这笔钱投资银行的理财产品，可以拿到年化收益率为 5% 的收益，那么在这个案例中，你相当于间接损失了 10 万元的 5%，也就是 5 000 元。

通常来说，在今天的中国，懂得一些投资理念的人一般可以把自己的投资年化收益率稳定在 8%~10%（当然，这个数字因人而异）。那么，假设你可以使你自己的投资年化收益率稳定在 8% 以上，你的每一分钱就有了 8% 的机会成本。换言之，任何一笔投资，如果没赚到相当于年化收益率为 8% 的收益，对你来说就是赔了。

为了理解机会成本，我们需要记住下面这三个词。

第一个词，所有。所有的选择都有机会成本。比如，那些在海南买了房的有钱人，甚至还专门买了车放在三亚——车被闲置在地库，房子就算空着也不出租。这个机会成本就是把房和车出租给他人所能获得的租金收入。有人会说，到冬天我就去海南住了，总没有机会成本了吧。其实不然。自己住的机会成本，就是把房子租给他人所能获得的租金收入。所有的选择都有机会成本，这也是为什么我们说，世上真的没有免费的午餐。

第二个词，最大。我写音频文稿时，为了能深入浅出地厘清逻辑，还必须要把内容控制在 7 分钟左右，这就需要我非常自虐地反复推敲文字，一篇文章至少需要 4 个小时才能完成。如果我用同样的时间来做其他事情，比如能赚 200 元，那么我写文章的机会成本就是 200 元。我们发现，当我不做这件事时，我可以做其他很多事。机会成本必须是做这个决策时放弃的那个“最大代价”，而不能是“任何代价”。

第三个词，必然。你的机会成本是你必然可选的那个选项。什么意思呢？我能不能说写文章的 4 个小时，还能被我用来拍价值 800 万元的广告，所以我的机会成本是 800 万元呢？当然不能。因为我不是明星，拍广告对我来说不是必然能选的。同样地，我买彩票也许能中 500 万元，这种小概率的事件或者只是理论上可行的事情，都不能作为机会成本。

一句话理解机会成本：

鱼与熊掌不可兼得。放弃的鱼，就是你选择熊掌的代价。

我做得比你好，就应该我做吗？
——比较优势——

核磁共振分析方法的骗局

曾经有个美国人发明了一种分析核磁共振数据的简单方法，这个发明使得医疗成本大大降低。很快，全美各地的核磁共振数据就都用这种所谓的神奇设备分析了。结果很不错，于是人们将这位发明家视为英雄。直到有一天，一位记者调查了这位发明家，并爆料，这个所谓的发明只不过是一台价值600美元的电脑。实际上这位发明家玩了个“猫腻”，他把这些核磁共振数据转发到印度，给那些收费很低的医生分析，然后再将这些分析结果告诉客户。整个美国都震怒了，这个人根本不是发明家，就是一个大骗子！

其实，单说分析工作本身，印度医生并不一定比美国医生更精准，或者更有效率。也就是说，印度医生并没有绝对优势，但是印度医生在这个工作上具有“比较优势”。那什么是比较优势呢？

比较优势与绝对优势

举个例子，工作不久的数据分析专员需要两个工作日才能完成一份常规的数据报告，而鉴于我年轻时做过数据分析工作，我可能只需要一个小时就可以完成。显然，比起数据分析专员，我拥有绝对优势。

那么，是不是所有的数据报告都应该由我来做呢？假设在同样的一个小时内，我可以完成一份市场投放计划，这份计划能让公司在未来一年内节省 800 万元的市场费用。如果我不做计划，而去做常规的数据报告，我的机会成本是多少呢？我们在前一节中介绍过，这个机会成本至少是 800 万元。而数据分析专员呢？如果他不做这份报告，就只能做初级的数据整理，怎么算，机会成本也不会高于 800 万元。

在数据报告这件事上，虽然我拥有绝对优势，但数据分析专员却有着明显的“比较优势”。也就是说，他能用比我更低的机会成本产出这份数据报告。

了解比较优势对我们有什么用？如何将其应用在个人生活和工作中？这里有三个建议供你参考。

第一，在不具备比较优势的事情上，主动出让。比如大家熟悉的苹果手机，它所有的装配工作都是由富士

绝对优势和比较优势的区别

所谓的“你耕田我来织布”，其实是说，你耕田的效率比我高，所以耕田由你来；我织布的效率比你高，所以织布由我来。而比较优势强调的是，即便你织布的效率比我高，只要我的机会成本更低，织布还是应该由我来做。

康完成的。苹果为什么不自己做装配？是因为不如富士康专业吗？未必。关键在于，在装配这件事情上，富士康拥有更多的比较优势，也就是说，富士康的机会成本更低。再比如，很多管理者事必躬亲，总认为“我半个小时就能搞定的事情，教你至少要一天，还是我来吧”。结果呢？这种领导往往自己很累，整个团队的绩效还没有提升。聪明的做法应该是，让比自己机会成本更低的员工，做他该做的事情。

第二，在具备比较优势的事情上，果断进入。比如，美国人手必备的聊天工具是 WhatsApp（一款社交软件，相当于中国的微信）。WhatsApp 的开发团队很聪明，他们没有去跟社交平台巨头 Facebook（脸书）硬碰硬，而是选择了移动社交工具——一个对它来说更有比较优势的领域。最终，这个只有 50 人的团队，以 190 亿美元的价格，被 Facebook 收购，相当于人均创造了 3.8 亿美元的价值。所以，在选择创业项目时，你不仅要关注最新、最热的商业概念，还要多观察巨头企业没有比较优势的领域。相比于巨头，你一定没有绝对优势，但你很可能有比较优势，因为巨头企业在这些领域的机会成本更高。

第三，不断降低自己的比较优势。比如投资大师巴菲特做任何一件事情的机会成本都是他用同样的时间做投资可以赚到的钱。因为机会成本太高，所以对于世界上 99.99% 的事，巴菲特都没有比较优势。那么在职场打拼的我们是不是也能做到如此？不断投资自己，变相增加我们的机会成本，降低我们在琐事上的比较优势，最终，把那些价值不高的事情交给机会成本更低的人去做。然后，我们在某一个点上集中爆发，打造职场核心竞争力。如果你不是特别理解这个概念，请在翻阅完本书后重新回到这里，你一定会有不同的收获。

一句话理解比较优势：

我做得比你好，也得你来做。

应该把事情交给机会成本最低的人去做。

因为“来都来了”，所以“将错就错”
——沉没成本——

要继续等公交车吗？

假设你月收入为 5 000 元，扣除“五险一金”，能拿到 4 000 多元，去掉 2 000 元房租，剩下的 2 000 多元就是你一个月全部的零花钱，吃饭、买衣服、买化妆品、玩游戏……都从这里支出。此刻你要去某个地方办事，这件事重要但不紧急。坐公交车需要 2 元，打车需要 62 元，除此之外没有其他的交通工具可供选择，步行也不可能，那么你会选择打车吗？

沉没成本

人并不总是理性的，在做决策时总会被已经发生的成本影响。经济学上将这种已经发生且无法收回的投入称为沉没成本。

绝大多数人会选择等公交。但如果 10 分钟过去了，公交车还没来，你会打车吗？ 20 分钟后呢？ 40 分钟、1 小时后呢？那些一开始就选择打车的人，虽然花了 62 元，但他们一分钟也没浪费，而你在等了 1 个小时后，也没省下 62 元的打车费。这时你会闹心吗？

你有没有发现，等待时间越久，你越不想轻易放弃。经过 1 个小时的等待，你内心一定被折磨得非常难受，为什么刚开始没直接打车呢，现在都等了这么久了，再打车，岂不是“赔了夫人又折兵”！

魔咒“来都来了”

对大部分人来说，有一个四字魔咒永远绕不开，那就是“来都来了”。只要你“来都来了”，你就会买不算便宜的门票，冲破人山人海，逛遍没特色的景点；只要你“来都来了”，你就会强迫自己吃掉盘子里难以下咽的饭菜；只要你“来都来了”，你就会说服自己坚持看完令你昏昏欲睡的电影。

经济学告诉我们，做决策时，不要考虑沉没的成本。无论如何，你已经来了，是否“将错就错”，完全取决于你是想享受还是想遭罪。无论如何，等车的一个小时已经沉没了，是否继续等下去，只取决于在这个时间点，你认为公交车还要多长时间才能来。

沉没成本这个概念本身并不复杂，我们可以参照以下三条原则对此加以运用。

第一，敢于“半途而废”。假设你投入 100 万元创业，一年后不见任何起色，而你内心很确定，进入这个市场的窗口期已过，此时的你如何选择呢？如果就此放弃，那么已经投入的100万元和一年时间都打了水漂儿；如果继续坚持，则意味着还要再投入更多资金、时间和精力，而且十有八九换不回好的结果。你内心可能有个声音在不断地回响："不要半途而废。"这时，与其说你坚韧不拔，不如说是沉没成本在逼着你不能退。其实，在确定是错误的方向上，懂得"放弃"比"坚持"更可贵。

第二，让人"欲罢不能"。美国有家著名的连锁超市叫作Costco（好市多），它在电商的席卷冲击之下，居然逆势上扬，保持着惊人的增长速度。究其原因，最核心的一点就是好市多的会员制。只有交55美元成为会员，你才能进入好市多门店，并可享受海量的优质低价商品。这55美元就相当于商家给你制造的一个沉没成本，让你控制不住自己，就算吃不完、用不完，也总想再多买一点儿。消费者的心理是：只有多买，才能把拿不回来的会员费摊薄一点儿。这种想法一旦作祟，商家就可以坐等数钱了。

第三，创造"覆水难收"。有句谚语是："如果你想翻过一面墙，就先把帽子扔过去。"给自己设立一个沉没成本的假象，可能会得到更好的结果。比如，婚礼就是结婚的人扔到墙那边的一顶大帽子。大家都知道婚礼有多复杂，经过天昏地暗的婚礼筹备后，好多亲密无间的爱人甚至都不想结婚了。但是，从心理学来说，劳民伤财的婚礼正是给婚姻投入的沉没成本。人们在潜意识里会想，这么复杂的婚礼，我这辈子都不想再经历第二次了，办都办了，好好珍惜吧。所以，别再学新潮玩“裸婚”或者旅行结婚了，婚礼、钻戒、大教堂，一个都不能少，这份投入，值得你拥有。

一句话理解沉没成本：

因为“来都来了”，所以“将错就错”。

飞机起飞前的座位，只卖一元？
——边际成本——

飞机每增加一位乘客的成本

工业经济告诉我们一个规律：生产一件产品，越标准化越好，越流程化越好，款式越少越好，规模越大越好。为什么？你的第一反应可能是降低成本。没错，这个成本涉及生产、人工、采购、时间等诸多方面。除此之外，还有一个经济学名词，叫作边际成本。那什么是边际成本呢？

边际成本

边际成本是生产者理论中的一个概念，是指额外生产一单位产品需要付出的成本。相应地，每多销售一单位产品获取的收益就是边际收益。

举个例子，一架飞机的额定载客人数是100人，现在已经坐了80个人，如果再增加一位乘客，会增加多少成本呢？几乎没有增加，不过就是一份航空餐。而这架飞机的第一位乘客增加的几乎是整趟航班的成本。所谓的边际成本，夸张一点儿来说就是：飞机起飞前的座位，理论上可以只卖一元。

经济学的思维就是边际思维

过去两年，我在一些大学的EMBA（高级管理人员工商管理硕士）和总裁班讲课时，发现大家一听到“边际”这个词，总会往“盈亏平衡”“盈亏边界”这种概念上联想。“盈亏”是指销售额的一个平衡点，在这个点上，收入刚好等于成本，简单来说就是“保本点”。而“边际”是“每多一个”，边际成本就是每多一个的成本。理解了这一点，你基本上就能理解与边际相关的所有概念了。

经济学的思维就是边际思维，我们的日常选择都是边际选择。什么叫边际选择呢？比如，中午你饿了，你不能选择十天前吃什么，也不能选择下个星期吃什么，你要做出的选择，是这顿午饭要吃什么，这就是边际选择。每个人拥有的时间、精力、金钱都是有限的，所谓选择，就是这些有限资源的分配，在此多彼少和此少彼多中寻求最优解。还是以这顿午饭为例，你的边际选择还包括哪一家更好吃，哪一家更便宜，哪一家上菜更快，等等。

那么如何降低边际成本，边际成本有可能趋于零吗？一旦边际成本为零，我们的社会将变成什么样子呢？我们可以从下面三个角度了解一下。

第一，规模经济[①]，降低边际成本。降低边际成本是规模经济

---

① 大规模生产导致的经济效益简称规模经济，是指在一定的产量范围内，随着产量的增加，平均成本不断降低的事实。

最核心的指导思想。格兰仕的成功，就是玩转了规模经济。它的做法是把出厂价压低到对方的成本价以下。当生产规模达到 100 万台时，将出厂价定在那些规模是 80 万台的企业的成本价以下；当规模达到 400 万台时，将出厂价又调到规模为 200 万台的企业的成本价以下；当规模超过 1 000 万台时，把出厂价降到规模为 500 万台的企业的成本价以下。结果是，格兰仕将价格平衡点以下的企业一次又一次大规模地淘汰，使行业的集中度不断提高，进而让整个行业的成本不断下降。从 1993 年格兰仕进入微波炉行业到现在的 20 多年时间里，微波炉的价格由每台 3 000 元下降到每台 300 元左右，降幅在 90% 以上，规模经济的力量，可见一斑。

第二，互联网经济，边际成本趋于零。为什么中国大力提倡“互联网 +”？究其本质，就是互联网企业大多带有边际成本趋于零的天然基因。我们在这里举一个最浅显的例子：线下的传统书店因为陈列成本太高，大部分书都没展示，而亚马逊这样的电商平台，把卖书这件事的边际成本几乎降为零。理论上，亚马逊可以展示无数本书，且几乎不需要额外增加销售成本。这也是亏损了 20 多年的亚马逊，一旦盈利，利润就连续暴涨，股价就节节攀高的原因。也就是说，是其销售边际成本趋于零的优势。一旦过了盈亏平衡点，未来能够创造的价值就不可估量。

第三，零边际成本社会，协同共享。当代最著名的思想家之一杰里米·里夫金在他所著的《零边际成本社会》一书中，开创性地探讨了极致生产力、协同共享、“产消者”（参与生产活动的消费者）、生物圈生活方式等全新的概念。他认为，“产消者”正在以近乎零成本的方式制作并分享自己的信息、娱乐、绿色能源和 3D（立体）打印产品。他们也通过社交媒体、共享平台，以极低或零成本的模式分享汽车、住房等。里夫金分析认为，在未来的社会，使用权将胜过所有权，可持续性会取代消费主义，合作会压倒竞争，“交换价值”将被“共享价值”取代。关于共享经济和“产消者”的话题，我们将在第 6 章与大家详细分享。

一句话理解边际成本：

飞机起飞前的座位，甚至可以只卖一元。

马云开始的地方
——交易成本——

交易成本无处不在

假设你现在要为公司采购一批电脑，你会怎么做？你先要找到几家电脑的供应商，分别询价，然后挑选出你认为合适的几家进行价格谈判，再确定你最满意的那一家。这之后，你还得配合法务部门推进合同流程，监督电脑设备的送达、安装、调试，并协调财务部门付款。

交易成本

著名经济学家张五常曾说，任何在鲁滨孙[①]世界中不存在的成本都是交易成本。现实生活中，存在只有一个人的世界吗？当然不存在。所以，有人的地方，就有交易成本。

在采购电脑这件事上，你不仅要为购得的设备付出货币成本，还要为寻找交易对象、讨价还价、订立和执行合同等环节付出成本。这些**因交易行为本身而产生的成本，就是交易成本**。

① 鲁滨孙是英国长篇小说《鲁滨孙漂流记》中的主人公，他在去非洲航海的途中遭遇风暴，漂流到一个荒岛，开始与世隔绝的生活。

企业就是为了降低交易成本而生的

我们甚至可以说，**正是交易成本的存在给了企业生存的空间。**为什么呢？两个个体之间的商业活动产生的交易成本可能不会特别大，而多个个体间的交易产生的连接是呈指数级增长的，总的交易成本就会变得非常惊人。设想一下有100万人，每个人独立盖一栋大楼，那世界得乱成什么样子。而企业这种组织形式通过集约化的研发、生产、推广、交易，形成一笔笔总体营收，再按照一定规则进行内部利润分配。这种一体化的协作模式大大降低了众多工人分别生产、各自寻求售卖的复杂度。因此可以说，企业就是为了降低交易成本而生的。

有一些企业甚至以专门提供“降低交易成本”的服务为生。以马云的“商业帝国”为例，不论是1995年他首次创业时做的“中国黄页”，还是1999年二次创业时成立的阿里巴巴，做的都是“降低交易成本”的生意。阿里巴巴的公司使命就是“让天下没有难做的生意”。借助阿里巴巴这个“中间人”，让生意从难做到易做，让品牌商直接对接终端用户——阿里巴巴创造的就是“降低交易成本”的价值。

在经营管理中，我们常有这样的困惑，对于一件事，我们应该自己雇人做，还是寻求外部合作呢？罗纳德·科斯在1937年发表的论文《企业的性质》中，首次提出“交易成本”来解释企业存在的原因，顺便解释了企业扩张的边界问题，也就是什么时候招人做，什么时候外包。他也因此在 1991 年获得了诺贝尔经济学奖。**科斯认为，企业的内部交易成本如果高于市场交易成本，企业就不应该内部扩张了，也就是别再雇人做了，而应该更多地寻求外部合作；反过来，如果内部交易成本更低，那么就应该自己雇人做。**

内部冗余的交易成本是很多大企业存在的问题，那么如何降低企业的内部交易成本呢？这其实并不难，我们可以从下面三点分别入手。

第一，隐性成本显性化。所谓内部交易成本，是指在多个部门、多名员工之间进行协调统筹而发生的成本。在企业的财务报表里，内部交易成本往往是隐性的。回到电脑采购的例子，假设你动用了 3 位高管去和供应商谈判，花了 3 天时间砍价，节省了 3 万元。这从表面上看是赚了，但仔细算算，每位高管的年薪是 90 万元，三位高管三天时间的成本是 3.2 万元，也就是公司用 3.2 万元的成本省下了 3 万元的支出。这么算下来，你还觉得赚了吗？所以，当我们把隐性的支出做显性化核算后，内部交易成本就变得更为透明、更为直观，我们也能比较容易地知道，哪些内部交易成本是可以省下的。

第二，组织结构扁平化。许多公司内部层级繁多，领导甚至比员工还多，管人的比管事的还多。公司的管理层级越多，决策链条就越长，决策速度就越慢，内部交易成本因此也就越高。现代化的经营管理一般提倡，从 CEO 到职级最低的一线员工，最多不超过 5 层。小米有最初的成功，组织架构设计也是值得我们学习的，千人级的团队只有 3 个层级：7 个核心创始人一层、部门领导一层、员工一层。精干高效的团队让小米得以快速思考、快速行动，跑在竞争对手之前。

第三，决策流程信息化。不少公司动不动就要开会，其实会议是一种低效的沟通机制，引发这种低效沟通方式的往往是正常沟通渠道不顺畅。说白了，能不开会就解决的问题，都没必要开会。如果必须开会解决，那会议的频率、时长等，往往就决定了内部交易成本的高低。丰田一贯推行的看板管理[①]，就是决策流程信息化的典范。

一句话理解交易成本：

一个人的世界中不存在的成本，都是交易成本。

① 看板管理指通过标语、图表、电子屏等方式公示数据、信息和指令，是一种优秀的现场管理工具。

第2章

价格，是你想定就能定的吗？

微观经济·价格

成本决定价格？你太天真了

——供需定理——

成本决定价格吗？

假设你是一家生产笔的厂商，一支笔的成本是0.8元，你加了20%的毛利率，售价1元，一直卖得不错。突然有一天，来了个竞争对手抢占市场，同样的笔，他卖0.8元，这相当于你的成本价。请问你怎么办？内部优化，降本增效？假设你把成本压缩到了极致，只有0.6元，将价格调整为0.7元。可竞争对手很快就直接把价格降到0.5元了，请问你怎么办？

在现实的商业环境里，这样的对手比比皆是。有人可能会说，买入对手的产品，让他越赔越多。但如果对方玩“按人头限量”，

供需定理[1]

经济学告诉我们，产品有价，不是因为制造产品有成本，而是因为市场对产品有需求。产品售价如何，是由市场上供给对于需求的相对稀缺性来决定的。

比如报一个手机号最多能买3支笔，扫一个二维码最多能买5支笔，不管用什么方法，就是不批量卖给你。这时，你会猛然发现，生产了这么多年笔，再怎么卖都不对了。卖得贵，没人买；卖得便宜，自己就得赔……

这就是价格的奇妙之处。通常来讲，人们的固有认知是：产品价格取决于生产、销售这件产品的各项成本的总和，再加上一个合理的利润率。按照这种逻辑，投入的成本越高，产品的售价就越高。这就是价格的成本决定论。但如果真是这样，你怎么解释垄断行业的经营者制定的价格比成本高很多倍，消费者仍然络绎不绝？你又怎么解释互联网创业者纷纷“烧钱”补贴用户，用远低于成本的价格向市场提供产品和服务？这些人是因为不懂成本，所以胡乱定价吗？

供需关系决定价格

供需关系决定价格，具体是怎么实现的？当市场上存在某种需

① 18世纪伊始，多位经济学家陆续提出供需定理，其中包括大名鼎鼎的亚当·斯密（《国富论》的作者）。可以说，供需定理是经济学体系中奠基性的理论。

求，却得不到充分满足，也就是供不应求的时候，生产者就可以按照“价高者得”的逻辑定价，实现自己的利益最大化。然而，当众多商家看好同一个市场，争相涌入，导致供大于求时，消费者就有了选择权。在同等品质的条件下，人们自然偏爱更便宜的商品，价格必然会在竞争中下降。最终，供给和需求倾向于达到一种平衡的状态，价格也就稳定在一个均衡点上。

此刻你不妨想一想，你为什么愿意为这本书付费？是因为我和团队投入的时间精力，还是因为这些内容对你有价值？

供需定理是经济学中最基础的概念，相对简单，这里不再赘述，但是学会给定价归因，可以让你对商业有更透彻的理解。以下三点也许能给你一些启示。

第一，找准真实需求。创业之初，每个创业者都要不断地考问自己：除了我，还有谁对我的产品感兴趣？有真实的用户需求，是创业者进入某个市场的必要条件。但是找准真实需求非常难。为什么？一方面，很多时候我们想当然地认为，一些需求就是真需求，但实际上，它们很可能是伪需求。比如，O2O（Online to Offline，线上到线下）行业现在一地鸡毛，本质上就是2015年的那波大热，使得一部分人创造了大量的伪需求。另一方面，用户是会“骗人”的。有一个经典的案例，当年Sony（索尼）准备推出Boombox音箱时，召集了一批潜在的消费者，来调研这款新产品应该选用什么颜色。讨论时，多数人都倾向于黄色。讨论结束后，组织者为了表达感谢，请每人免费带走一只 Boombox 音箱。这时候每个人拿走的都是黑色。可见，用户自己说出来的也未必是他们真实的需求。

第二，摸清竞争环境。你不仅要确定市场上是否存在需求，还要了解是否已经有人在供给产品，并且已在多大程度上满足了这些需求。忽略竞争的后果同样是严重的，市场上的玩家可能已经足够多，“红海”早已变成了“血海”，价格作为抢夺市场的武器，也已经被用烂了。按理说，民以食为天，餐饮行业的总需求肯定不小。但据统计，国内餐饮行业的年复合倒闭率居然超过 100%。可以想见，多少人在进入这个市场时，既没有看清真实的供求关系，又没去思考自己的核心竞争力在哪里。

第三，垄断更高利润。当用户存在真实需求，而市场上几乎没有竞争对手可以满足这些需求时，你就在市场上拥有了统治力和定价权，这个时候，你就能自由定价了。比如，苹果手机曾多年如一日地定义着高端市场的价格区间，硬件加装配一共不到 1 000 元，售价却在 6 000~7 000 元。只要产品具有一定的不可替代性，你就完全可以通过限定产量，甚至是刻意压低产出，营造稀缺感，将价格锁定在高位，收获更为丰厚的利润，这类似于我们常说的“饥饿营销”。像爱马仕的包、法拉利的跑车、科比的告别赛门票……莫不如是。

一句话理解供需定理：

供不应求，价格上涨；供过于求，价格下跌。

薄利一定多销？你太天真了
——需求弹性——

降价能提升销售额吗？

假设你是公司的销售总监，为了全年业绩能达成预期，这个月的销售额需要大幅提升。你找来两个下属做参谋，一个支持降价，认为降价后销量肯定上涨；一个反对降价，因为销售额等于单价乘以销量，单价如果降低，就算销量提升，总销售额还是没有提升。两人的观点听起来都有道理，那到底降不降价？降价确实能提升销量，但是降价带来的客单价损失和新增销量带来的收益，孰轻孰重？如何判断？

需求弹性

商品价格的变化会在不同程度上影响销量，这种价格和销量之间的动态关系，叫作需求价格弹性，简称需求弹性。

简单来说，**需求弹性就是某种商品的需求量对其价格变化所做出的反应程度**。价格变化后，如果商品的销量波动大，就说明消费者对价格敏感，也就是需求弹性大。比如U盘（一种移动存储产品）、洗发水这类商品，一旦涨价，买的人很可能就变少了，毕竟有那么多的替代选择。价格变化后，如果商品的销量波动小，就说明消费者对价格不敏感，也就是需求弹性小。比如水、电，即便涨价，消费者也没办法不用，必须得买。

需求弹性大有用处

了解了需求弹性，你就会发现，涨价或者降价不一定会增加销售额。那么企业如果想多赚钱，该如何利用需求弹性呢？

如果商品的需求弹性大，就表示消费者对价格敏感，企业则可以通过降价的方式刺激需求量，这其实就是我们常说的“薄利多销”，也有人称之为“以价换量”。而如果商品的需求弹性小，消费者对价格不那么敏感，企业则可以通过抬高价格的方式，提升整体收入，这也是我们通常说的“奇货可居”。

从另一个角度来说，当大家都想用低价策略抢夺市场，行业深陷价格战的时候，你的最优策略可能是通过技术创新或效率提升，来优化消费者的体验，提升品牌的附加值，让消费者愿意为你的优质品牌或产品买单。这种做法叫作“差异化战略”。归根结底，就是想办法降低商品的需求弹性，当消费者对你的商品产生依赖，并且市场上无人能替代时，你就拥有了定价权。

那如何判断商品需求弹性的大小呢？我建议从以下三个方面入手。

第一，看商品是否属于生活必需品。对于大米、水、食盐这类商品，人们不太会由于涨价而少买，也不太会由于降价而多买，所以它们的需求弹性相对较小。我们通常把这种需求叫作“刚性需求”。对于生活必需品，正是因为需求弹性小，所以会有政府最高限价、政府指导价等存在。否则就会出现历史上常有的，大批商家囤积粮食，哄抬物价，导致民不聊生。而非生活必需品则恰恰相反，比如汽车、旅行项目，价格一降，需求立刻变多，因而它们的需求弹性较大。对于这类商品，降价促销是很好的提升销售额的方法。

第二，看商品是否存在可替代性。如果一件商品很容易被替代，那这种商品的需求弹性就大。比如你从北京去上海，如果飞机票价格高得离谱，你就会选择坐高铁。相反，不容易被其他商品替代的就属于需求弹性小的商品，就算提高价格，人们还是会买。同样是飞机票，如果你从北京去澳大利亚，就算价格贵，但为了在有限的假期实现看袋鼠的愿望，咬咬牙还是得买。毕竟，你总不能划船去吧。

第三，看消费者调整需求的时间。留给消费者调整需求的时间越短，需求弹性就越小，反之亦然。举例来说，虽然汽油的价格上涨了，你上下班还是要开车，所以短期内还是得购买。但从长期来看，你可能会寻求替代品，比如换成新能源汽车，或者干脆改骑共享单车。再比如，你晚上出差去上海，到机场才发现你的航班被取消了，当天飞往上海的航班只剩一班了，而且机票是全价。你买不买？你一想，明天一早就要见客户，今天无论如何得赶到上海，换高铁也来不及了，因此就算是全价机票也得买。这就是调整需求的时间短带来的需求弹性小的结果。

一句话理解需求弹性：

弹性小，我涨价；弹性大，我降价。

贵的一定好吗？你太天真了
——凡勃伦商品——

手机的前世今生

20 年前，手机还被叫作“大哥大”，一两万元一台，只有少数人才用得起。10 年前，手机已经人手一台，但那种大屏幕、可以运行各种程序的智能手机还是新鲜事物。那时候，拥有一台 iPhone（苹果公司的手机产品）就能跻身科技“极客”。如今，iPhone 已不再惊艳，但市场上还有一个品牌叫沃图（Vertu），这个品牌的手机不仅有镶着八星八钻的外观，还有一键拨号给 24 小时管家的尊享服务，价格自然也不菲，旗舰机型要 20 万元一台。

凡勃伦效应

凡勃伦效应由美国经济学家凡勃伦[①]提出。他发现，有的商品价格越高，越能吸引消费者购买。高价不一定代表高品质，但这件商品一定能让购买者自我感觉良好。

手机不过就是满足人们

① 托斯丹·邦德·凡勃伦（Thorstein B. Veblen，1857—1929），伟大的美国经济学巨匠、制度经济学“鼻祖”。主要著作有《有闲阶级论》《营利企业论》《德帝国与产业革命》《近代不在所有制与营利企业》。

移动通信需求的商品而已。为什么会有人愿意花那么多钱买一台手机？那种结实耐用、能防身，还能用来砸核桃的诺基亚，才几百元一台，不好吗？

越贵越买的凡勃伦商品

其实很多时候，人们看中的并不完全是商品的使用价值，而是希望能借此突显自己的财富、名望、阶层和地位。这也是为什么有的东西越贵就越有人买，比如名表、名画。

凡勃伦商品的需求会随着价格的上升而上升，这看似与我们之前讲的供需定理不一致，但它实际上却有着一套背后的逻辑。经济学家认为，商品包含两种价值：一种是功能性价值，一种是炫耀性价值。而后者的价值恰恰是由市场价格决定的，价格越高，用来炫耀的效果就越好。比如，有的女生爱买名牌包，就是因为可以拿来在姐妹们面前炫耀。但女生又最怕“撞包”，因为一旦“撞包”，就显得自己的包不那么显眼，不那么出挑，不那么艳压群芳，那为名牌多花的钱岂不是白白浪费了？

你可能会想，我经营的又不是大牌，怎么能像凡勃伦商品一样，标出更高的价格，还能保持畅销呢？我们选择了汽车行业的三个真实案例，教你如何让品牌平添奢侈品的基因。

第一，给品牌打造气质。举个例子，英国豪华轿车品牌劳斯莱斯最为人津津乐道的就是车头 18K（黄金含量至少达到 75%）镀金、价值 20 多万元（足够买一辆不错的中档车）的“飞天女神”标志。“飞天女神”代表一对恋人不能言说的秘密情感[①]，也代表了劳斯莱斯无与伦比的品质。这段爱情佳话给劳斯莱斯注入的品牌价值，远远超过车标本身的价值。多少车主一掷千金，就是为了能享有这忠贞的品格和浪漫的气质，好像自己也是故事里的主角。

第二，给产品增加辨识度。为什么工艺精湛、有着尖端科技的辉腾一直卖得不好？因为它的外观实在太没特点，太像帕萨特。有个笑话就是一个人开着价格近 200 万元的大众辉腾进了停车场，正在自动泊车，车场的保安冲他喊道：“开帕萨特的那个，小心点儿，别把边上的宝马给撞了，你赔不起！”这位司机怒吼：“这辆车够买 5 辆宝马了！”显然，辉腾无法满足车主彰显身份的需求，这就需要增加产品的辨识度。奥迪的做法就很聪明，只要搭载了全时四驱技术，奥迪的车尾就会带一只壁虎，这能显露车主的品位与实力，以至于很多非奥迪车主都来跟风，不管有没有真的四驱，都先贴只壁虎装个样子。

第三，给用户贴标签。帮助人们证明自己的身份、地位，给用户贴上成功、卓越、“人生赢家”的标签，可以说是凡勃伦商品的

---

① “飞天女神”作为美丽、优雅和玲珑化身的欢庆女神，百年来始终屹立于劳斯莱斯车头，沐浴着清风，默默地诉说着英国议员蒙塔古和名媛桑顿这对才子佳人之间的世纪情缘。

重点。20 年前，丰田推出了一款混合动力车——普锐斯（Prius）。别看它其貌不扬，售价却比同级别的车高很多，靠的就是它在营销时，成功打造了一类独特的消费人群，他们肩负社会责任、超越世俗享乐、引领进步之道——这些标签给用户带来了一种强烈的优越感。甚至有好莱坞明星在出席奥斯卡颁奖礼时，会特意乘坐普锐斯入场。20 年后，新能源车在技术上又有了长足的进步，一个名叫特斯拉的品牌接过了这根接力棒。特斯拉的成功，不仅得益于纯电动车给车主贴上了清洁环保的标签，还因为它把创始人埃隆·马斯克身上那种敢于突破挑战、冲击梦想的精神，赋予了特斯拉的每一位车主。

一句话理解凡勃伦商品：

· 越贵越买，不是“傻”，而是“壕”。

世上最好吃的东西叫作“饿”
——边际效用——

“珍珠翡翠白玉汤”

传说明朝开国皇帝朱元璋在打天下的时候，有一次打了败仗，连夜逃到一个破庙，又冷又饿，就昏了过去。一个好心的乞丐将剩饭、白菜和豆腐加水煮过后端给朱元璋吃。朱元璋饥饿至极，狼吞虎咽，一口气把一锅热乎乎的“乱炖”全吃了。他觉得这辈子都没吃过这么好吃的东西，就问：“这是什么呀？这么好吃！”乞丐不好直说这是剩菜、剩饭，毕竟看朱元璋像个大将军，就撒谎说：“这叫‘珍珠翡翠白玉汤’。”后来，朱元璋做了皇帝，山珍海味吃腻了，于是发榜，在全国寻找乞丐，就是为了再吃一口当年的“珍珠翡翠白玉汤”。只可惜当同样的“乱炖”被端到朱元璋面前时，却再也没有了当年的味道。[①]

这个故事告诉我们，世界上最好吃的东西，叫作“饿”。

① 源自民间传说，真实性无法考证。

边际效用递减

英国经济学家劳埃德在 1833 年提出，商品价值只表示人对商品的心理感受，这取决于人的欲望和欲望被满足的程度。他说，边际效用总是递减的。那什么叫边际效用递减呢？就是指**消费者在一段时间内连续消费同一种商品时，所获得的满足感会越来越低**。比如，我喜欢吃包子，在饿了一天以后吃第一个包子感觉特别香；吃第二个的时候也还不错；到第三、第四个的时候，我就觉得包子虽然好吃，也不是非吃不可；到第五、第六个的时候，我已经饱了，接下来再吃就会撑得不舒服。这时候，第七个包子带来的就不再是满足感，而是负面的感受，也就是负效用。古人云：“入芝兰之室，久而不闻其香。”[1] 还有一句话，叫作“一鼓作气，再而衰，三而竭”[2]，说的都是边际效用递减的道理。

边际效用

边际效用是指某物品每增加一单位消费量，消费者获得的额外满足程度。

边际效用递减的规律，在我们的生活中有很多实际的指导作

① 源自《孔子家语·六本》，原句为“与善人居，如入芝兰之室，久而不闻其香，即与之化矣”。意思是，和品行优良的人交往，就好像进入了摆满香草的房间，久而久之就闻不到香草的香味了，这是因为人和香味融为一体了。

② 出自左丘明《曹刿论战》。

用，我在这里列举三点建议，供你参考。

第一，如果你是商家，就要学会利用消费者的“贪得无厌”。有一家电影院推出促销活动，看一场电影30元，连看10场仅花100元。乍看之下，电影院亏本了，消费者在购买的一瞬间会觉得自己占了大便宜。但是因为边际效用会递减，绝大多数的用户看了几场就受不了了，很少有人能连看10场。聪明的商家会利用消费者的“贪欲”，设置诸如“第二杯半价”“第二件八折”等促销活动。再比如，无限免费续杯的可乐、健身的年卡、游乐园的年票，都是在利用边际效用递减的规律。不会有人一年内来同一个游乐园800次，人们在连续吃、连续玩、连续用以后，边际效用会无可避免地趋于零，甚至是负数，所以商家稳赚不赔。

第二，如果你是管理层，就要学会利用员工的“喜新厌旧”。比如你想通过涨薪刺激员工的工作热情，第一次涨了1 000元，员工非常激动：“老板，从今天开始，我的命就是你的了。”但是如果第二次、第三次还是涨1 000元，估计效果会大打折扣。要避免这种情况，就得学会使用不同的激励措施，比如第二次可以安排员工参加晋升培训，或者代表公司参加重要的商业活动，第三次可以赠予员工免费的车位或者带薪假期，等等，很可能花了更少的钱，却得到了更好的效果。这是因为刺激的手段不同，不会引发边际效用递减。

第三，如果你是单身，找对象时要学会预见自己的“审美疲

劳”。有一个问题经常困扰我们：外在美和内在美，哪个更重要？我们不讨论爱情，只理性分析利弊，外在美一定是边际效用递减的。要不为什么说好看的皮囊千篇一律，外表再美，连续看三年、五年，也就习惯了；而有料的大脑万里挑一，只有内在美才可能带来生活中的万千精彩，让你每一天都收获不同的快乐。

一句话理解边际效用：

世界上最好吃的东西，叫作“饿”。

攫取他愿意付出的最后一分钱
——价格歧视——

出版社收益如何最大化

假设你是某出版社的老板，你现在要出版一本书，而且打算只出电子版，那么可以将印刷成本理解为 0。再假设，市场上有两类读者，一类是作者的 10 万名忠实粉丝，每个人都愿意支付 50 元买这本书；另一类是作者的 50 万名普通粉丝，每个人最多愿意支付 20 元。

此时，如果将书定价为 50 元，那么只有忠实粉丝会买单，该书销售额就是 500 万元（50 元 ×10 万册）；而如果将其定价为 20 元，那么 60 万名粉丝（忠实粉丝和普通粉丝）都会买单，销售额就是 1 200 万元（20 元 ×60 万册）。为了使收益达到最大，你决定将价格定为 20 元。

问题是，这样真的是收益最大吗？ 10 万名忠实粉丝明明愿意花 50 元，却只出了 20 元，这不可惜吗？如果有一种办法，可以让 10 万名忠实粉丝付 50 元，让 50 万名普通粉丝付 20 元，且边际成本没有增加，是不是会多赚很多？

价格歧视无处不在

对于同一件商品，不同用户的需求程度不同，支付意愿也就有所不同。如果只设定一种价格，价格过高则会导致用户流失，价格过低又会损失一些本可以收入囊中的利润。因此，聪明的商家发明了“价格歧视”。乍一听“歧视”这两个字似乎是贬义词，其实在经济学范畴里,“歧视”是一个中性词。这里的歧视指的是“差异”，并不是看低你，而是想“掏空”你。

价格歧视无处不在。比如服装反季销售，原本在冬天售价为1 000元的羽绒服，夏天只需300元就能买到；烤鸭店赠送的优惠券，下次点烤鸭可以打六折；你买房或者租房，中介告诉你这个小区商水商电。什么意思？就是说这个小区的水电按商用计价，同样的一度电、一立方米水，比民用的价格更高。

价格歧视

价格歧视是指针对不同的消费者或者不同的消费场景，设定不同的价格，从而攫取消费者愿意付出的最后一分钱。

要想把价格歧视运用到商业策略中，具体该从什么角度入手？我们在这里不谈所有的可能，只重点推荐三种常用的方法。

第一，划分时间。商家可以就购买时间或者使用时间，推行不同的价格政策，从而区分不同的消费者。比如，很多电影院一直延续周二半价的传统；很多卡拉OK，只需几十元就能唱一下午；公共事业部门会根据用量将自来水和电力供应划分为高峰和低谷，并针对不同时段收取不同费用；有些发达城市会在工作日收取交通拥堵费；停车场里夜间的收费标准通常要低于白天；出门旅行的时候，错开节假日，机票和酒店的价格就能便宜不少，更有愿意搭乘“红眼航班”[①]的人，虽然辛苦一点儿，但确实能省钱……以上种种，都是基于时间的划分而实现的价格歧视。

第二，区隔地点。机场里肯德基、麦当劳的价格都要比普通店面高不少。这是因为机场的快餐厅口味更讲究、环境更优雅、服务更热情？并不是。同样的商品和服务，之所以放到机场就变得更贵，是因为人们要赶飞机，别无选择。同理，酒吧里的洋酒、旅游景点的食物和饮料等，利用销售地点的差异，设置不同的价格，也是价格歧视的重要手段。

第三，筛选人群。如果你买过商业医疗保险，你可能知道不同年龄的人投保时的费率是不一样的。一般来说，10岁以下的儿童，保费随年龄增加而递减；10岁以上的，保费就随着年龄上涨，开始以每10年为一个单位递增。再比如，你有没有发现，如果提前很长时间购买机票，价格就会便宜很多。临出发前的机票虽然对航空公司来说已经没有边际成本了，但是这个时候买，反而是原价。

---

① “红眼航班”（red-eye flight）是指在深夜至凌晨时段运行，并于翌日清晨抵达目的地，飞行时间少于正常睡眠需求（8小时）的客运航班。

这是因为提前很长时间买票的人一般是自由人，时间灵活度比较高，而临时买票的人一般是商务出行，没什么选择，再贵也得买。航空公司的机票价格浮动，就是最典型的价格歧视。

一句话理解价格歧视：

没有看低你，只想“掏空”你。

第3章

博弈，也是有价格的

微观经济·博弈论

背叛，也是有价格的

——囚徒困境——

牢房里的“猪队友”

警察抓获两名一同作案的犯罪嫌疑人，分别把他们放到两个房间里审讯。两个人都不知道同伴跟警察说了什么。警方的政策是“坦白从宽，抗拒从严”：如果两个人都认罪，则各判5年；如果两个人都不认罪，则各判1年；如果只有一个人认罪，那么认罪的这个人将被释放，不认罪的那个人要被判10年。如果你是其中一名囚徒，你会怎么选择？

以总体的视角来看，不难得出，最优的策略是两人都选择不认罪，也就是包庇对方，这样每个人只需被判1年。然而囚徒的内心却是复杂的。对囚徒 A 来说，要分析两种情况：1. 囚徒 B 没认罪。这个时候囚徒 A 如果认罪，就会被立即释放；如果不认罪，就会被判 1 年。相比之下，认罪是更优的策略。2. 囚徒 B 认罪。囚徒 A 如果也认罪，就会被判 5 年；不认罪，就要被判 10 年。相比之下，认罪仍然是对囚徒 A 来说最优的方案。

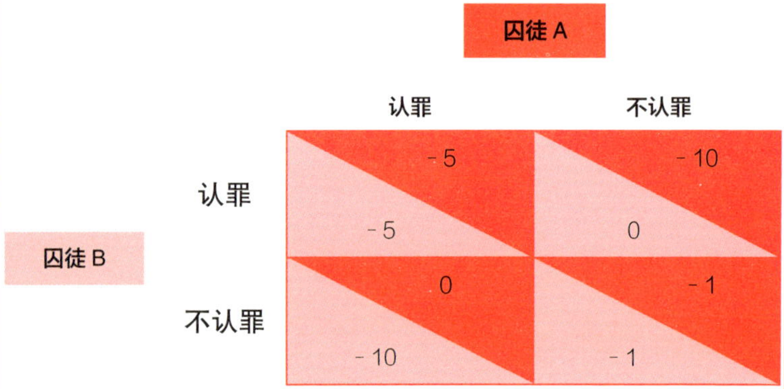

注：若囚徒A与B都各自认罪，则双方各被判5年，收益均为–5；若两人拒不认罪，相互包庇，则双方各被判1年，收益均为–1；若其中一人坦白，另一人抵赖，坦白的囚徒会被释放，抵赖的囚徒会被从重判罚入狱10年，因此收益分别为0和–10。

图 3–1　囚徒困境模型

无论囚徒 B 选择认罪或者不认罪，囚徒 A 的最优策略都是认罪。这样一来，只要两名囚徒足够理性，几乎必然双双选择坦白从宽，各被判 5 年。真是应了那句话："不怕神一样的对手，就怕猪一样的队友。"但你确定那个"猪队友"不会是你吗？

损人往往并不能利己

囚徒困境是博弈论中具有代表性的例子，它反映的是个人最佳选择并非团体最佳选择。故事原型里的两个囚徒，最后各被判5年，谁也没占到便宜。那么懂得博弈论，就可以帮到这两名囚徒吗？博弈论不是权谋学，它并不教大家怎样损人利己，而是要在假定人性自私的前提下，思考如何制约与引导人们的行为。要想摆脱囚徒困境，有以下三种方法。

第一，增加背叛的成本。简单来说就是以某种方式明确，一旦有背叛行为将要遭受怎样的惩罚。假设两名囚徒知道对方的家在哪里，知道对方最在乎的是什么，那他们相互背叛的可能性是不是就小了很多？很多历史故事中经常出现用联姻来结盟的场景，比如非常有名的文成公主与松赞干布和亲，本质上都是为了增加对方背叛的成本。换句话说，背叛也是有价格的。

第二，引入第三方。引入一个外在的监督者，减少博弈双方背叛的机会，也是一种常

囚徒困境

囚徒困境最早是由普林斯顿大学的数学家阿尔伯特·塔克在1950年提出的。它告诉我们，每当个人利益与集体利益发生冲突的时候，足够理性的人会优先追求个人利益，正所谓“人不为己，天诛地灭”。但是，当大家都从利己角度出发的时候，结果却往往是损人不利己。

见的商业策略。比如电子商务刚刚兴起的时候，卖方不愿意先发货，担心货到了而买方不给钱；买方也不愿意先付款，担心给钱之后，卖方拿钱“跑路”。于是，第三方支付——支付宝，恰逢其时地出现了。消费者的钱先被存在支付宝里，确认收货后，支付宝再将钱付给商家。第三方支付作为一种信用中介，消除了买卖双方背叛的可能性，从此电商开始了爆发式的增长。

第三，重复博弈。大家想一想，如果同一种博弈可以重复进行，比如这两个囚徒连续被抓 100 次，他们还敢轻易选择背叛对方吗？在这样的博弈中，任何一次背叛都会招致对方下一次的报复，“这一次你出卖了我，下一次我就会加倍地出卖你”。这就使得背叛的弊大于利，大家也因此更倾向于彼此合作。再比如，家门口小饭店做的饭菜既好吃又便宜，而旅游景点几乎所有饭店做的饭菜都很难吃，且价位极高。为什么？因为只要家门口的饭店“坑”你一次，你就会用不再光顾来惩罚它；而旅游景点的饭店不一样，是“一锤子买卖”，就算再好吃，你也不太可能再来，不“宰”你“宰”谁？

一句话理解囚徒困境：

背叛，也是有价格的，而聪明人懂得
怎样让这个价格高到对方不会背叛。

出头，也是有价格的
——人质困境——

“枪打出头鸟”

警匪片中经常出现歹徒劫持人质的一幕。假如歹徒现在又劫持了一群人质，很不走运，你也在其中。你仔细观察，发现歹徒并没有想象的那样强大，如果所有人质联合起来统一行动，完全可以制服歹徒，但前提是，需要有一个人率先发出暗号来联络大家。联络成功，则皆大欢喜；暗号被发现，这只“出头鸟”会在第一时间受到迫害。这个时候，你愿意见义勇为，当这个英雄吗？

在职场中，你也可能会遇到类似的选择。比如，大家都质疑公司的绩效考核不合理，你会站出来，向领导表达意见吗？如果这样做，你很可能会得罪领导。但如果你不挺身而出，其他人也没有要站出来的意思，每个人都明哲保身，僵持到最后，不合理的绩效考核会让大家都蒙受

> **人质困境**
>
> 在一群人面对威胁或损失时，“第一个采取行动”的决定是最难做出的，因为“出头鸟”往往会付出惨重的代价，因此也有人把人质困境叫作出头鸟困境。

损失。这就是博弈论当中著名的人质困境。

“明哲保身”的人质困境

相信很多人对“给猫拴铃铛”的故事并不陌生。老鼠想到假如可以在猫脖子上系一个铃铛，猫走到哪里都会自带铃声，那么老鼠的性命就会大有保障。唯一的问题在于，哪只老鼠愿意第一个上去给猫系铃铛呢？

平心而论，当群体利益受到威胁时，仅仅用道德的呼唤来让人们挺身而出、对抗邪恶，是没有说服力的。要求任何一个人在人质困境中首先采取行动，独自承担报复的后果，也是不公平的。那究竟怎么做才能破除这种困境？现实生活中有三种常见的方法，让我们一起梳理一下。

第一，力挺“出头鸟”。我们非常有可能遇到一位不近人情的老板，或者一家不负责的物业公司。面对权力的拥有者，大家往往是敢怒不敢言。这时候找一个能够代表自己立场的“出头鸟”，然后力挺他，是个不错的主意。比如，工会组织、业主委员会就是典型的“出头鸟”。NBA（美国职业篮球联赛）历史上有过 5 次由球员工会主导的停摆，也就是所有球员大罢工。这些罢工有的长达一个赛季，给各支球队的老板带来了巨大的商业损失。虽然因为停摆，一些球员的现实利益也会受到巨大的损失，但是球员们往往仍会团结一致地支持工会。因此，球员工会有足够的筹码在谈判中为所有球员争取长远的利益。就在这两年，有一些很普通的球员都可以拿到上千万美元的年薪，这都是球员工会的功劳。

第二，保护“出头鸟”。中国有句俗语叫作“枪打出头鸟”。既然“出头鸟”总是容易被打，那么想要倡导见义勇为，就要设法保护勇于行动的个人。在这里，我必须为支付宝点赞。2015 年，支付宝创新推出了“扶老人险”。用户只需支付 3 元的保费，就可以在一年内放心大胆地扶起倒在地上的老人。如果投保人真的“被碰瓷”，就可以立即获得 2 万元的诉讼费以及免费的法律咨询服务。这样一来，人们做好事就不再存有顾虑和猜忌，终于能从“哆哆嗦嗦地献出一点儿爱”，变成“踏踏实实地献出一份爱”。

第三，奖励“出头鸟”。只是单纯地减少“出头鸟”的出头风险，还远远不够。就拿职场来说，如果员工一发表意见，老板就指责，公司慢慢就会变成“一言堂”。这是运营公司的大忌，所以要想办法奖励“出头鸟”。比如，第一个提出问题的人总能得到一定的认可。好的想法被采纳以后，提出建议的人还会领到奖励。之前我们讲过，博弈论就是研究每个人在充分利己的前提下，是如何做到合作与对抗的。因此，在学习博弈论的整个过程中，请大家暂时不考虑道德标签，尝试纯理性地思考博弈策略。当“出头鸟”也是有价格的，为了利益而出头并不可耻。假设政府颁布一项法令：扶一个真摔倒的老人，奖励 1 万元；甄别出一个“碰瓷”的老人，奖励 5 万元。那这个世界绝对充满爱，我绝对会第一个跑出去，满世界找老人。

一句话理解人质困境：

出头，也是有价格的。而聪明人懂得
怎样让这个价格低到对方愿意出头。

爱拼，也是有价格的

——智猪博弈——

爱拼才会“死”

猪圈里有一头大猪和一头小猪。猪圈的左侧有一块踏板，每踩一下踏板，一些食物就会掉在猪圈右侧的一个容器里。如果小猪去踩这块踏板，大猪就会坐享其成，等小猪跑回来的时候，大猪几乎能把所有的食物吃光，小猪只能吃到一点儿；如果大猪去踩踏板，小猪也会先吃，但因为吃得慢，在大猪跑回来之前，小猪还吃不到一半。

作为“吃得慢、分得少”的弱者，小猪该怎么做？有人说弱者就应该多努力，小猪就应该更多地去踩踏板，毕竟“爱拼才会赢”。要是按照这个逻辑，爱拼的小猪不但不会赢，恐怕还会很快被饿死。如果我们画出博弈论的收益矩阵，就可以很清晰地看出小猪的最优解。一旦小猪跑去踩踏板，它回来以后能吃到的那一小部分，还不够它往返一趟所消耗

智猪博弈

博弈论大师约翰·纳什在1950年提出了著名的智猪博弈模型。他指出，在博弈过程中，无论大猪去不去踩踏板，小猪的最优策略都是等待。

的，这真的可以说是，爱拼才会“死”了。

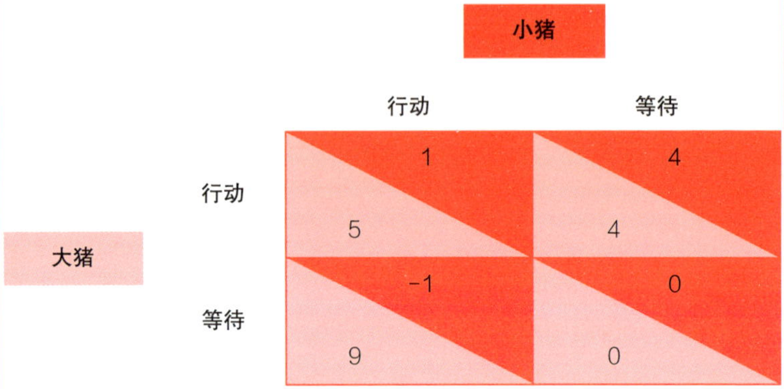

注：踩一下踏板就会有10个单位的猪食进槽，但是不论谁跑去踩踏板，都会首先消耗2个单位的体力成本。假设小猪去踩踏板，大猪先到槽边，大猪和小猪吃到食物的收益比是9：1，则净收益比为9：–1；假设同时去踩踏板，同时到槽边，收益比是7：3，则净收益比为5：1；假设大猪去踩踏板，小猪先到槽边，收益比是6：4，则净收益比为4：4。

图 3–2　智猪博弈模型

“搭便车”的智慧

这个理论告诉我们，竞争中的弱者该如何生存。有人把小猪坐享其成的这种策略形象地比喻为“搭便车”。在现实生活中，搭便车的现象极为常见，比如你搜索杰克·韦尔奇的《商业的本质》，就会发现有一批类似名字的书，如《经营的本质》《技术的本质》《学习的本质》《战略的本质》……陈凯歌拍了一部《道士下山》，市场上就会出现《道士上山》《道士出山》《道士降魔》《最后一个道士》……

那么，作为市场上处于弱势的“小猪”，我们可以怎样应用智猪博弈？还是老套路，给你三条建议。

第一，有自知之明，不要轻言“教育市场”。我认识一个创业者。有一天，他很兴奋地说他有一个市场上绝对没有的概念，一旦施行一定大获成功。说实话，我一方面祝愿他能成功，另一方面很替他担心，最担心的莫过于这句：“市场上绝对没有。”一个绝对没有的概念，通常有两种可能性：一是 14 亿中国人都没有想到；二是有人想到过，也有人做过，但失败了。你觉得哪一种的可能性大一些？一个市场上“绝对没有”的概念要让消费者认知并接受，需要的金钱成本和时间成本可能是一家创业公司承担不起的。作为竞争中的弱者，跑得过快，以一己之力试图改变市场的认知，会有极大的风险。

第二，盯紧大猪，它可能是你最好的合作伙伴。2015 年前后，滴滴出行和快的打车两家公司在腾讯和阿里巴巴的支持下，一共花了 40 亿元请全中国人打车。很多人觉得这两家公司“傻”，一开始就合并多好，还要浪费那么多钱。实际上，如果你仔细思考就会知道，滴滴出行的竞争对手从来就不是快的打车，而是传统的出租车公司。两家公司一起“烧钱”，目的就是让消费者了解并接受“用手机叫车”这种消费方式。神州专车就很聪明，它没有正面参与

“烧钱”大战，而是一方面借助互联网专车的风口推广自己的品牌，另一方面将自己定位为高端用车服务，和滴滴出行、快的打车形成差异化。等滴滴出行、快的打车的钱“烧”完了，神州专车只用了很少的补贴金额，就收获了高端用车市场很大的份额。跟着大猪跑，才叫“搭便车”。

第三，顺应认知，静静地等待属于自己的风口。谈到“猪”，我们总是会想到雷军那句著名的话：“站在风口上，猪也能飞。”然而这几年互联网行业的发展，却充分地印证了如果自己是“猪”，那么即便真的飞了起来，等风停了还是会摔下来变成“死猪”。所谓的“风口论”，其实是告诉我们要顺势而为。顺势而为就是顺应消费者的认知，顺应市场的变化。这里的顺应就要求我们更有耐心，等待那个和自己优势匹配的风口，而不是刻意去寻找，没有风口，制造风口也要上。努力寻找风口的人们可能就像那只拼命踩踏板的小猪，最终可能饿死在通往风口的路上。所谓成大事者，有所不为才能有所为。

一句话理解智猪博弈：

成大事者，有所不为才能有所为。

认㞞，也是有价格的

——斗鸡博弈——

独木桥上的进退之争

两只公鸡相向而行，在同一座独木桥上相遇。独木桥的宽度只能容得下一只公鸡，一方进，另一方就需要退。后退意味着丢面子，对于骄傲的大公鸡来说，面子可比命还重要。双方在独木桥上僵持不下肯定不是办法，同时往前走，又难免一场恶斗，两败俱伤。想象一下这个有趣的场景，两只公鸡气势汹汹、怒目而视，但又百般纠结、进退维谷。

斗鸡博弈

斗鸡博弈指两强相争时，最好的结果应该是：其中的一方进，另一方退，双方达成一种不对等的均衡。换句话说，狭路相逢，该勇则勇，该㞞就㞞。

试想，如果你和一个与你实力相当的人对峙起来，最后怎么才能有效地化解僵持的局面？在我看来，斗鸡博弈模型提供了最佳的解决方案。

斗鸡博弈也叫懦夫博弈，因为害怕对决而退却的人，容易被人笑话，被贴上懦夫的标签。有些人因此解读为，我们要不畏强敌，勇于争胜——这个结论实在荒唐可笑。现实生活中为了所谓的面子或者一点儿蝇头微利，硬要争个头破血流，真的是智者之举吗？

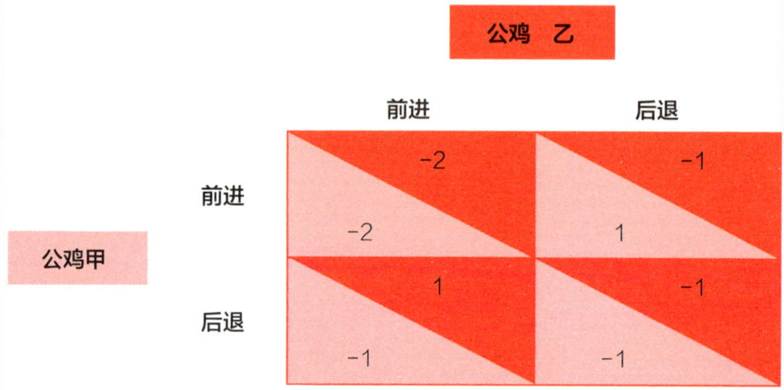

注：假设两只公鸡都选择前进，则两鸡互啄，两败俱伤，收益各为-2；假设一只前进，另一只后退，则前进的一方收益为1，后退的一方颜面扫地，收益为-1；假设双方僵持不下，都不敢前进，因为无法过桥，那么收益各为-1。

图 3-3 斗鸡博弈模型

用实力说话

那么问题来了：谁进？谁退？总不能抽签、扔硬币或者纯凭默契吧？事实上，如果两只公鸡足够理性，它们就会慎重地判断彼此的实力和决心，谁的实力更强、信心更足，谁就更有理由率先过桥。很多动物为了抢地盘，动手之前都有一系列仪式，比如用爪子刨地，竖起羽毛，眼神放出寒光，还要发出阵阵低吼……这些也是在传达同一条信息：我身大力不亏，管杀不管埋。这时候对方但凡机灵点儿，就先放弃了，等下回打得过再说吧，何必非要逞一时英雄？

其实人类也一样，比如投资圈的人特别喜欢打德州扑克，关键时刻会把手上的筹码一把全推出去，这叫 all in（孤注一掷）。这样做就是摆明了告诉别人：胜负在此一举，一旦输了，我就彻底出局，但我既然敢这样做，肯定是志在必得。这个时候还在场里的对手，如果不是特别有把握，基本就不再跟了。所谓“审时度势”，“识时务者为俊杰”，说的就是这种基于对“势”的判断，做出合理决策的过程。

那么懂得了斗鸡博弈的道理，遇到两强相争之时，具体该怎么做？还是三种方法，我们一起拆解一下。

第一，释放信号，展现决心。项羽破釜沉舟，说的是楚霸王项羽在出战前，把军中煮饭的锅和用于撤退的船全都销毁。韩信背水一战，说的是韩信在打仗时摆了一个兵家的大忌——背水阵，彻底切断自己军队的退路。这两个人之所以这么做，都是为了展现决心。主动断了退路，不仅能激发将士置之死地而后生的斗志，更能向敌人表达志在必得的决心。一方的实力和决心在博弈过程中发挥着巨大的作用，属于重要信息，对方在准确地判读过后，可能就会主动妥协，实现和解。古人说的“不战而屈人之兵”，追求的就是这种境界。

第二，一方妥协，一方补偿。比如夫妻之间难免有小打小闹。一直吵下去不是办法，所以差不多的时候，丈夫就应该主动缓和一下：“虽然我不是特别理解，但这次就按你说的做吧。”妻子看到丈夫让步之后，也应该见好就收，相当于给对方面子，矛盾可能就解决了。但如果妻子不懂得退让，还不近人情地说，“你不理解，我还不理解呢，爱理解不理解”，矛盾定会激化升级。在斗鸡博弈中，假如对面的公鸡已经退让，你就没有必要再打鸣示威。赢的人一定要给输的人一些心理补偿，这也是一种人生智慧。

第三，永远考虑机会成本。生活中的博弈往往是一个有序的过程，从各自展现实力、表达决心，再到讨论、让步、补偿，可能需要花费不少时间。时间是双方都在投入的成本，但它的价值却不尽相同。我们在开篇介绍过机会成本，理论上，机会成本更高的人更容易做出让步。例如法院在判决之前，会询问原告、被告双方是否有调解的可能，如果一方的机会成本较高，胜诉后的所得远低于其所耗费的时间和精力成本，那么调解就有希望达成。

一句话理解斗鸡博弈：

狭路相逢，该勇则勇，该㞞就㞞。

“逆袭”，也是有价格的
——枪手博弈——

草根“逆袭”全过程

假设有三个枪手，为了了结多年结下的怨仇，相约在某天决一死战。他们对各自的实力心中有数：老大枪法最准，十发八中；老二枪法一般，十发六中；老三枪法最差，十枪只能打中四枪。我们来推断一下，三个人同时开枪，谁存活下来的机会更大一些？如果你认为是枪法最准的老大，结果可能会让你大吃一惊，因为最有可能活下来的，恰恰是枪法最差的老三。

我们先站在老大的角度想，他一定会首先选择对老二开枪，因为老二对他最具威胁。同时，老二也会把老大作为首选目标，因为如果有幸活到下一轮，和老三单挑的胜算更高。对于老三来说，最优的选择也是对老大开枪，因为不管怎么说，老二到底是比老大的枪法差一些。于是，第一轮枪战过后，老大、老二同时死亡的概率是60.8%。

三人幸存的概率如下所示。

甲（老大）：被乙、丙合射。（1–60%）×（1–40%）=24%

乙（老二）：被甲射。100%–80%=20%

丙（老三）：无人射丙。100%

因此第一轮过后，甲、乙同时死亡的概率为：

（1–24%）×（1–20%）=60.8%

枪手博弈

正所谓“木秀于林，风必摧之”，在关系错综复杂的多人博弈中，一位参与者最后能否胜出不仅取决于他自身实力的强弱，更重要的是各方实力的对比关系，以及各方的选择策略。

而在第一轮枪战过后，即便是老大、老二没有同时死亡，仍有一个人活下来跟老三单挑，老三也并不是死定了。因此，枪法最差的老三，在理论上拥有至少 60% 的概率可以存活到最后。

这就是耐人寻味的枪手博弈模型，它生动地演绎了草根“逆袭”的全过程，告诉我们强者并不总能以强凌弱，胜利有机会属于直面挑战但实力稍逊的一方。

以弱胜强

就拿创业来说，设想一家小公司刚刚起步，这时候行业大佬基本都认为，它还远远不会对自己构成威胁，于是根本不把它放在眼里，正如老大、老二对待枪法很差的老三的态度。这就给了小公司暗中发展的时间。等它发展到一定规模之时，就会选择联合行业第二、第三，针对第一名的弱点发动攻击，或者趁前几名互相打压、一片乱战的时候，坐收“渔翁之利”。

回到现实的商业环境里，在三方博弈的格局中，当己方实力最弱时，你如何才能笑到最后？有三种方法。

第一，坐山观虎斗。当行业竞争烽烟渐起时，有一种选择，便是不让自己踏入争斗的旋涡中。你可能还记得2011年的“百团大战”，当时规模最大的两家团购网站当属拉手和窝窝团，但随着资本市场的急功近利，这两家公司却在日复一日地撒钱、圈用户、抢市场、拼数字中迷失了自己，在喧嚣过后，快速走向了没落。而美团恰似团购市场上的一股清流，在浮华中专注提升用户体验，踏实地完善产品运营，不该参与的打架坚决不参与，从而实现了最后的“逆袭”。

第二，联吴抗曹。面对强者，弱者团结一心才有机会。三国时期，蜀、吴联盟抗曹，赤壁一战奠定了日后三国并立的大格局。虽然蜀国与吴国也存在利益分歧，但生死攸关时，敌人的敌人就是朋友。我们在“三国杀”游戏里也能看到这种策略的影子。实力最弱的内奸想要取胜，就要在游戏中不断地改换阵营，时而帮主公，时而帮反贼，避免正反两方的实力过于悬殊，待将两方都拖入残局之后，再去谋求与主公的对决。

第三，求“包养”。枪手博弈模型的设定是必须决出唯一的胜者，而在现实生活中，除了你死我活的残酷结局，往往还存在其他选择。2015 年，在线商旅市场上，携程、去哪儿网、艺龙旅行网三家公司分别排名前三。携程的综合实力最强，去哪儿网的机票业务领先，而艺龙旅行网在酒店市场上的优势最大。在这一竞争格局下，艺龙旅行网率先看到了未来各项业务整合运营的必然性，选择在最有话语权的时间点，溢价 100% 出让一部分股份给携程，一方面自己赚得盆满钵满，另一方面大大减少了竞争带来的恶性损耗。从这一点也可以看出，所谓博弈，并不都是零和博弈[①]，各取所需的正和博弈[②]更是我们期待看到的博弈结果。

一句话理解枪手博弈：

懂得避其锋芒，身为草根也终有“逆袭”之日。

① 零和博弈是指博弈双方的收益和损失之和为“零”，因为一方收益必然导致另一方损失。

② 正和博弈是指博弈双方的利益都有所增加，或者至少是一方的利益增加，而另一方的利益不受损害。

第4章

消费者，从来就不是理性的

消费心理（上）

“一元”和“一元”一样吗？

——心理账户——

你会重新买票吗？

假设你今天去剧院看演出，票价是300元。你在刚到剧院还没买票的时候，发现自己丢了300元现金，你还会不会继续买票看演出？

同样的场景，我们调整一下。假设你提前买好了票，到现场却发现票丢了，必须重新花300元买票，你会不会再买一张票？

这个实验最早是由普林斯顿大学心理学教授丹尼尔·卡尼曼设计的。实验发现，如果丢失的是300元现金，88%的人会选择继续买票；而如果丢失的是演出票，54%的人会选择不再买票。

卡尼曼教授认为，当身处第一种情境时，人们会把丢失的300元和买票的300元分别考虑；而在第二种情境下，人们会将已经花的300元和再次购票的300元汇总到同一个账户。也就是说，一场演出要花600元，价格太高，索性不看了。

心理账户

同样是损失300元，为什么人们的选择差异如此之大？其实我们每个人都会做这种不合理、不精明的决策。你有没有发现，有的人吃一顿价格几百元的饭不觉得贵，但是买一本书或者一款知识产品，几十元都不舍得花。还有一些人，给孩子报上万元的学习班，一点儿都不心疼，一旦给自己花钱，就精打细算起来。从消费心理学的层面来看，这种不够理性的购买决策，可以被归因为消费者的“心理账户”。

心理账户

人们会在心里构建分门别类的账户，不同的账户有不同的记账方式和心理运算规则。

心理账户是芝加哥大学行为科学教授理查德·塞勒在1980年提出的概念。塞勒认为，人们在做决策时有两套算法，一套是经济学算法，一套是心理学算法。在经济学算法里，人们绝对理性，每“一元”都是可以由等价物替代的，只要绝对值相同就行。而在心理学算法里，每“一元”就不一样了，“钱从哪儿来，花到哪儿去”，都是专款专用的。

生活中影响我们做消费决策的，实际上更多的是非理性的心理学算法，也就是心理账户。如果你是商家，怎样用好心理账户，让用户在你这里消费时“有钱、任性”呢？我在这里向你介绍心理账户的三种应用方法。

第一，替换概念。在营销宣传中，你可以把客户从他舍不得花钱的心理账户，引导到他容易买单的心理账户。最有代表性的就是脑白金的宣传：“今年过节不收礼，收礼只收脑白金。”脑白金理论上属于健康类消费品，但是有多少人舍得花好几百元买给自己吃呢？于是脑白金很巧妙地转移了消费者的心理账户——从“消费账户”引导到了“礼品账户”。让用户从“消费账户”支出这笔钱，大多数人会不舍得，但是同样的一笔钱从“礼品账户”被支出的时候，人们就变得非常容易接受了。你发现了吗，选择对的心理账户，本质上就是给用户一个更容易说服自己买单的理由。

第二，创造收益。常见的商家促销方式是打折，而精明的商家则会设计“满 200 元减 100 元”“满 500 元返 300 元”这样的方式。这种方式不一定比直接打折划算，但更容易促使消费者买单。其背后的逻辑是，商家引导消费者不再只思考“消费账户”，而开始关注自己的“进项收益账户”。比如看到满 200 元减 100 元，你的潜意识就会告诉自己，你不是花了 100 元，而是省了 100 元。

第三，打包项目。你可以把有关联的消费项目打包在一起，让消费者只为一件事付费。比如，酒店一般会把房费、早餐费、上网费打包归入房费。有一次我入住一家酒店，房间需要单独付费，早餐另算，上网也需要额外花钱。其实房费本来并不贵，但我还是感觉很不划算，心想下次再也不住这家酒店了。这就是项目打包的好处，把消费者不太愿意接受的费用，打包放到他习惯付费的心理账户里。

一句话理解心理账户：

想让消费者买单，你需要给他一个更容易说服自己的理由。

为了捞回本，却输到血本无归？
——损失规避——

失去的痛苦大于得到的快乐

抛一枚硬币，如果落下来正面朝上，你会赢得 5 万元；如果背面朝上，你会输 5 万元。想一想，你是否愿意赌上一把？研究表明，虽然硬币出现正反面的概率都是 50%，但有 95% 以上的人不愿意玩这个游戏。

究其原因，是因为人对“失去”比对“得到”敏感得多，也就是说，一个人赔 5 万元时承受的痛苦，要远大于赢得 5 万元时获得的快乐。这就是消费心理学中著名的“损失规避效应”。

为什么不叫“损失敏感”，而叫“损失规避”？因为人们在面对可能的损失时，会采取尽力避免发生损失的决策模式，而面对可能的收益时则不会这样做。比如，股民往往见好就收，股票如果赚钱了，尽早卖出，落袋为安；如果赔了，则倾向于攥在手里，

损失规避

人们面对同样数量的收益和损失时，损失给人的负面影响，比收益给人的正面影响大很多。

一直持有，或者说不愿意接受损失。统计数据显示，股民持有亏损股票的时间远比持有获利股票的时间长得多。人们不愿意“割肉”，而宁愿“套牢”。

损失规避随处可见

损失规避的心理在生活中随处可见。比如你突然丢了100元，这时的郁闷远大于捡到100元时的开心。炒股时，赚了1万元没什么太大的感觉，而赔1万元的时候，就会心疼得要命。再比如，很多赌徒之所以陷进赌局，就是因为刚开始输了一点儿钱，想捞回本，结果越输越多。本质上，这都是人们的损失规避心理在作怪。据研究，人们损失1万元的郁闷，几乎相当于赚到2万元的快乐，也就是对同一件东西，失去的痛苦几乎两倍于得到的快乐。

了解了损失规避的原理之后，我们如何将它运用到商业策略中？有三种方法，分别是“避免”、“打消”和“放大”。

第一，避免损失描述。“损失”和“收益”的标准不是一成不变的，通过语言表述，可以让用户产生不同的感觉。如果加油站用“现金每升5元，刷卡加手续费则每升6元”的损失性描述，消费者在潜意识里一定觉得太贵。而如果改为“刷卡每升6元，现金打折，每升5元”，虽然“换汤不换药”，但效果一定会好很多。

第二，打消损失顾虑。既然用户希望规避损失，那我们就让他觉得没有损失。比如，消费者在网上买化妆品最担心的就是买到假货。我曾经是聚美优品 POP（名品特卖）事业部的总经理，所以深知这一点。为了打消顾虑，聚美推出了“30 天无条件退货”，即使是用户在拆封使用之后，也允许无理由退换。说实话，这种玩法是真的赔钱。我有一次在库房，亲眼看到一大批刚刚开封，只用了一点儿，几乎是全新的化妆品被退了回来，堆了满满一地。曾经有一段时间，每个月光退货的金额，就占了整个聚美优品总营收的 1%，这是相当巨大的损失。但也正是这种敢于承诺的策略，在很大程度上打消了用户对假货、损失的疑虑，给聚美的早期成长奠定了基础，使得这家创立时间很短的公司，一跃成为化妆品 B2C（商对客）电商的第一名，并于公司创立的第四个年头，在美国纽约证券交易所成功地上市敲钟。这就是利用用户损失规避的心理，消除损失疑虑的真实案例。

第三，放大损失感受。你有没有发现，卸载杀毒软件的时候，常常会有一个弹框提示卸载后的电脑将会彻底失去安全防护，面临风险。这个提示框的颜色往往很鲜艳，文字也很夸张，说白了就是在“吓唬”你，不让你卸载。对于下决心要卸载的用户来说，这种小把戏用处不大，但对绝大多数人来讲，这却很容易“唬住”他们。很多人会因此认为，“中毒就麻烦了，多一个软件也没什么，要不就留着吧”。所以，放大损失的感受，也能有效地引导消费者的行为决策。

一句话理解损失规避：

同样一件东西，失去的痛苦大于得到的快乐。

两匹马的屁股，决定火箭宽度？
——路径依赖——

不拿香蕉的猴子

科学家做过这样一个实验：把 5 只猴子放在一个笼子里，并在笼子中间吊一串香蕉，只要有猴子伸手去拿，科学家就会释放高压水枪，浇湿所有猴子。几次惩罚后，再没有一只猴子敢动香蕉了。实验的下一步是用一只新猴子替换一只原来的猴子。新猴子不知道这里的“规矩”看见香蕉就要去拿，可接受过惩罚的 4 只猴子已经被吓到草木皆兵了，于是它们把新猴子摁在地上，一顿暴揍，直到它也懂了“规矩”为止。就这样，实验人员把经历过水枪惩罚的猴子陆续地换出来，最后笼子里的猴子全是新的，没有经历过任何惩罚，但它们还是小心地遵守着“规矩”，对这串香蕉“只敢远观，不敢亵玩”。

路径依赖

人类社会中的技术或制度演变具有惯性，人一旦进入一种行为路径，就会对其产生依赖。

这个实验生动地展现了“路径依赖”。虽然新猴子不知道为什么不能碰香蕉，但是这种行为模式已然被固化：

想都不用想，就是不能碰。

路径依赖其实就是习惯。习惯了一件事，就像走上了一条“不归之路”，惯性的力量会让人很难改变方向。有一句名言是这样讲的：**习惯，我们每个人或多或少都是它的奴隶。**

生活中的路径依赖

生活中有不少路径依赖的产物。比如，电视剧为什么一般都是45分钟一集？因为很多年前，电视刚出现的时候，电视剧需要用胶片录制。一盘胶片的容量是15分钟，而电视内容的时长一般是15分钟的倍数。所以你会发现，短片一般是15分钟，电视剧一般是45分钟，故事片一般是90分钟或105分钟，它们都是15分钟的倍数。虽然后来技术大幅进步，时长不再受限，但是整个影视行业已经从制作、发行到各个环节都适应了这个时间长度。因此直到现在，大部分电视剧仍然是45分钟左右一集。

再比如，铁路两条铁轨之间的标准距离是143.5厘米。为什么是这个数字，还有零有整？原来，早期的铁路是由造电车的人设计的，而造电车的人以前是造马车的。马车的宽度又是由车前面两匹马屁股的宽度决定的。所以143.5厘米就这样一直跨时代地延续了下来。更有趣的是，美国航天飞机的火箭推进器，由于造好之后需要用火车来运送，它的宽度就得符合火车轨道的要求。因此，奇妙的一幕发生了：路径依赖效应竟然使得航天飞机火箭助推器的宽度，等同于两千年前两匹马屁股的宽度。

在商业环境中，路径依赖尤其重要，它可以在一定程度上使消费者心甘情愿地长期、重复购买你的商品，成为你的忠实客户。那么，怎样做才能让用户在你这里形成路径依赖？我在这里给大家分享三个策略。

第一，补贴策略。很多互联网公司利用补贴策略快速积累用户。你敢“烧”3 亿元，我就敢“烧”5 亿元；你敢免费，我就敢倒贴。一旦安装了你的应用，由于路径依赖，一部分用户就会逐渐养成习惯，价格的敏感度也会随之大幅下降。所以今天，滴滴出行的很多用户已经不再因为补贴而使用滴滴出行了，而市场上其他竞争对手也很难再撬动这部分用户，这就是路径依赖的力量。当然，补贴策略“伤敌一千，自损八百”，风险极大，因此我并不建议你盲目使用。

第二，任务策略。很多游戏公司会设计这样的玩法：只要玩家每天登录，完成每日任务，就可以领取相应的奖励。连续登录几天，还会获得更大的奖励。一段时间之后，用户已经习惯了每天登录领赏的动作，就会成为一名忠实玩家。久而久之，用户甚至已经不再关注游戏本身是否好玩了，而是感觉错过了每日任务就好像损失了点儿什么。这时候，路径依赖已经形成，剩下的就是静静地等待用户买单了。

第三，情境策略。如果有办法让产品的使用情境与现实生活紧密结合，用户就容易在特定的情境下联想到产品。比如，益达的广告语是“饭后嚼两粒”，德芙则是说“下雨天和巧克力更配”。这些都是把产品巧妙地融入生活场景中，多次触发之后，路径依赖就会在用户毫无察觉时形成。

一句话理解路径依赖：

习惯，我们每个人或多或少都是它的奴隶。

掏钱的时候，你打过自己的脸吗？

——比例偏见——

同样的 100 元，不同的感受

假如你去买车，销售员告诉你，你看中的这款车特别热销，没有优惠，但如果你愿意花 10 分钟填一份调查问卷，就可以便宜 100 元。你一定会想："我花几十万元买车，才便宜 100 元？你是在开玩笑吗？"换个场景，假如你开车去做保养，只要填一份问卷，一桶 300 元的机油就能便宜 100 元，这回你可能瞬间会觉得：太值了！

同样是 100 元，我们有时在乎，有时无所谓，这种自相矛盾"打脸"的事，大家平时一定没少做。究其原因，在于"比例"二字。

一桶 300 元的机油，便宜 100 元，就节省了三分之一；而对于一辆车来说，只不过是节省了千分之一、万分之一。比较之下，就显得不值一提了。

比例偏见

参照对象的变化导致比例的不同，而不同的比例会带来不同的感受、行为和态度，这就是我们所说的比例偏见。

对比例更敏感的偏见

在消费心理学的框架中，消费者普遍存在认知上的比例偏见。在很多本应该考虑数值的场合，人们更倾向于考虑比例或者倍数的变化。也就是说，人们对比例的感知比对数值的感知更加敏锐。

比如一次自然灾害后，捐款帮助灾区重建本是一桩善举，但捐款人却遭到了众多网民的质疑。因为大家觉得，与捐款人领导的公司的销售额（上千亿元）相比，所捐数目（上百万元）不成比例，实在说不过去。难怪有人说："比例有偏见，掏钱莫'打脸'。"

了解比例偏见后，你应该怎样让消费者买单买得更爽、掏钱掏得更痛快呢？有三招。

第一，放大促销价值。大量实验证明，当商品价格低于 100 元时，优惠的比例（也就是折扣）更吸引人；当商品价格高于 100 元时，直接写优惠数额更吸引人。举个例子：一件 10 元的商品，就算打 8 折，也只是便宜了 2 元。你在海报上写了大大的"立减 2 元"，消费者看了一点儿感觉也没有，所以这时只要写"8 折"就好。反之，一件 1 万元的商品，打 9 折就能便宜 1 000 元，这时候"直降 1 000 元"就比"9 折优惠"更吸引人。所以，不同的商品要对应不同的促销文案，而不能一视同仁。

第二，巧设参照对象。恰当地设置参照对象，在用户心中形成新的比例，让消费者觉得物超所值。比如，一双售价 1 000 元的运动鞋，顾客购买即可获赠一双标价 50 元的袜子。你觉得这个促销活动够吸引人吗？相比 1 000 元的商品，50 元的赠品只是个小便宜。那聪明的商家应该怎么做呢？它应该告诉你，购买这双鞋的顾客，只要加 1 元，就能换购一双价值 50 元的袜子。白送都不一定好用的招数，居然还要收钱？而真实的情况是，愿意加 1 元换购袜子的人不在少数。这就是比例偏见的神奇作用。免费送袜子，袜子的价值只有鞋子的 5%；而加钱换购，1 元就能换取 50 倍的收益。难怪在超市收银台经常有满额换购的活动，加 1 元、2 元就可以买到纸巾、鸡蛋之类的生活必需品。超市正是利用了消费者的比例偏见，从而获得了更高的收益。

第三，善用搭配销售。比起单独售卖廉价商品，用廉价的配置品搭配昂贵的物品更容易让消费者获得价值感。比如一款售价 2 000 元的手机，摄像头是 500 万像素。在其他配置相同的前提下，如果摄像头升到 1 000 万像素，手机售价只要 2 200 元，你有没有觉得很划算？加价 200 元意味着多花十分之一，手机的拍照性能却能提升一倍，消费者自然感觉赚大了，谁还会去仔细盘算是真的赚了，还是被商家“计算”了呢？

一句话理解比例偏见：

比例有偏见，掏钱莫“打脸”。

你以为你以为的，就是你以为的？
——赌徒谬误——

你会押注正面还是反面？

假设你已经连续抛了10次硬币，都是正面朝上，那么第11次，你会押注正面还是反面？你一定会暗自揣度：都连着10次正面了，这次该反面了吧？按概率来讲，连续11次出现正面的可能性只有1/2的11次方，这是一个无限小的数字。所以，应该押注反面。而真相只有一个：无论同一面连续出现了多少次，扔硬币的每一轮，正反面各50%的概率都不会改变。科学研究告诉我们，人类行为并不总是理性的，我们的思维喜欢凭借经验或感觉做出判断。在连续10次抛出硬币的正面后，人们就会不由自主地认为第11次一定是反面。

赌徒谬误

人们往往会错误地认为一些事件有内在关联，而事实是，每个事件都是独立的，无论前面的结果如何，都不会对下一次事件产生任何影响。

就好像赌博一样，连输了10场以后，人们总抱着一种侥幸心理，认为第11场一定会转运，能把之前输的全赢回来。这就是典型的赌徒心态。

潜意识里的赌徒谬误

在赌徒谬误的影响下，概率学上的“随机”被错误地等同于“均匀”。如果一段时间内事件的结果不够均匀，人们就会认为未来会往“抹平”的方向发展。

比如，长期买彩票的人会认真记录每期彩票的开奖规律，画出趋势图；也有人常年守号，认为那是自己的幸运数字，说不定哪天就中奖了。赌徒谬误告诉我们，每一期的中奖号码都是独立而随机的。有人做过统计，中头彩的概率之低，相当于同一个人被雷劈过7次。你以为的天命之选，只不过是一厢情愿。

那么，要想避免落入这个心理陷阱，具体如何做？还是三招。

第一，独立判断，客观评价。有人做过一个实验，在对14 000多份银行贷款记录分析后，发现一份贷款申请是否获得批准，竟然在很大程度上取决于这份申请被看到的时间和顺序。如果审查官在一天中连续批准了5份贷款申请，那他收到的第6份申请被拒绝的可能性就很大，反之亦然。估计每个审查官内心都有“抹平”的倾向，他的潜意识是，今天的案子不可能都符合通过的条件。可见，始终保持客观并不像我们想象的那么简单。你要时刻提醒自己：在做判断的时候，不能掺杂主观意愿。

第二，排除干扰，合理归因。有人说，士兵在战场上遭受敌人炮击时，跳入弹坑是最安全的，因为已经形成的弹坑里，不可能凑巧再落入第二颗炮弹。这个归因是典型的赌徒谬误，不过结论还是可以参考的，因为在开阔的、没有任何遮蔽物的战场上，一个一米多深的弹坑就是最好的掩体。再比如说，一名篮球运动员，如果连续进了三四个球，人们就会不由自主地做出判断：他正处在“手热”的状态，把球传给他，命中率就会增加。连续进球是因为投篮的人“手热”，这也是典型的赌徒谬误。有一项对上千个投篮动作的分析结果显示，根本没有“手热”这回事。所以说，排除干扰选项，正确地归因，能让我们更真切地了解这个世界。

第三，错就翻倍？除非无限。生活中，有很多人相信这样的“铁律”：随便猜一个方向，如果错了就反向加倍再来。比如，输1元不要紧，下次下注2元，如果再错，就下注4元，总之输了就翻倍下注。如此这般，押对一次，就能连本带利地赚回来。而事实上，除非你有无限的资金，否则这种玩法很可能导致你赔光所有钱。这种经典的赌徒谬误拥有惊人的生命力，经久不衰，坑骗着一代又一代的“投机客”。所以说，决定一种策略流行程度的永远不是它的收益能力，而是它是否契合人性。

一句话理解赌徒谬误：

你以为的天命之选，只不过是一厢情愿。

第5章

不但不理性，还会骗自己
消费心理（下）

你买过套餐以外的汉堡吗？
——诱饵效应——

《经济学人》杂志实验

著名的行为经济学家——也是我在杜克大学的校友——丹·艾瑞里教授做过一个有趣的实验。他找来 100 个学生，让他们每人选择《经济学人》杂志的一种订阅方式：电子版每年 59 美元；纸质版加电子版，每年 125 美元。最后有 68 个学生选择了电子版，32 个学生选择了纸质版加电子版。

这个实验并没有到此结束。丹·艾瑞里找来另外 100 个学生，除了之前的两种订阅方式，他还增加了一个选项：单订纸质版，每年 125 美元。你可能会不解，纸质版加电子版一共才 125 美元，谁会花同样多的钱只买纸质版？确实，没有一个学生选纸质版。但是这一回，有 84 个学生选择了 125 美元的电子版加纸质版，比原先的 32 人多了一倍多。

表 5-1 诱饵效应实验第一部分

	价格	人数
单订电子版	59 美元	68
纸质版加电子版套餐	125 美元	32

表 5-2 诱饵效应实验第二部分

	价格	人数
单订电子版	59 美元	16
单订纸质版	125 美元	0
纸质版加电子版套餐	125 美元	84

红花还需绿叶配

为什么增加了一个选项，会让结果产生如此大的差别？这其实就是诱饵效应在起作用。

在上面的案例中，单订纸质版就是用于刺激人们选择纸质版加电子版的一个“诱饵”，艾瑞里教授压根就没指望有人会选择纸质版。

每个人心里都有一杆秤，用它测算各种商品的效用价值。但当选项中多个因素（比如价格、性能、数量）共同作用，而多个因素又各有优劣的时候，外行人很难看清其中的门道。所幸通过“比较”，我们可以轻易地察觉其中的差异。这句话说得直白些就是，很难看出单个商品的好坏，但比较多个商品后，好坏就显而易见了。红花之所以吸引人，很多时候是缘于绿叶的陪衬。

诱饵效应

诱饵效应也叫吸引效应或不对称占优效应，是指人们在面临两个难以抉择的选项时，增加一个新选项，也就是诱饵，会让原来的某个选项更具吸引力。

那么如何将诱饵效应运用到商业环境中？你可以从以下三个方面加以思考。

第一，设置次优选项。超市是运用诱饵效应的主力战场：同样一种饮料，2.5 升装打完折和 2 升装的价格是一样的。你可能会想，谁会买 2 升装的呢，然后开心地买走 2.5 升装的饮料。你可能完全没有意识到，自己已经掉入了商家的陷阱。这 2 升装的饮料其实是“诱饵”，商家根本就没打算卖，这么设置的目的就是让 2.5 升装的饮料看起来拥有更高的性价比优势。

第二，干扰占优选项。某个你原本中意的选项出乎意料地退出，也会在很大程度上影响你的选择。举个例子，4S 店（四位一体汽车销售服务店）里某款车型有基础款、中级款、豪华款这三种配置。据统计，大多数人会选择性价比最高的中级款配置。但精明的商家可能把中级款的产能调低，订车需要等半年，这就意味着这个占优的选项成了一个无效选项。其实，消费者早已落入圈套，他们在心理上已经接受了中级款的配置，这时候再下调配置可就不容易了，因此很多人选择加钱，买最贵的豪华款。这种把戏在汽车行业比比皆是，有时候出于生产成本的考虑，所谓的中级款和豪华款用的是同一种发动机，性能上原本是一样的。但厂商在系统中故意为中级款的发动机设定了一个比较低的工作参数，说白了就是让发动机不充分运转，以拉开中级款和豪华款的差距。你发现了吗？人与人之间最远的路，就是商家的“套路”。

第三，套餐打包售卖。你有没有买过套餐以外的汉堡？肯德基、麦当劳里的“超值套餐”一般包含汉堡、薯条和可乐，价格比单点汉堡贵不了多少。此时，快餐店一定会把单点汉堡的价格也展示出来，让消费者感觉薯条和可乐几乎就是白送的。这个单点的汉堡其实就是快餐店的“诱饵”，为的是让套餐显得格外划算。类似的还有体检套餐、手机套餐、宽带套餐，都是因为相比于单一产品，套餐更显划算，人们往往多掏了钱，还觉得自己占了便宜。

一句话理解诱饵效应：

人与人之间最远的路，就是商家的“套路”。

“按销量排序”背后的秘密？
——羊群效应——

你是不是一只盲从的羊？

你有没有听过这样一个笑话：有个人看见另一个人在抬头看天，于是就跟着抬头。没多久，陆陆续续来了一群人，都跟着抬头看，甚至还比比画画，交头接耳。又过了不久，最早抬头的那个人问大家：“你们都在看什么？”大家说：“不是看 UFO（不明飞行物）吗？”这个人苦笑着说：“你们掺和什么，我这是流鼻血，抬头止血呢。”

虽然没提到羊，但这个笑话说的就是一种典型的羊群效应。

就像在散乱的羊群中，如果头羊率先发现了一片肥美的草地，其他羊就会不假思索地一哄而上，全然不顾附近是否有狼，也不管旁边是否有更好的草地。

很多时候，“随大流”是一种快速且风险小的决策方式，尤其是在决策信息不充

羊群效应

羊群效应也叫从众效应，指的是个人的观念和行为受到群体压力的影响，从而与多数人产生一致行为的现象。

分、决策成本偏高的情况下。为什么会这样？请你想象自己是一个原始人，跟同伴去森林里砍柴。突然，你听见草丛中有窸窸窣窣的声音，几个同伴拔腿就跑。这个时候，你会怎么做？你会停下来思考一下草丛里到底是什么动物，是兔子还是老虎吗？不会，你会跟同伴一样，能跑多快就跑多快。当人们通过观察别人来提取信息、做出决策时，人们的行为会不断趋同，并且彼此强化，最终产生羊群效应。

随处可见的羊群效应

生活中的羊群效应随处可见。2003 年“非典”时期全民狂购板蓝根；2011 年日本核泄漏，全民狂购食用盐；全民同追一只“妖股”；全民同“炒”一片学区房……羊群效应让 A 股在 2007 年瞬间被拉升到 6 100 点，同样地，这也是 A 股在几个月后瞬间跌落到 1 600 点的原因。回忆一下，你是不是也有这样的经历？比如，你经过一家餐厅，看到两个人在门口排队，就会觉得这家餐厅比隔壁没什么客人的那家餐厅要好，于是你也排到了队伍里。之后队伍越排越长，所有人都相信自己明智地选择了一家更好的餐厅，并不会意识到这个决定仅仅是缘于最初排队的那两个人。

运用羊群效应，引导消费者狂购你的产品，通常有三种方法。

第一，包装成功案例。“王婆卖瓜”的做法早已经过时了，列举成功案例的宣传效果则好得多。有句话，请你一定要记住："案例，胜过'安利'。"很多服务行业中的乙方公司，比如公关公司、咨询公司、广告代理商、设计工作室等，在业务起步的阶段，一般都是低价甚至免费帮大公司做项目。有了与知名品牌合作的成功案例，再去开拓市场就简单多了。对客户而言，选择模仿跟进，会比选择做"第一个吃螃蟹的人"容易得多。

第二，凸显用户规模。香飘飘奶茶的广告词"一年卖出 7 亿多杯，连起来可绕地球两圈"，已经被业界奉为经典。这句广告语没有正面强调奶茶的口味有多好，而是描述了一幅极具震撼力的画面，传达出产品销量巨大、消费者众多的信息。类似的还有瓜子二手车直卖网，它突出自己"二手车成交量遥遥领先"；可口可乐告诉人们"全世界每秒可以卖出近 2 万瓶可乐"；加多宝说"中国每卖出 10 罐凉茶，7 罐是加多宝"……这些都是在传播过程中，凸显自己的用户规模，从而赢取人们的信赖。这也是为什么你在京东和淘宝购物的时候，会有一个选项叫作"按销量排序"。

第三，引导用户分享。在餐厅用餐，如果把精美的菜品和优雅的环境拍照，发到朋友圈，店家可能会奖励你一份甜品；如果在大众点评上写五星好评，店家可能还会给你一些折扣。这些行为本质上都是在诱导用户分享，利用消费者的社交关系进行口碑传播。当人们看到自己的朋友都在使用某个品牌的时候，免不了也会跃跃欲试，羊群效应也就自然发生了。移动互联网的发展让微商、微分销红极一时。你发现了吗，做得好的微商，不是不停地给你“安利”这款产品有多好，而是着重渲染他代理了这款产品后赚了多少钱，又有多少人在他那里订了货……有的甚至压根不谈产品本身。这些做法的核心就是在利用羊群效应。

一句话理解羊群效应：

案例，胜过“安利”。

孩子还是自己的好？
——禀赋效应——

一辆二手车的报价

我的 MBA 课程有一半是在美国读的，那时候班里有个中国同学叫杰瑞。杰瑞毕业回国之前，想把他在美国的车卖掉。原价 3 万多美元的车，二手车网站建议售价 1.6 万美元。杰瑞非常不情愿，他觉得这辆车只开了一年，跑了很少的里程，也没发生任何事故，几乎和新的一模一样，怎么这么快就降了一半的价钱？于是他坚持报价 2.5 万美元，觉得怎么也能卖出去。

禀赋效应

当一个人拥有某项物品或资产的时候，他对该物品或资产的价值评估，要大于尚未拥有这项物品或资产的时候。

结果不出所料，几乎无人问津。最后实在没时间了，杰瑞才以 1 万美元的“跳楼价”草草处理了爱车。之后，他经常跟我提起，说这回自己亏大了。

我的这个同学，分明是忽略了自己心里的禀赋效应。

所有权带来的高估

有一个成语叫作“敝帚自珍”，意思就是自家的破扫帚对别人来说不值一文，却被自己当个宝贝。别看道理简单，放到谁身上都难以避免，这种认知偏差具有极强的普适性。

2017 年诺贝尔经济学奖获得者理查德·塞勒[①]做过实验，让两组人为同一款杯子标价。对于第一组人，先把杯子送给他们，然后问他们愿意以多少钱卖这只杯子；对于第二组人，则是直接问他们愿意花多少钱去买这只杯子。令人诧异的是，同样一个杯子，作为卖家给出的价格，是作为买家给出价格的两倍。这个存在显著差异的结果，后来被各国研究者反复验证，屡试不爽。

以这个案例来看，人们对已经拥有的东西，会比拥有之前估价更高。所以，有句话说，“得不到的才是最好的”，在我看来，这句话可能是世界上最大的谎言。

了解禀赋效应后，我们如何将其运用到工作和生活中呢？这里有三种应用场景可供你借鉴。

第一，提供免费试用。前段时间，有人上门给我父母家里安装了一台自来水净化器，可以免费试用 3 个月，3 个月后如果觉得用处不大，可以无条件退回。其实父母平时习惯了烧水喝，根本没想

① 理查德·塞勒于 1980 年提出了“禀赋效应”。

买净水器，但心想着既然免费，试用一下也无妨。很快，3 个月过去了，商家要来回收设备，而他们早已习惯了一拧开水龙头就有净化水喝的便利，不等商家开口，就主动掏钱买下了，还推荐给了好几位邻居。免费试用可以理解为商家让渡给消费者虚拟“所有权”，借助人们心中的禀赋效应，卖起东西来自然就容易许多。

第二，兜售亲身参与。当消费者被邀请参与商品的生产时，他们会很容易把商品“视若己出”。最擅长这个套路的品牌当属来自瑞典的宜家。人们购买宜家的家具其实只是买回了半成品，到家还要花几个小时把它组装起来。虽然麻烦，但人们还是会对亲手组装起来的家具青睐有加。因为这份附着在商品之上的体验，人们对商品的评价和再度购买的意愿都会有所提升。商业领域如今正出现越来越多的“DIY 经济”（即“do it yourself”，自己动手做）。像冰激凌中的梦龙、珠宝行业的潘多拉，都是运用这种营销策略取得的成功。我家里有一个特别丑的杯子，就是我在台湾的一家陶艺小店里，参照《人鬼情未了》里面的剧情，自己动手做的，价格是普通杯子的好几倍，但我就是觉着特别值。

第三，夸赞他人拥有。有一次我跟几个朋友逛街，其中一个人买了一件衣服后问我，好看吗？我当时没怎么思考，就说：“还行啊，就是颜色有点儿显老。”另外一个朋友当场就严厉地批评我，说：“老路，你知道你为什么不招女孩子喜欢吗？你这人啊，有时候真是满脑子糨糊。”我很疑惑，于是这位朋友解释道，当一个人还没买的时候，问你好看吗，你可以知无不言，随便给建议；如果她已经买了，这个时候的回答只能是两个字：好看。听完这话，我幡然醒悟。已经买了的东西，谁会喜欢听别人说半句不好呢？不懂得禀赋效应，真是为人处世的大忌。

一句话理解禀赋效应：

"得不到的才是最好的"，这句话可能是世界上最大的谎言。

可口可乐为什么能战胜百事可乐
——预期效应——

同样的“特酿”，不同的味道

行为经济学家丹·艾瑞里教授曾在麻省理工学院做过一个实验：在一杯普通的啤酒中掺入几滴意大利香醋，起名为“特酿”，然后将“特酿”和普通的啤酒放在一起，让一组学生品尝，结果大部分学生对“特酿”的评价更高。而在第二组实验中，实验人员事先告诉学生，所谓的“特酿”就是加了醋的啤酒，结果这组学生的表现截然不同，纷纷表示“特酿”很难喝。

这两组有着显著差异的实验结果，缘于不同的主观期望：你听到的，是你想听到的；你看到的，其实是你希望看到的。这就是预期效应。

为了保持一致，不惜说服自己

心理学研究发现，人们都有一个习惯，就是极力避免在言行上前后不一，始终要保持逻辑上的自洽。即使有时候隐约感觉自己错了，也要不断地暗示自己、说服自己，甚至是强迫自己自圆其说。比如，你看完某部来自豆瓣年度榜单的电影之后没什么感觉，心里

预期效应

人们对事物的判断在很大程度上受主观预期的影响。预期来自已有的认知、他人的评价、权威的意见、公众的舆论等。

就会想：一定是影片的哲理太深，不是一两遍就能看懂的。再比如，你在米其林推荐的星级餐厅点了一桌特别好看的菜，吃完既没解馋又没吃饱，可还是会感叹，菜品真是精致考究。

预期效应也会影响人们对他人观点的接受程度。你一定听说过“筛子心态”和“空杯心态”。“筛子心态”是说人的思想就像一个筛子，符合自己原有思想的观点能通过，不符合的则一概通不过，一概不被接受。相对应的“空杯心态”，是说人的思想如同一个清空的杯子，有容纳不同思想、不同观点的能力，即使新观点和自己原有的观点冲突，也能先保留，思考后再做结论。

为了迎合消费者的预期效应，商家煞费苦心，常见的做法有三种。

第一，品牌塑造更好的预期。在全球市场上，可口可乐的份额一直领先百事可乐，多年稳居第一。多数消费者在接受调研时也明确表示，自己更喜欢可口可乐。但一个有趣的盲测实验却显示：在不知道对应品牌的情况下，让人们选择哪一杯味道更好，超过一半的人选的却是百事可乐。后来研究发现，其实当人们知道自己喝的是可口可乐的时候，会激发大脑中的一块特定区域，这个区域包含记忆、联想、高级认知等功能，从而形成了积极的心理预期。这个时候，饮料的口味差异并没有想象的那么重要。

第二，产地构建莫名的预期。某种商品的原产地信息也会在很大程度上影响消费者对它的喜好。人们常说要住俄罗斯的房子、请英国的管家、开德国车、吃中国菜、娶日本老婆……当然，老婆不是商品，但云南白药可以是，青岛啤酒可以是，鄂尔多斯羊绒衫更可以是。有一个做花的品牌，叫作“roseonly”，商家宣称，所有花都产自厄瓜多尔。到现在我也不明白，厄瓜多尔的玫瑰花到底比其他地方的好在哪里。

第三，价格锚定效果的预期。如果消费者难以对商品的使用体验或性能做出判断，就会想当然地认为，价格揭示了其中的差别。比如，50 元一盒的感冒药肯定比 5 元一盒的更管用，200 多元一包的咖啡豆肯定比 100 多元一包的咖啡豆更香醇。云南白药牙膏刚开始卖 2 元多，结果没人买，后来把单价调到 20 多元，销售额就从 3 000 万元飙升到了 10 亿元。这是为什么？因为人们不相信 2 元的牙膏能治疗牙龈疾病，但是 20 多元的牙膏可以。这就是利用价格锚定的效果预期。

一句话理解预期效应：

你看到的，其实是你希望看到的。

先开价，真的就输了吗？
——锚定效应——

“幸运之轮”的心理暗示

诺贝尔经济学奖获得者丹尼尔·卡尼曼教授做过一个“幸运之轮”的实验。他先有意地给学生们展示了一个带100个格的转盘。教授对转盘做了一点儿手脚，使指针只会落到数字10或者65这两个格子里。转完转盘后，学生需要回答一个问题：非洲国家在联合国全体会员国中的占比是多少？这个问题并不重要，但是结果非常有趣：如果转盘上出现的数字是10，学生们给出的答案就是25%；而当指针落到65的时候，学生们的答案则是45%。差异之大，让人大跌眼镜。

锚定效应

锚定效应又叫沉锚效应，指的是第一印象或第一信息更容易支配人们的判断，就像沉入海底的锚一样，会把思想固定在某个地方。

转盘与问题的答案其实没有任何关系，但学生还是会参考指针指向的数字，对毫不相干的事下结论，这就是“锚定效应”。

科学研究发现，人们做一个决定时，大脑会对得到的

第一条信息给予特别的重视，我们常说的“先入为主”就是这个意思。就像一只刚出生的鹅，第一眼看到谁就会认定谁是它的妈妈，哪怕它看到的其实是一只公鸡。

生活中的“锚”

现实生活中，在竞争不充分、信息不对称的情况下，商家时常会通过提升品牌形象、塑造品牌价值等方式，对消费者的态度和行为进行引导。20 世纪 70 年代，黑珍珠还是一种色泽一般、没什么人关注的饰品。直到一位商人把它放到纽约第五大道的橱窗里展示，标上令人难以置信的高价，然后在影响广泛、华丽精美的时尚杂志上连续刊登大幅广告。广告里的黑珍珠熠熠生辉，低调、奢华、有内涵，很快就受到市场追捧，成为名贵珠宝。

锚定效应还普遍存在于求职应聘和人际交往中。比如面试的时候，你前三分钟的表现就在很大程度上决定了是否会被录用；相亲的时候，很可能你们见面时的第一印象就决定了是否要跟对方继续交往。有人做过分析，第一信息对于人们知觉的影响高达 75%。最初的瞬间几乎就决定了最终的结果。

既然我们每个人都难免受到第一印象的影响，那么应该如何运用锚定效应呢？

第一，产品先定位。当新产品被推出时，锚定在哪个细分市场上，就会占据消费者心智当中的哪个位置。比如哈根达斯在国外只是超市货架上的普通冰激凌，而进入中国之后，则主要是在专卖店中高价售卖。豪华的装修、唯美的环境，再加上“爱她，就请她吃哈根达斯”的广告语，哈根达斯就在中国消费者心里下了一只高端、奢侈的“锚”。再比如，很多商家不惜花费高昂的渠道成本，也要在机场和高端商圈开设自己的专卖店，与奢侈品大牌做邻居。这其实也是运用了心理锚定的方法。

第二，营销先定量。锚定效应解释了为什么定量购买是一种有效的营销策略。几年前，在美国的一家超市里，罐头在做促销，降价 10%。有几天货架上写着“每人限购 12 罐”，而在其他时间则写着“不限量”。据超市统计，消费者在限购时段平均会购买 7 罐，是不限购时段的 2 倍多。同样地，“卫生纸每卷 3 元”的标签换成“卫生纸 4 卷 12 元”后，销量会增加很多。我们的大脑会将数字“4”作为一个锚点，因此购买了更多的卫生纸。

第三，谈判先开价。很多人在谈判中会陷入一个误区，就是双方都不愿意先报价，生怕先开口会暴露自己的策略和弱点。锚定效应却告诉我们，先发制人也许是更优的选择。比如你买一件衣服，一般是这样的：商家要价 200 元，你还价 100 元，最后以 150 元成交。但是如果你率先报价，说：“老板，这件衣服 50 元卖吗？”这时候商家的心态是，报 200 元也没用，差太多了，不如直接报一个可行的价格，于是他就会说：“50 元进货都进不来，最少 100 元。”

这时候你再讨价还价一番，说不定能以 70 元拿下。先开价，容易把对方圈定在你提出的价格附近进行谈判，有时候是一种更有利的谈判技巧。

一句话理解锚定效应：

最初的瞬间决定最终的结果。

2

读得懂的互联商业

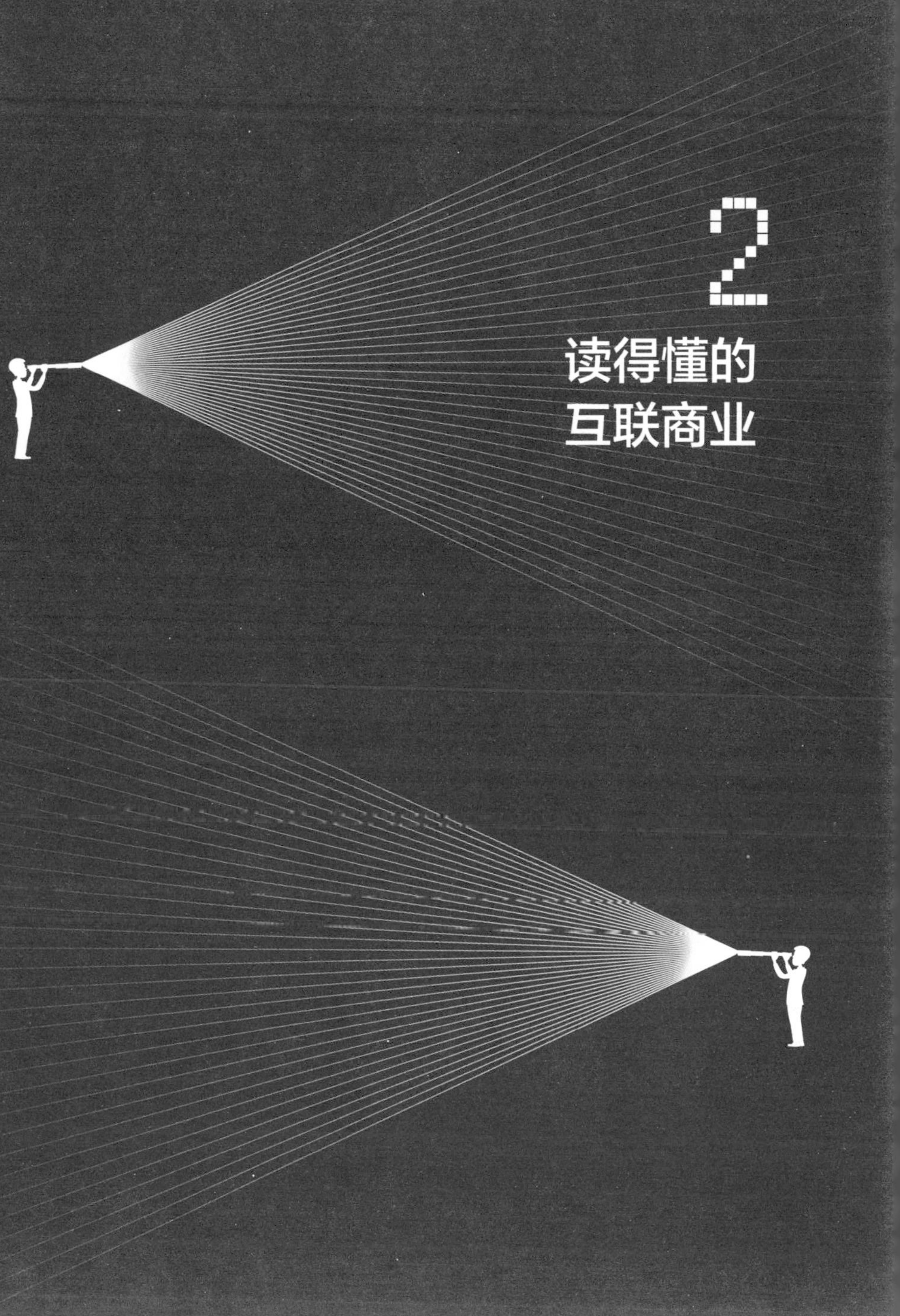

第6章

“新钱”在哪儿
经济形态

我暂时不用，租给你用
——共享经济——

超豪华的民宿

我喜欢自己背着包去世界各地旅行。在美国求学期间，我走遍了美东、美南、美西，还顺便去了趟墨西哥。无论走到哪里，我都会选择住在 Airbnb[①]（爱彼迎）的民宿。

有一次，我到达拉斯[②]旅行。来接我的是一个白发老大爷，开着一辆不知道牌子的加长版豪车。老大爷带我入住的房子，一晚只需 60 多美元，核算成人民币也就是 300 多元。但当我到达的时候，

---

① Airbnb 是全球最大的共享经济民宿短租平台。

② 达拉斯是美国得克萨斯州的一个城市。

我震惊了，这栋房子俨然是半座古堡。卧室的一面墙上全是书，按个按钮，两扇玻璃墙便缓缓推出将书挡住，然后整个书架开始往下倒，书架的背面就是床。老两口带我到厨房，指着满满一面墙的食物对我说："小伙子，你随便吃。"我偷偷算了一下，随便拿两包吃的，60 美元就回本了。第二天早上，老大爷开着豪车送我到机场，临走时对我说："小伙子，请给我们一个五星好评。"

当然，这是个特例，Airbnb 上不是每一栋房子都这么豪华。2017 年，Airbnb 估值超过 310 亿美元，其市值是全球最大的酒店集团——希尔顿酒店的两倍。想想希尔顿集团有多少固定资产，而 Airbnb 据说没有一处属于自己的房产。

共享经济

共享经济，又称作分享经济，是指闲置资源的临时使用权被所有者转让，从而为供给方和需求方同时创造价值。

共享经济这个概念最早由作家雷切尔·布茨曼在一次演讲中提出，当时叫作"协同消费"，它是共享经济的原型。

共享经济的本质

共享经济的本质是租赁。二者的不同之处在于，共享经济是借助互联网，将所有资源、供给和需求打散，在一个数字化的环境下重新匹配，让最合适的供给和最合适的需求被重新高效地匹配在一起。

要想了解共享经济席卷全球的内在逻辑，我们还需要知道以下这三个概念。

第一，产消者（prosumer）。阿尔文·托夫勒[①]于1980年在《第三次浪潮》中提出的这个词是两个英文单词，即生产者（producer）和消费者（consumer）的合体。什么叫产消者？就是指一个用户既是生产者又是消费者。你有没有发现，在传统生意中，每吸引一个用户，就仅仅是拥有了这个用户。而在共享经济体系下，一个用户既可以是乘客，又可以担任司机；一个人，既可以住民宿，又可以同时提供房间。换句话说，每吸引一个用户，就相当于拥有了用户的两个身份。产消者这个概念，大大降低了移动互联时代获取用户的成本，这也许正是共享经济的魅力所在。

第二，U盘化生存。这是罗振宇提出的一个概念，总结来说，就是16个字：自带信息、不装系统、即插即用、自由共享。就像当年的淘宝，很多人刚开始就是抱着试试看的心态，一边工作，一边顺便在淘宝开一家小店。后来大家发现经营淘宝店比工作赚钱，于是就辞职，专业做淘宝。共享经济的繁荣就是由这样一群U盘化生存的人带动的，他们不想认别人做老板，只想当自己的老板。

① 阿尔文·托夫勒（Alvin Toffler，1928—2016），美国未来学家。

自由共享是当下人们就业观念的一个重要转变。

第三，增量价值。在共享经济中，有一种特殊的存在，叫作认知盈余类的共享经济。比如，有书作为平台，对接像我这样的内容生产者，和像你这样的内容消费者。这样的共享经济形态能产生纯增量的价值。萧伯纳说过："你有一个苹果，我有一个苹果，彼此交换一下，每个人仍然只有一个苹果。但你有一种思想，我有一种思想，共享一下，我们就都拥有了两种思想。"你会发现，知识共享，无"消耗"，却可产生价值。这样既完成了媒介改变信息不对称的本质任务，又实现了知识的可复制，使得共享的边际成本趋于零。

一句话理解共享经济：

物尽其用，好过仅仅是拥有。[1]

① 来自"互联网教父"凯文·凯利。

吴晓波为什么讲“人 + 连接”?
——社群经济——

什么是社群?

2016 年，著名财经作家吴晓波老师发表了一篇文章:《我所理解的社群经济》。这篇文章把社群定义为一种基于互联网的新型人际关系。在现实生活中，孩子们愿意跟志趣相投的小伙伴打打闹闹，而成年人则酒逢知己千杯少。一个人可能生活在不同的社群：旅行社群、篮球社群、投资社群……一个有价值的社群，不但能帮助你拓宽人脉，还能让你有存在感、归属感和身份认同感。

社群的商业变现之路

社群很好理解，那什么是社群经济?

你有没有感觉到，在移动互联时代，产品与消费者之间不再是单纯的功能上的连接，消费者开始更加在意附着在产品功能之上的口碑、文化、格调、人格魅力等有灵魂性的东西，从而建立情感上的无缝信任和连接，并基于此和一群有共同兴趣、认知、价值观的用户抱团，发生群蜂效应，在一起互动、交流、协作、感染，对产

社群经济

一种建立在产品与粉丝群体之间，由信任连接和价值“反哺”共同作用所形成的自组织、自运转、自循环的经济形态。

品品牌本身产生“反哺”的价值关系。

越来越多的企业开始把社群看作商业变现的重要手段。举个例子，2013 年成立的樊登读书会，会员人数至今已超过 1 000 万。[①] 凭借一年 365 天 1 天 1 元的会员费，年收入就能轻松过亿。面向读书会这个社群，樊登提供的不仅是一年 50 本书的伴读服务，更多的是各地读书会上会员之间的互动，包括讲座、“学习趴”、笔记漂流、书籍交换等。这也是为什么说好的社群一定是自组织、自运转、自循环的。

要想深入了解社群经济，至少有三点你可以记住。

第一，内容：一切产品皆媒体。能够将人从碎片化的时间沉淀到社群里的，只有内容。因此，社群的红利应该属于内容生产者，而非连接者，这也是为什么我坚定地定义自己是一个内容生产者。你有没有发现，在人人都是媒体的社会化关系网络中，优质的内容本身就自带传播属性。如果我们从广义上来看，这里的内容可以被粗略地理解为产品。比如，对小米来说，手机等硬件产品就是

① 来自 2018 年 11 月的公开数据。

他的内容；对我来说，你现在看到的每一个知识点就是我的内容。在今天的商业环境中，从产品的研发、设计，到生产、包装、物流运输，再到渠道终端的陈列和销售，每一个环节都在向消费者讲述着品牌的故事，企业的自媒体化趋势已势不可挡。就像乔布斯说过的：“好的产品本身，就是最好的营销。”

第二，社群：一切连接皆渠道。连接者的世界和内容生产者的世界是两幅截然相反的画面。在连接者看来，世界是平的，因为互联网的价值，说到底就是打破原有信息不对称的局面。而在内容生产者看来，世界是圈层的，“不平”才有差异。连接只是手段，而非目的，优质的内容永远是稀缺的。你可能会想，那正确的玩法应该是怎样的？我建议你专注于内容的核心建设，并利用社群输出内容，将用户连接的成本降低并趋于零，这是单纯的渠道永远不可能具备的能力。因此，未来的商业基于社群，而非基于渠道。

第三，商业：一切参与皆体验。社群经济的根本价值，是实现社群中用户不同维度的身份认同。在社群经济形态之下，内容是逢山开路的急先锋，它能够吸引用户，满足用户的基础需求，但它无法沉淀用户，所以社群就成了沉淀用户的必然存在，而商业化变现则是衍生盈利点的具体方式。三者看上去是三台不同的“大戏”，但其背后贯穿的商业逻辑是完整自洽的。社群经济的商业环节重在参与感的兜售。小米联合创始人黎万强写过一本书，叫作《参与感》，其中提出了参与感“三三法则”，分别是：三个战略（做爆品、做粉丝、做自媒体）；三个战术（开放参与节点、设计互动方式、扩散口碑事件）。

在我看来，社群商业本质上是“人的商业”，因此，我希望通过这本书提纲挈领地阐述一些有深度的概念。在看完全书之后，你再回来看本节内容，一定会对“人的商业”这四个字有更深的理解。

一句话理解社群经济：

构筑自己的核心内容，并尽量把连接的成本降为零。

一人我饮酒醉，两眼是独相随
——网红经济——

“网红”的前世今生

2016年，papi酱火了，这个自称“集美貌与才华于一身”的女子，迅速坐上了年度“网红”的头把交椅。她先是获得了真格基金、罗辑思维等机构1 200万元的投资，随后首支贴片广告便卖出了2 200万元的高价。

纵观互联网时代，其实网红经济从没停止过。“网红”1.0时代，是在天涯社区、猫扑网、榕树下火起来的安妮宝贝、痞子蔡、南派三叔等人，那个时候的“网红”主要玩文字；网络2.0是读图时代，无论美丑，只要能成功地吸引受众眼球，就能成为“网红”，比如以搞怪、扮丑成名的“芙蓉姐姐”；“网红”3.0时代，是以段子手、电商模特、知名ID（账号）为主的短视频配合图文的时代，比如罗振宇；“网红”4.0时代，

网红经济

互联网让“追星”的权利天平发生了倾斜，用户开始有能力自己生产内容，自主消费内容，甚至围绕“网红”形成了一条生机勃发的全新产业链，这就是所谓的网红经济。

诞生了这两年最火的直播行业，连卖包子的小伙嘴里都念念有词：“一人我饮酒醉，两眼是独相随。”[①]

颠覆传统的网红经济

曾几何时，人们追崇的都是银幕中、舞台上的完美形象。而在当下这个注意力稀缺的移动互联时代，人们更欣赏“网络红人”自带的真实感与贴近感，俗称“接地气”。以往运动员接受采访，一般就是感谢教练、感谢领导，谁会感谢“洪荒之力”呢？这是一种我们原先并不熟悉的个体表达，无须评判对错，只管拿来娱乐消遣。

网红经济带火了花椒直播、映客直播、一直播，也救活了微博、美拍和陌陌，还成就了“快手”的“弯道超车”。

网红经济这么火，人人都要当“网红”吗？“网红”是想当就能当的吗？我们来盘点一下。

第一，创业者就要当“网红”？投资界的第一“网红”徐小平老师讲过：“每一个创业者都应该成为‘网红’。如果你不具备成为‘网红’的能力、潜力、魅力、影响力，那就不要创业了。”为什么？创业创的是什么？是品牌。但是在今天，你有没有发现，冰冷的商品品牌已经不能感动用户了。相反，人的品牌更有温度。

① 某“网红”歌曲。

所有精细制作的物件背后，最珍贵、最不能替代的，就只有一个字：人。人有情怀，有信念，有态度，2012 年，陈欧以一句“我为自己代言”成为当年最火的“网红”。我记得有一次，陈欧仅仅是转发了我的一条微博，我的账号瞬间就增加了几千个活跃粉丝。

第二，怎么当“网红”？大家记住两个字：一个是“爆”，一个是“刷”。首先是“爆”，也就是鲜明的“话题点”。“爆”的反面是“平”，也就是你说的话都是对的，逻辑特别严谨，左右逢源，正反观点都被你占尽，这种就叫不爆，反而没人关注。第二个词是“刷”，也就是持续的曝光度，它决定了“网红”的生命周期。怎样才能刷，这里有四个词，你可以揣摩一下，它们分别是“独特风格”“极端颜值”“故事构建”“积极互动”。

第三，“网红”怎么赚钱？“网红”变现的途径有很多，比如接广告或代言，在生产的内容中植入，这是最基础的一种。第二种是“网红”电商，根据淘宝的数据，“双 11”大促中销量排名前 10 的女装店铺中有 6 家是“网红”店铺。

一句话理解网红经济：

使出“洪荒之力”，我为自己代言。

女人的钱，最好赚
——她经济——

妇女何止半边天

> **她经济**
>
> 她经济即女性经济，由著名经济学家史清琪女士提出，是指随着女性经济能力和社会地位的提高，围绕女性消费形成的特有的经济现象。

毛主席当年说“妇女能顶半边天”，现在看，这句话还是保守了。

波士顿咨询公司在2016年做出了这样的统计：62%的中国家庭消费由女性主导，女性消费市场规模已经达到了2.6万亿美元。每100个网民中，就有46个女性用户，而这46%的女性用户，贡献了O2O市场62%的营收，贡献了淘宝和天猫70%的销售额。

女性用户的消费力，比我们想象的强大得多。

她经济的崛起

她经济的崛起，可以说是这个时代的必然。越来越多的女性不再满足于小家碧玉、相夫教子的身份定位，她们乐于成为职场精英、意见领袖。她们既是商业机会的原点，又是引爆点：从无硅油洗发水到酵素牙膏，从伯爵红茶到黄油曲奇，掀起了一波又一波消费潮流。当然，除了女性群体的自主消费，由男性推动的“女性经济”也有着旺盛的生命力。最典型的可以参考 roseonly 花店推出的“一生只送一个人”的鲜花定制服务。你看，传统的花店只满足了“爱”这个需求，而 roseonly 不但解决了“爱”，更抓住了女性“只爱”这个核心痛点。虽然消费者是男士，但说到底，还是“女性经济”在起着核心作用。

那么，商家如何顺应她经济这种独特的经济形态呢？我总结了三招供你参考。

第一，产品端，吸引她的眼球。互联网的世界，真的是一个“看脸的世界”。这里的看脸，先不论美丑，我们来说说女性的视觉感性。拿游戏行业举例，一般来说，游戏是男生的专属，大多数女生甚至视其为情敌。但在 2016 年，一款刷爆朋友圈的网络游戏《阴阳师》带给网易超过 65 亿元的净收入，而超过一半的贡献竟然来自女性用户。我有一次问办公室的女同事：“为什么从没玩过游戏的你们，愿意玩《阴阳师》呢？玩也就算了，还花那么多钱。”她们的回答简洁有力：“因为好看啊。”仔细研究，你就会发现，在游戏中，男生花钱是为了变强，女生花钱是为了好看。皮肤、装束等一些完全不会增加战斗力的东西，其实才是最容易让女生买单的东西。

第二，营销端，运用她的思维。所谓“男人来自火星，女人来自金星”，要想读懂女人，千万别用男性思维。一般来说，女性更感性，心思更细腻，容易被触动，甚至容易冲动。所以，女性心情好时做什么？逛街犒劳自己。心情不好的时候呢？逛街排遣郁闷。总之，没有什么是逛街不能解决的。你可能还记得，当年铁达时腕表的一句经典文案“不在乎天长地久，只在乎曾经拥有”，周大福珠宝此前的广告语“心有眷恋，一花倾念”，还有前几年热播的女生专属电视剧《来自星星的你》。定位女性市场，一定要用女性思维，因为有的时候，“你想给她一座城，她却想要一个人”。

第三，传播端，撬动她的嘴巴。有一句话是：“男人的天性是占有，女人的天性是分享。”女性是信息传播的天然途径。从女性的角度去讲故事，道出她们的心声，就会引发共鸣。对有共鸣的故事，女性就会很自觉地动手转发。很多男性虽然也有自己的偶像，但是对于偶像说的话，他们只会在心中默默点赞，不会分享传播。因此，想要引发社会化传播的裂变，免费获取流量，一定要善于撬动女性用户的嘴巴。

一句话理解她经济：

你想给她一座城，她却想要一个人。

孩子的钱，更好赚

——Baby 经济——

家有萌娃，值千金

有句老话说：“再穷不能穷教育，再苦不能苦孩子。”20 世纪八九十年代出生的人做父母后，正在将这句话从倡导的理念变成绝对的事实。我周围的年轻父母，给自己花钱精打细算，但给孩子花起钱来，砸锅卖铁也在所不惜。大多数父母有一个情结，就是自己没做到的，往往希望自己的孩子做到。比如，看不懂五线谱的父母一定会让孩子从小练钢琴；连“Hello”（你好）都说不明白的父母，一定会给孩子安排动辄几万元的外教英文课。

这种独特的消费观催生了一种新的经济形态：Baby 经济。

巨大的产业链

2015 年，国家二胎政策全面放开，婴幼儿的人口基数变得更加庞大。近几年，中国每年的新生儿出生率在 1 500 万以上，[①] 中

① 数据来自国家统计局。2016 年出生人口数为 1 786 万，2017 年出生人口数为 1 723 万，2018 年出生人口数为 1523 万。

国母婴童（–1~14 岁）市场潜力巨大，整体市场规模将从 2015 年的 1.8 万亿元发展至 2020 年的近 3.6 万亿元。[①] 以尿不湿产品为例，不满周岁的宝宝平均每天使用 5 片尿不湿，每片售价 2~5 元，一个月就需要花 300~600 元。另有调查显示，时下的年轻父母对于孩子的“健康”“教育”“亲子陪伴”更加重视。北京雾霾催生了空气净化器的火爆，“留学潮”也掀起了国际双语幼儿园的风潮。

Baby 经济的市场如此可观，如何从中找到商机呢？还是三招。

第一，从线下到线上。据统计，孕期中的女性网购能力超强，93% 的人经常使用手机或平板电脑上网。其中超过 50% 的人每天上网时间大于 3 小时。母婴类网站和 App（手机软件）是当前中国新妈妈获取育儿知识的主要渠道。新妈妈使用这类网站和 App 的时间，平均每天达到 1.25 小时。

Baby经济

Baby 经济也叫婴童经济，是指随着婴儿潮的出现而形成的一种经济模式。奶粉、尿布、童装、玩具、早教、亲子游……Baby 经济正在形成巨大的产业链。

70% 以上的年轻妈妈每个月至少网购一次母婴用品，27% 的新妈妈每周都会网购。在孩子出生后，妈妈的网购频率比怀孕期间还要高。在网上购买过童装、玩具和纸尿裤的妈妈比例超过

① 数据来自罗兰贝格于 2016 年发布的《中国母婴童市场研究报告》。

了 7 成。[1] 有不少妈妈表示，母婴用品基本全部通过网购搞定。这也是为什么以女性用户为主的网站，比如唯品会和聚美优品，会将母婴类目作为重点运营对象。

第二，从单一到多元。由于认知逐步提升，越来越多的年轻父母开始注重孩子的抚养和教育。对于商家来说，以前只卖儿童玩具就能赚得盆满钵满，而现在还需要给家长提供建议：不同的玩具，各自适合的年龄层，分别适用于开发哪些潜力。此外，商家最好提供线上互动平台，以满足年轻父母随时获得专业性建议的需求。在这方面，已经深耕十年的宝宝树作为国内最大的母婴社群，将其业务触角伸向了更多元的服务。

第三，从国内到海外。过去，消费者想要购买国外的母婴产品很不容易。从 2013 年开始，大量母婴电商打起了海外购这张牌，比如麦乐购、蜜芽宝贝。用户热衷购买海外商品的真实痛点是什么？是国外的东西就是比国内的好吗？其实不然。比如，很多家长选择国外的玩具品牌，是出于对塑料玩具可能含有有害化学物质的担心。洞察这一点，作为生产商，你就可以有针对性地进行产品研发和推广。

新一代的年轻父母大都是在应试教育的环境中长大的，因此他们特别希望孩子能够接受国外的先进教育。意大利蒙台梭利育儿理

① 数据来源：AdMaster（精硕科技）联合宝宝树发布的第五届《中国家庭育儿方式研究报告》。

念之所以盛行，就是因为商家洞悉了需求。所以不得不承认，Baby经济“崇洋媚外”的现象还是客观存在的。对于这里的“崇洋媚外”，我们定性为中性词。

一句话理解 Baby 经济：

给孩子花的钱，不叫钱。

第7章

5个数字读懂经济大环境
宏观经济

6.6 这个数字是高还是低?
——GDP[①]——

两个学经济的研究生在路边散步，一辆洒水车从他们身边经过，差点儿把水溅了他们俩一身。同学 A 埋怨说：“路上挺干净的，闲着没事儿洒什么水啊？”同学 B 说：“亏你还是学经济的，这都看不出来吗？洒一车水的成本只有 200 元，但是洒水会弄脏路上的 6 000 辆车。如果被弄脏的车里有一半选择去洗车，按洗车费 30 元 / 辆来算，就是将近 10 万元的消费。投入 200 元就能拉动 10 万元的 GDP 增长，你说划算不划算！”

欧洲有一个小镇，叫作达沃斯。每年，全球多个国家会在这

① GDP 英文全称为 Gross Domestic Product，即国内生产总值。——编者注

GDP

GDP 指的是一个经济体一年内生产的最终商品和劳务的总价值。粗略地理解起来就是，一个国家的所有人在一年内创造了多少价值。

里排排座，看看谁排第一，谁排第二。排名主要看一个指标：GDP。过去若干年，中国 GDP 的增长速度几乎年年都是全球第一，直到最近，印度开始追赶上来，GDP 增速偶尔领先一下。这两个神秘的东方国度开始上演“龙象之争”，给全球的经济发展注入了不少活力。

美国经济学家萨缪尔森和诺德豪斯在他们的著名教科书《经济学》中指出：“国内生产总值是 20 世纪最伟大的发明之一。它能够帮助总统、国会和联邦储备委员会判断经济是在萎缩还是在膨胀，是需要刺激还是需要控制，是处于严重衰退还是处于通货膨胀的威胁之中。”

为了让你更好地理解 GDP，我还是带你记住 3 个数字。

第一，2018 年中国人均 GDP：6.6 万元。

2018 年全年，中国 GDP 总量为 13.6 万亿美元，折合人民币是 90 万亿元，稳居世界第二，仅次于美国。当然，评价一个国家的发达程度，更主要的是看人均 GDP，这个指标也是跟你关系最密切的。考虑到咱们有 14 亿人，所以人均 GDP 只有 9 769 美元（相当于 6.6 万元），和日本的人均 4 万美元、美国的人均 6 万美元相比，还有不小的差距。在过去的一年里，你创造出来的总价值，为

GDP 做出了多少贡献呢？

第二，2018 年中国 GDP 增速：6.6%。

你一定听说过，拉动经济增长有“三驾马车”：分别是消费、投资和出口。过去的二三十年里，中国的经济增长更多地得益于投资和出口这两项。一方面是城镇化背景下的基础设施建设，也就是盖房子、修路；另一方面是全球化背景下的国际贸易顺差，简单地说，就是把 Made in China（中国制造）卖到了全球。所以，我们的 GDP 常年保持着 8%~10% 的增幅，这让其他国家无比羡慕。

2018 年，中国的 GDP 增速最终落在了 6.6%。6.6% 这个数字跟世界上绝大多数国家相比，仍然是极其亮眼的成绩，领先其他国家很多。如果跟我们自己过去比，我们就不再比增长速度了，而是要去比较增长的模式。按照国家统计局公布的数据，[①]2018 年上半年，“消费”对中国经济增长的贡献率为 78.5%，“投资”为 31.4%，而“净出口”为 –9.9%。可见，消费已经成了“三驾马车”当中新的“增长引擎”，这对于中国经济持续、稳定、健康地发展大有益处。

第三，中国第三产业占 GDP 比重：54%。

国家在统计 GDP 数字的过程中，是按照各个产业的增加值来计算的。那我们常说的第一、第二、第三产业，又分别指什么呢？

我教你一种简单的鉴别方法。通常来说，你可以把第一产业理

---

① 三大产业以及投资、消费和净出口对 2018 年上半年中国 GDP 增长贡献率对比。参见 http://www.sohu.com/a/246512850_100110525。

解为老天爷给的，比如农、林、牧、渔；第二产业是人们自己造的，比如制造业、采掘业、建筑业和公共工程；第三产业可以粗浅地理解为人们互相提供的，比如商业、服务业、金融业、房地产业。

经济学的基本规律告诉我们，一国一地经济发展重点或产业结构重心，大体都会经历由第一产业向第二产业和第三产业逐次转移的过程。第三产业的发达程度，标志着一国经济发展水平的高低、发展的阶段和方向。①

按照国家统计局公布的数据，2018 年上半年，第一产业占 GDP 比重约为 5.27%；第二产业占 GDP 比重约为 40.41%；第三产业最高，占 GDP 比重约为 54.32%。也就是说，国家一直倡导的产业结构升级已经取得了初步的成绩。

那 54.32% 这种水平到底如何呢？像美国这样的发达国家，第三产业占 GDP 的比重甚至能达到 80%。仔细一算，美国比中国多的部分全都在第三产业上。因此对于中国来说，产业结构高级化在未来还有不小的提升空间。

一句话理解 GDP：

一个国家的所有人在一年内创造了多少价值。

① 从第三产业占比，看中国城市距离发达国家水平究竟还有多远。参见 https://www.sohu.com/a/247523761_99964340。

你拿什么跑赢通货膨胀？
——CPI——

越来越不值钱的钱

在我们80后的父辈心里，艰苦朴素可能是一个人身上最大的美德。他们忙碌半生，舍不得吃穿，把攒下的钱都存进银行，到老了却发现，物价已是当年的10倍、20倍……十年前经常有人抱怨："辛苦了一整年，只够在北上广深买一个厕所。"现在，我好羡慕那时候的人们，只工作一年，就买得起一个厕所。

你会发现，钱没有那么值钱了。你每月挣的比爸妈当年多很多，可置业成家却更难了，不吃不喝几十年才买得起北上广深一套房，这就是传说中的通货膨胀。什么叫通货膨胀？就是随着市场上的钱越来越多，商品的价格越来越高，进而使得钱越来越不值钱。

如何判断通货膨胀

怎么判断是否存在"通胀"呢？很简单，就是我们常说的CPI（居民消费价格指数）。CPI虽然不是反映通货膨胀水平的唯一方法，但却是国际通行的最为常用也最为便捷的方法。

CPI

CPI 也叫居民消费价格指数，由国家统计局负责统计发布。我们买东西、买服务的价格是不断变化的，CPI 就是反映这个变化情况的宏观经济指标。

一般来说，物价全面、持续上涨，就被认为是发生了"通胀"。当然，通货膨胀不一定都是坏事，一定程度上温和的、良性的"通胀"，反而能促进经济发展。2018 年的《政府工作报告》提出，CPI 同比增速预期目标为 3% 左右。你可以粗浅地理解为：今年花 103 元，能买到去年价格是 100 元的东西。这个比例就属于良性"通胀"的范围。

说起"通胀"带来的伤痛，世界上有一个国家把这个故事演绎到了极致，那就是津巴布韦。据说津巴布韦币与美元的汇率，是 1 美元兑换约 250 万亿津巴布韦币，[①] 这个数字可能还会变得更夸张。据说有人拿了几麻袋的津巴布韦币，只够买一个鸡蛋。所以，CPI 越高，钱就越不值钱。

① 为了促使已印发的津巴布韦币彻底退出历史舞台，2015 年，津巴布韦宣布采取"换币"行动，从当年 6 月 15 日起至 9 月 30 日，175 千万亿津巴布韦币可兑换 5 美元，每个津币账户最少可得 5 美元。此外，对于 2009 年以前发行的老版津币，250 万亿津币可兑换 1 美元。参见 http://news.163.com/17/1116/20/D3CVMCKB000187VE.html。

那么普通人怎么应对“通胀”，跑赢 CPI 呢？至少有以下三种方法。

第一，学会投资，提升自己的财商。我们的收入通常由两部分构成，一部分是工资性收入，一部分是资产性收入。工资性收入，就是假设你银行里一分钱也没有，你每个月靠工作和劳动能挣的钱；资产性收入，就是假设你躺在家里一点儿活都不干，你的各项投资能帮你挣的钱。如果你 100% 的收入都来自工资性收入，也就是全靠干活，说实话，你是很难跑赢“通胀”的。我们要学会投资，优化自己的收入构成。如果你的资产性收入，也就是投资的这部分收益，可以占你整体收入的 50% 以上的话，那么“通胀”可能不会给你带来太大的影响。

第二，投资自己，是永远不会亏本的买卖。老祖宗有一句话：“千金在手，不如一技傍身。”人类已经进入人工智能的时代，你现在拥有的技能是否会在不远的未来被人工智能取代呢？你的认知格局是否有不可替代性呢？埋头苦干不是长久之计，在前进的道路上，时刻抬头看看，了解自己的位置，知道自己离目标还有多远，时刻保持学习精进，成为不可替代的稀缺人才，才是王道。

第三，学会消费，把钱有价值地花在当下。国人素来有勤劳简朴的美德，但过分艰苦朴素，把钱都存入银行，实际上是放任自己的财产被稀释。毕竟，2019 年的 103 元最多只能等于 2018 年的

100 元，而你花在当下的 100 元，如果花对了地方，比如健身、学习、带家人旅行，就可能在未来 5~10 年带给你更大的价值。能合理支配当下的收入，为自己换来喜悦与收获，回报家人，打造一个有价值的朋友圈，你就一定可以遇见更好的自己。

一句话理解 CPI：

CPI 越高，钱就越不值钱。

你知道央行每年印多少人民币吗？
——M2——

现金都去哪儿了？

说起中国的四大发明，你可能张口就来：造纸术、指南针、火药、印刷术。

但要说起中国的“新四大发明”，你知道都有哪些吗？正确答案是：高铁、网购、共享单车和移动支付。

好多人一定和我一样，已经很久没用过现金了，有时候取一两千元的现金，几个月都花不完。市面上的人民币，如今都去哪儿了？如果社会上流通的现金越来越少，国民经济还能保持正常的运转吗？想弄清楚这些问题，我们就需要先了解金融学中关于货币的几个定义。

正在流通的现金叫 M0。这里的 M 代表的是 money（钱）。简单地说，M0 就是市面上你能看得见、摸得着的纸钞和硬币。不过除了概念直观，M0 在实际生活中的用处并不大。

在这之外，M0 加上企事业单位的活期存款，就变成了 M1。**M1 又叫作狭义货币，它反映了经济中的现实购买力，代表消费和终端市场的活跃度。**

M2

严谨地讲，M2 叫作广义货币供应量，你可以把它粗略地等同于央行印钞的数量。

如果边界再扩大一些，M1 加上企事业单位的定期存款，以及居民的储蓄、理财、住房公积金等，这些不准备用于当下消费的资金，就变成了 M2（广义货币）。

M2 不仅能反映现实的购买力，还能反映潜在的购买力，它更多地体现了投资市场的活跃程度。M2 和 M1 都是宏观经济重要的参照指标。

当然，还有 M3，这又考虑了各种创新的金融工具。因为一般人不涉及，这里就不展开说了。

了解了这些货币层次的差异，你就会发现，兜里的现金其实只是货币总供给的一部分，当我们再谈到当今社会中的货币的时候，你就不能只想到真金白银，还应该想到银行账户。如今，大多数货币都是以银行账户的形式存在的。M2 比较完整地体现了银行账户里的各项内容，因此在反映宏观经济状况时最为实用。

关于 M2，和你有关联的就是三个数字。

第一，183 万亿元。

2008 年爆发的全球金融危机，让不少世界闻名的投资银行纷纷宣告倒闭，甚至让有的国家濒临破产，它所带来的影响一直延续到今天。这次金融危机发生之后，中国陡然加大了对宏观经济的调控力度，实施了非常宽松的货币政策。具体是什么呢？就是将 M2 的增速在之后的很多年，都维持在 10% 以上的超高水平，遥遥领先于世界上其他几个主要的经济体。

到 2018 年 12 月末，中国的 M2 总量已经达到 183 万亿元。这是什么概念？这个货币体量，如果全都按照现在的汇率去换成美元，美元是不够的——美国的所有银行都会因此破产。理论上，我们把中国所有的钱集中起来，可以买下整个美国，甚至再加上整个欧盟。

第二，12%。

有人说，国富民强了还不好吗？实际上，中国并不是真的有钱到这种程度，这主要是人民币超发，同时币值高估导致的。就像一个人看似身高体壮，但也有可能只是虚胖，随时有可能引发一场大病。2017 年全年，中国的 M2 实际增速仅仅在 8% 左右，这个数字，相比于 2017 年年初《政府工作报告》当中设定的 12% 的上限，已经大幅缩减了。这说明，一方面，中国经济总量在持续增长；另一方面，经济运行的健康度也在提升。

第三，8%。

那 2018 年的 M2 增速是多少呢？央行公布的 2018 年金融统计数据报告显示，2018 年 12 月末，M2 同比增长 8.1%。在 2018 年 3 月召开的十三届全国人大会议上，发改委就传递出消息，2018 年的 M2 预期增速要跟 2017 年实际增速（8.2%）基本持平。M2 增速也不会再刻意压低很多了。这就好像我长期吃大鱼大肉，突然要吃糠咽菜，也是受不了的——经济会出现所谓的“硬着陆”，调理身体也得慢慢来。

一句话理解 M2：

广义货币，就是央行印钞的数量。

人民币又要贬值了，你准备好了吗？
——汇率——

谜一样的外汇

曾经有这样一个笑话，说如果请经济学家列出人类面临的最困难的三个问题，那么你听到的回答很可能是：第一，生命的意义是什么？第二，如何统一量子力学和广义相对论？第三，外汇市场到底是怎么回事？

连经济学家都把外汇当作谜一般的存在，对咱们普通人来说，外汇就更不容易理解了。事实上，只要国内不发生恶性的通货膨胀，人民币相对于外币是升值了还是贬值了，对人们的生活没有直接影响。不过话又得说回来，你学习“用得上的商学课”，为的就是提升认知格局，打开全球化的视野，所以提前思考个人的全球化资产配置，思考未来的事业路径和生活版图，无论怎么说，都是加分的事。

汇率是怎么来的？

很多人好奇汇率这个数到底是谁定的。比如1美元高的时候能兑换 8 元多，低的时候只能兑换 6 元多，这都是谁说了算的呢？汇率是某种意义上的价格，归根结底，它还是由市场供需来决定的。所以，官方给出的汇率，或者说外汇牌价，是在中国外汇交易中心这个小市场上，由参与买卖的交易者喊出来的。

汇率

汇率是一种货币兑换另一种货币的比率，或者说，是以一种货币表示另一种货币的价格。

但因为汇率对于一国的宏观经济影响特别重大，所以在实际操作中，汇率并不是在纯粹地自由浮动，各国政府在必要的时候都会对汇率进行干预。在中国，这个工作是由中国人民银行，也就是央行来完成的。

关于汇率，记住这样三个数字就够了。

第一，6.5。

2018 年 6 月，1 美元约等于 6.5 元，这个汇率到底是高了还是低了呢？

按常规理解，商品价值越高越好，但就汇率而言，这样的表述却不完整。你看，当咱们是卖家的时候，和外国的买家做生意，用人民币结算，人民币币值越低，相对价格也就越低，我们就越具有竞争力，外国人就越容易买单。比如，我们卖一件衣服，价格为 1 元，假设这个数字是固定的，1 美元换 1 元，那 1 美元就能买 1 件衣服；但是如果1美元换100元，1美元就能买100件衣服，那么理论上，拿美元的人都会尽可能找能买最多衣服的地方买。对于中国这个制造业大国而言，在过去二十余年的经济全球化进程里，出口是拉动经济最强力的那一驾“马车”。如果人民币币值相对偏低，客观来讲，对国内商家的出口贸易是较为有利的。

当然，币值低估对于普通人而言并不是一件好事。购买进口商品和原材料的时候，汇率低了，商品的价格自然就会高。中国幅员辽阔，人口众多，属于规模经济体，多数消费品和原材料都能做到自给自足，不必依赖进口。因此，人民币汇率的波动，对国内生产成本、生活成本的影响还比较有限。美国说中国是“汇率操纵国”，只不过是政客打着“复兴本土制造业”的旗号，收买选票而已，要是人民币真的大幅升值，美国必然会出现消费品价格上涨、零售业下滑的景象，美国人同样承受不起。

对我们而言，兑换外汇主要就是为了出国消费。当然，我们没必要去外汇交易中心买外汇，去了人家也不让进。我们一般是从银行换，或者直接在国外的ATM（自动取款机）取现。很多人出国前喜欢直接拿人民币现金换外币。我去过30多个国家，相信我，别这么干。拿现金兑换叫作现钞汇率，特别不划算；拿银行卡直接在国外的ATM取的，或者直接刷卡消费的，叫作现汇汇率。用第二种方式要划算得多，虽然有一点儿手续费，但还是划算，不信你试试。

第二，5 万美元。

在中国，每个人每年的购汇额度是 5 万美元，不管实际操作中买入的是哪国的货币，折合成美元都不能超过 5 万，这对于咱们一般的出国消费来说足够用了。设置这样的限制，主要是为了保证人民币币值的相对稳定。

第三，3 万亿美元。

为了应对国际支付的需要，央行需要集中掌握一部分外汇资产，这就是外汇储备，它同时肩负着上面提到的稳定人民币汇率、抵抗金融风险、维护国际信誉的职责。中国根据自身的比较优势，一直努力发展“出口创汇型”经济，外汇储备从 2000 年开始“野蛮生长”，从 1 600 多亿美元攀升至 2014 年的近 4 万亿美元。但近两年来，海外市场需求变小，加之美元进入升值周期，让中国的外汇储备又出现了快速下降的局面。到 2017 年年初，储备量相比最高峰“蒸发”了 1/4，降到了 3 万亿美元以下，到 2018 年，又涨回到 3 万多亿美元。

一句话理解汇率：

一种货币兑换另一种货币的价格。

央行又降息，你准备好了吗？
——利率——

利率对于我们每个人来说其实都不陌生。我们手头如果有不着急花的钱，都知道把钱存在银行，第二年就能取出来更多的钱。多取出来的这部分就是利息。如果利率高，利息就能多一点儿。那利率是谁来设定的呢？为什么有时候高、有时候低呢？要讲清楚这些问题，我们得从为什么有银行说起。

利率

从本质上说，利率的水平就是金融资本的价格，也就是钱的价格。与普通商品一样，它们都是由市场的供需决定的。

银行的来历

每个人的财富水平和经济需求都不太一样，有些人手头宽裕，暂时没什么用钱的地方，钱就被闲置在那里；有些人希望投资、创业、扩大生产，却苦于手上没钱。于是，银行出现了，商业银行通过吸收公众存款、发放贷款，促进了社会资金的流动，让闲置的钱与优质的项目连接起来，各取所需。在这个匹配的过程中，银行提供了服务，也需要赚钱。银行赚的钱主要是储蓄和贷款之间的利率差。所以说到利率，不仅有存款利率，还有贷款利率。

当借贷资本供不应求时，借贷双方的竞争将会促进利率的上升，也就是借钱变得更贵了；相反，借贷资本供过于求时，利率就会下降。这段话翻译成平白的语言，就是：钱多了，钱就便宜；钱少了，钱就贵。其实钱价和物价是一样的，都是物以稀为贵。

利率有三个概念，对应三个数字，记住这些可能对你有帮助。

第一，名义利率。银行公示的利率，以及我们日常所说的利率，都属于名义利率。比如大多数商业银行，一年期固定存款利率是 1.5%，这就是名义利率。名义上的就是看得到的，而看得到的未必是真实的。

第二，真实利率。2016 年，一位陕西的张老先生在家里翻出了一张旧存折，是他在 37 年前，也就是 1979 年，在农业银行存钱的存折，当时存入了 200 元。37 年后，老人拿着存折到银行，连本带息一共取出了 465.12 元。1979 年，200 元是很多人一年的工资，而到 2016 年，465 元也就能吃一顿大餐。从表面上看，拿利息拿了 37 年，拿到手的钱已经比存进去的时候多了不止一倍，但是实际的购买力却大大下降了。这就是真实利率作用的结果。

第三，无风险利率。在投资领域，收益和风险呈正比。无风险利率是指在没有任何风险的情况下，必然能拿到的投资回报。为了便于理解，你可以这么认为，十年期国债的回报率，一般可以等同于无风险利率。为什么？因为国债是国家发的，而国家破产的可能性几乎为零（咱们在这里先不聊冰岛）。比如 2018 年上半年，中国的十年期国债利率在 3.5% 左右，那么你的一切投资都应该追求高于 3.5% 的回报。换句话说，如果你投资一个项目，一年的回报还没到 3.5%，那么你还不如投资完全没有风险的国债。是不是听着有一点儿耳熟？对，跟我们之前介绍的机会成本这个概念异曲同工。

当然，说到利率，一定要提到爱因斯坦提名的“世界第八大奇迹”——复利。有一个关于复利的故事，叫作“24 美元买下曼哈顿”，这个故事在西方世界流传很广。1626 年，有一个叫彼得的人，花了大约 24 美元从印第安人手中买下了曼哈顿岛。而到 2000 年 1 月 1 日，曼哈顿岛的价值已经飙升到约 2.5 万亿美元。彼得以 24 美元买下曼哈顿岛，无疑占了一个天大的便宜。但是，转换一下思路，如果当时拿着这 24 美元去投资，年化收益率为 11%（这是美国近 70 年股市的平均投资收益率），到 2000 年，这 24 美元将变成 238 万亿美元，远远高于曼哈顿岛的价值（2.5 万亿美元）。如此看来，简直是吃了一个大亏！当然，我们知道 300 多年保证每年 11% 的收益率是不可能的，但这个故事还是告诉了我们复利是多么厉害的存在。

一句话理解利率的高低是怎么被决定的：

钱多了，钱就便宜；钱少了，钱就贵。

第8章

关于互联网，我们只知道一半
互联网思维（上）

一箭射在用户膝盖上，让他长跪不起
——用户思维——

你了解你的用户吗？

2013 年，李彦宏在一次演讲中说道：“我们这些企业家今后要有互联网思维，可能你做的事情不在互联网领域，但你的思维方式要逐渐从互联网的角度去想问题。”这是第一次有人在公开场合把互联网和思维这两个词放在一起，在此之后，“互联网思维”这个概念，以燎原之势火遍大江南北。然而互联网思维到底是什么？哪些思维算是互联网思维？互联网思维一定是对的吗？只有互联网人才能拥有互联网思维吗？

我们先来说说所有互联网思维的核心思维——用户思维。

用户思维，是指在价值链各个环节中都要“以用户为中心”去考虑问题。

我的一个企业家朋友做了一款针对广场舞人群的跳舞专用鞋，这款鞋安全、舒适、便宜，款式也好看，结果完全卖不动。这位朋友很惆怅，于是我给他提了个建议：“你把鞋子改夸张一点儿，再试试看。”他真的听了这个建议，结果鞋子大卖，供不应求。

互联网思维

互联网思维，是指在（移动）互联网、大数据、云计算等科技不断发展的背景下，对市场、用户、产品、企业价值链，乃至整个商业生态进行重新审视的思考方式。

为什么会这样呢？因为对于广场舞这个人群来说，最核心的需求是炫耀自己的子女孝顺。鞋子造型夸张、有辨识度，给了他们一个聊到这款鞋的话题点，他们在炫耀的同时，也就给这款鞋做了口碑传播。

其实，我们很多时候并不真正了解我们的用户。

消费者买单原因的三次变化

消费者在“为什么买单”这件事上，经历过三次巨大的变化。

过去，我们购买一件商品更多的是为了满足功能的需求：电视是用来看的，自行车是用来骑的。在物质短缺的时代，在买个东西都需要凭票的年代，顾客绝对不是“上帝”；手中握有商品的商家，才是真正的老板。

慢慢地，我们过渡到品牌式消费。为了把品牌自带的品位体现在自己身上，我们甘愿付出几倍乃至十几倍于商品成本的价格。在这个阶段，最大的受益者不是生产者，也不是消费者，而是品牌的拥有者。

随着物质的极大丰富，我们进入了“体验式消费”的时代。移动互联网的普及带来了两种深刻的变化：第一，用户更大的主动性，这就使得获取用户的成本在不断地降低；第二，时间的碎片化，用户参与的深度和广度在不断地提升。在这样的背景下，那些还停留在产品思维的公司，正如同雪崩一样死亡，这也促使越来越多的公司开始重视用户思维。我觉得，真正抓住用户，就是要“一箭射在膝盖上”，让他“长跪不起”。

懂得了用户思维的重要性，具体怎么应用？有三大法则。

第一，得草根者得天下。视频 App“快手”在 2016 年拔地而起，它号称拥有 4 亿用户，估值超过 30 亿美元。如果你看过“快手”里的视频，就知道其中大都是来自三四线城市的普通人拍摄的，这些视频或令人捧腹，或叫人咋舌，比如啤酒瓶砸脑袋，一口气连干 10 瓶 56 度白酒……你也许不是这类视频的用户，但是你一定要知道，有这样一批用户存在，而且基数巨大。在投资领域，人们一般把这类用户称作“小镇青年”[①]。理解小镇青年的草根特色，抓住他们对内容的偏好和真实的消费需求，就有机会占领一个广阔而巨大的下沉市场。

第二，兜售参与感。雷军说过，小米销售的其实是参与感。在小米早期的MIUI[②]研发过程中，小米让粉丝参与了全程的开发、更新和迭代。如果你有兴趣，可以搜索一个叫作《100个梦想的赞助商》的视频，这里面的人就是小米的100个“种子用户”。小米早期有一款手机，开机屏幕就是这100个人的ID。小米副总裁黎万强曾说：“参与感不是单向营销和公关，不是扯着耳朵灌输，而是让用户发自内心地喜欢你。”怎么才能让用户喜欢你？要让你的产品惹人爱，让你的服务充满爱，让你的沟通更真诚，你得和用户打成一片，融入他们，这才是真正的参与感。

第三，超越预期的用户体验。用户体验是一种纯主观的感受，要想让用户有好的体验，一定要注重细节，并且这种细节要超出用户的预期。重要的不是你做了什么，而是用户感受到了什么。传统的商学院教科书告诉我们，要满足消费者的需求。但是在今天，仅仅是满足需求，用户已经懒得谈论你了。想让用户口碑相传，最重

---

① 小镇青年，泛指年龄在18~30岁，生活在三、四、五线城市的人群。

② MIUI是小米公司旗下基于安卓系统的深度优化、定制、开发的第三方手机操作系统，是小米的第一款产品。

要的就是要超越用户的预期，给他想不到的使用体验，这才是撬动用户嘴巴的不二法门。

一句话理解用户思维：

一箭射在膝盖上，让他长跪不起。

少即是多
——简约思维——

什么样的广告词更好?

“充电5分钟，通话两小时。”OPPO手机的这句广告词，让其一跃成为中国最畅销的手机品牌之一。在我看来，这句广告词似乎只说了闪充这一个优点，那难道屏幕大、配置高、价格友好这些特点，不值一提吗？如果我是OPPO的市场部副总裁，我就想把这句广告词改为：

> OPPO R9s，5.5英寸，400ppi（像素密度）高清超大屏幕，64G内存高速配置，1 600万像素高清双摄，充电5分钟，通话两小时，只要2 799元。花2 799元，你买不了吃亏，也买不了上当。

简约思维

移动互联生态下，用户获取信息的成本极低，转移的成本更低，因此有必要快速吸引消费者的注意力。而简约意味着专注，意味着明确、强调和放大亮点，意味着能凸显你的核心价值。

这段广告词完整地介绍了手机的全部优点，但是它更打动人了吗？你能记住这么多优点吗？这样改估计会让它瞬间从销量前十的榜单中消失。

凸显核心价值的简约

你的公司介绍或者产品介绍，有没有如此简约呢？为了简约，应该如何提取最核心的信息呢？其实，所谓简约思维，无外乎三句话：看起来简洁、用起来简化、说起来简单。我们来分别看一下。

第一，看起来简洁。在 2013 年之前，苹果系统采用的是“复合设计”，典型的例子是 iPhone 4。在推出 iPhone 4 时，苹果系统处处都在追求透视、纹理、渐变、阴影、浮雕等效果。2013 年之后，苹果率先自我颠覆，推出了“扁平化设计”，去除了冗余的装饰，开始强调极简和符号化。扁平化设计更容易被用户接受和记忆，占用更少的运算资源，也更容易适配各种系统和展示界面。今天，不只是苹果，几乎所有的手机系统都采用了简单、直白的扁平化设计。我还发现了一个有趣的现象，今天 Windows（微软公司研发的操作系统）的 logo（商标），在经历了多轮复杂的变化之后，几乎和 1985 年 Windows 1.0 刚推出时的 logo 一模一样，只剩下极简的四个蓝色方块了。而奥迪在调整了十多次以后，也终于把自己的 logo 简化为没有任何特效的四个圆圈。如果你觉得四个圆圈还是多，你可以去看一下信用卡 MasterCard，他们的 logo 简化到只剩两个圈了。看起来简洁，说到底是简约不简单。

第二，用起来简化。诺基亚早期有一款推盖式手机，屏幕推开就是全键盘，犹如一台微型笔记本。据说，当年为了研发这款手机，诺基亚调用了最优秀的工程师花了将近两年的时间。再看看现在的手机，绝大多数都只有一个按键，有的甚至连一个按键也不剩了。苹果的工程师问过乔布斯，可不可以留两个按键，这样操作前进、后退、确定、取消时就容易得多。乔布斯不留情面地拒绝了，他说："伟大的产品，只能有一个按键。"简约，即尊重人性。人都是有惰性的，能让我少操作一步，我就更愿意用这款产品。

第三，说起来简单。我说几个品牌，看你能否在第一时间想到他们的广告词。比如，天猫商城：上天猫，就购了；Boss 直聘：找工作，直接跟老板谈；瓜子二手车直卖网：没有中间商赚差价。如果有人在介绍自己公司和产品的时候，不厌其烦、滔滔不绝、眉飞色舞、唾沫横飞，你一定受不了。我在做投资的时候有一个怪癖，我只投那些能用一句话说清楚的商业模式，因为我相信，用户不会给你半个小时。没有一句能抓住用户的话，用户就会离你而去。专注，少即是多，用户喜欢你，往往只需要一个理由。

一句话理解简约思维：

少即是多，用户喜欢你只需要一个理由。

把自己逼疯，把别人逼死
——极致思维——

打造一块长板

管理学中有一个经典的木桶理论，也叫短板理论，说的是一只木桶能装多少水，取决于最短的那块木板。在产品严重同质化、供给远大于需求的今天，避免出现短板已经不是最大的难题，难题是如何打造出一块长板。这个时候就需要有互联网的极致思维。

把“极致”用到极致

把产品和服务做到极致，本质上，是给消费者提供一个喜欢你的理由。日本人一直是极致思维、匠人精神的典范。有一部纪录片《寿司之神》，讲述了一位80多岁的寿司主厨小野二郎几十年如一日，专注于把做寿司这件事做到极致。在日本，“一生只做一件事”的匠

极致思维

极致思维体现的是一种匠人精神，就是要把产品和服务做到最好，是从99%到99.99%的坚持。

人很常见，日本也因此是世界上长寿企业最多的国家，其中有的企业甚至历经一千多年仍旧屹立不倒。

中国也有不少企业，因为极致思维成为商业黑马，比如三只松鼠。三只松鼠成立于2012年，目前已成为国内销售规模最大的食品电商企业。他们在客户体验上做到了极致，不仅纸袋、封口夹、垃圾袋、纸巾样样俱全，甚至连吃坚果时用的工具都为用户提供。正是这种极致的体验，为三只松鼠带来了超高的人气。

印度宝莱坞电影《摔跤吧，爸爸》于2017年刚在我国上映的时候，院线里每天只有一两场，但是看过的人都评价不错，在豆瓣上的评分高达9.2。于是，靠着观众口碑，这部电影生生“逆袭”，排片率直线上升。电影的男主演——印度“国宝”阿米尔·汗，为了体现角色在19岁和55岁体态上的差异，用5个月的时间增重28千克。他说：“只有当你真正变成胖子的时候，你的肢体语言、你的呼吸、你的一切才会发生改变，我想尽量追求真实。”正是主创者这种极致投入的态度，才成就了影片“炸裂”的口碑。

所谓极致，不等于完美。在践行极致思维时，有三点你需要特别注意。

第一，择优求精，而非面面俱到。世界上没有完美的产品，iPhone有没有缺点？刷微博、看朋友圈，一会儿就没电了；之前很多年的老机型都没有双卡双待，如果你有两个手机号就得拿两部手机。总之iPhone的缺点并不少，但它的全球销售排名始终数一数二。一款面面俱到的产品，看起来平衡，实则毫无竞争力。就像我们说“暖男”在“女神”面前只有领“好人卡”的份儿。为什么？因为“暖男”就像中央空调，对谁都暖，居家旅行必备，没什么缺点，但是说实话，也没什么魅力。还有一句话说，“男人不坏，女人不爱”。这又是为什么？女人爱的，当然不是男人的坏，而是坏男人虽然有一堆缺点，但是他们往往在某些方面有极致的魅力。所以，不怕产品有缺点，就怕产品没亮点，做到单点极致爆发就够了。

第二，价值为先，而非一厢情愿。iPod（苹果公司研发的便携式多功能数字多媒体播放器）刚问世的时候，和其他 MP3（一种音乐播放器）最大的区别就是在机器里面加了一个东芝的小硬盘，能存上千首歌，用户连续播放几天几夜都不重复。就因为把这一点做到了极致，iPod 迅速占领了音乐播放器市场。但如果现在有人研发一款新的 MP3，能装下几万、几十万首歌，他还能取得成功吗？恐怕是不行的，因为装几千首歌和装几万首歌对于用户来讲没有体验上的差别。容量越大越好，并不是用户的真实需求。所以，我们应该聚焦于解决用户的核心痛点，做到极致，而不是自己一厢情愿，来决定产品的走向。

第三，坚持创新，而非故步自封。近年来，不断有日本大公司传出经营困难的声音：夏普连年亏损，被富士康收购，松下、尼康和索尼都出现了不同程度的衰落。为什么持续打造极致产品、象征着工匠精神的日本企业会遭遇困境呢？在日本，现有企业有很强的政治势力，同时日本文化重视稳定，这两层因素导致日本巨头企业面临的竞争威胁严重不足，衰落并不是因为执着于工匠精神，而是转型的力量不足。如果一家企业死抱过去的辉煌，不去“革命”，那么它早晚会被颠覆。

一句话理解极致思维：

从 99% 到 99.99% 的坚持。

小步快跑，快速迭代

——迭代思维——

足记 App 的成功

前两年有个 App 特别火爆，叫作“足记”。这款 App 最初是一个旅行日志，方便大家记录旅行感受，分享行程攻略。在某一次迭代升级的时候，产品经理突发奇想，为其添加了一个相机滤镜的功能。用户上传的照片可以被修成像电影大片的剧照一样，宽银幕构图，配上字幕，还带有一键翻译，能把中文字幕转化成“中国人看不懂，外国人也不认识”的外语，让用户的文艺气质分分钟洒满朋友圈。结果，这款足记 App 在应用商店瞬间引爆，长期霸占十几个国家的下载排行榜，吸引了无数“风投”，拿到了上亿美元的估值。

一次看似随机的迭代尝试，就让产品在用户市场和资本市场完成了蜕变。

大胆试错，小心求证

硅谷著名企业家和博客作家埃里克 · 莱斯在 2012 年出版过一

本书——《精益创业》(*Lean Startup*)。在这本书里，莱斯提出了“小步快跑，快速迭代”的互联网时代创业法则。莱斯的观点是：如果担心用户骂你，那你一定是想多了。大多数时候，用户压根不会用你的产品，离骂还远着呢。你要做的，是用最低的成本，来试探用户是否会用你的产品。

相比于传统商业的创新过程，迭代思维充分体现了互联网企业的优势。当年张朝阳回国创建搜狐的时候，说过一句话：“大胆尝试，小心求证，让市场给我们答案。”说的也是“小处着眼，大胆试错”这个道理。其实，容错与试错的理念并非不适用于传统工业经济时代，只不过在那个时代，试错成本过高，而在今天的网络经济下，迭代的成本极低，这让快速试错成为可能。

迭代思维

迭代，在汉语词典里的解释是“更相代替”。说简单点儿，从版本 1.01 到版本 1.02，就是一次迭代。迭代的目标有可能是不确定的，只是为了试探用户的反馈，发现新的市场机会。迭代的周期也是较为随机的，出现问题随时解决，没有问题就优化细节，变换风格，提升用户的新鲜感。

知道了什么叫迭代思维，你又应该如何运用呢？还是三招。

第一，定原型。《精益创业》这本书还提出了一个概念：MVP(minimum virable product，即最小可行性产品)。所谓最小可行性产品，就是功能极简但能够体现核心创意，可以演示给用户，且开发成本极低的产品版本。或者我们换个简单的说法，就是“产品原型”。相比于功能完善、界面美观，产品原型更加追求两个字：能用。腾讯最初创立的时候，国内市场需要一种能满足用户之间实时通信交互的服务，说白了就是网上聊天。腾讯快速反应，发布了OICQ，也就是后来的QQ。虽然功能单一、界面朴实，还有模仿的痕迹，但正是因为用最简便的方法，解决了用户的核心痛点。腾讯用了不到一年的时间，就在还处于萌芽期的互联网市场上，收获了上千万名注册用户，从此走上雄霸天下的征途。

第二，迈碎步。迭代的过程，实际上就是重复优化、重复反馈的过程。如果把创新创业比喻成跑步，那正确的姿势就一定是小碎步，只有小步快跑，才不容易摔倒，才能不断校正方向。7-Eleven便利店在这里为我们做出了最好的诠释。在通常为100平方米的7-Eleven店里，可以摆下约2 000种商品，但是它每年上新的商品数量就有1 300多种，也就是一年更换将近70%的商品，换算下来平均每天要更新三四种。高曝光的特设货架是7-Eleven试验新品的地方：如果卖得好，它们就会被升级为常规商品继续销售；如果卖得不好，就马上打折促销来清库存。这也许就是7-Eleven历久弥新的秘诀。所以，零售行业有一句特别有名的话：“Retail is detail.”（零售就是细节。）你感受一下。

第三，抢窗口。很多商业领域的窗口期极其短暂，留给参与者的机会稍纵即逝，所以必须要懂得抢夺窗口，卡位占先。拿汽车行业来说，国际上主流的车型换代周期是六七年，比如老速腾在

2006 年亮相，新速腾于 2012 年登场。但是，韩国车企的换代时间却远远低于这个国际标准，比如索纳塔在 2011 年发布了第八代车型，2014 年，索纳塔九就横空出世了。也就是说，当国外的车型还在中期改款的时候，韩国车就已经实现了换代。快速换代不能保证你一定成功，但是可以在一定程度上，抓住一些追求新鲜体验的用户。所谓“天下武功，唯快不破”，“快鱼吃慢鱼”，说的也是类似的道理。

一句话理解迭代思维：

自己选的路，用小碎步快速跑完。

目光聚集之处，金钱必将追随
——流量思维——

什么是流量？

流量思维

流量思维是指用多种方式获取大量新用户的思维。经营流量，就像在一个熙熙攘攘的广场上，想办法让尽可能多的人走到你面前。

商业中有一个简单的逻辑：要想让用户买你的商品，你得先让用户遇见你。让用户遇见你，在找对象这件事上，叫“相亲”；在创投圈有一个高大上的名字，叫“连接”。在商业的语境里，出现在某个时间、某个地点的累计人数，叫作“流量”。

关于流量的定义，有这么一个笑话。一个人说：“这两年线上营销的成本飞涨，流量越来越贵了。”他的朋友反驳他：“流量分明是越来越便宜了啊，我们这里 1 个 G 的流量只要 10 元。”此流量非彼流量。对于线下来说，流量一般指到店人数，线上一般称为 UV（unique visitor，独立访客）。比如，你现在打开京东的网站，你就是一个 UV。

目光聚集之处，金钱必将追随

“互联网教父”凯文·凯利有一句很精辟的话：“目光聚集之处，金钱必将追随。”传统商业的很多做法都可以用流量的逻辑来推导。比如：广告为什么要投放在央视？垃圾邮件、垃圾短信为什么如此猖獗？铁路和高速公路的沿途经济为什么能够更快地发展？沿海城市为什么能够最先变得繁荣？说到底，这都是因为流量，流量意味着体量，体量意味着分量。在互联网时代，信息不再受时间和空间的束缚，流量的重要性被无限放大，“网红”、直播、自媒体、共享、支付、应用工具……无数的互联网创业“风口”，都可以理解为流量思维的产物。

2003—2013 年是电子商务发展的高峰。说起来有些悲哀，大部分做得好的商家，不是那些将商品或服务做到最好的商家，而是把“低价”和“流量”做到极致的商家。比如淘宝，当所有的商品陈列在你面前，你有一千万种选择的时候，哪些会最终进入你的购物车呢？答案显而易见：一种是最便宜的，一种是在你眼前曝光最多的。这就导致了大量电商卖家用最低的成本生产，然后把省下的钱用来获取流量。所以，虽然我不愿意承认，但是中国亿万家庭里都收藏着成堆的，可能只用 1 元生产，却用 10 元、100 元买流量、买曝光的垃圾产品。这个是零售业的悖论之一，被称作“流量之殇”。

今天，我们不着重论述流量思维的重要性，更多的还是告诉你如何运用流量思维。具体可以参考三个方面。

第一，噱头做得妙。很多产品的包装设计本身就自带话题属性。比如可口可乐的歌词瓶、百事可乐罐子上的小黄脸表情、星巴克圣诞节前后使用的红色纸杯，还有味全果汁用瓶身包装纸来玩的拼字游戏……有一些商家为了流量也是拼尽全力。比如 2015 年，北京三里屯的一家公司请了一些男模，穿得像斯巴达 300 勇士[1]，招摇过市，胳膊上印着二维码。流量之争已经从狂打广告演变成拼创意、拼噱头的模式。

第二，广告打得巧。号称“美国百货商店之父”的约翰·沃纳梅克说过一句非常著名的话：“我知道我的广告费有一半是浪费的，但我不知道是哪一半。”5 年前、10 年前，中央电视台的黄金时间、百度的竞价排名、淘宝的钻展和首页焦点图可能是获取流量最大的阵地。今天，如果还是只会玩这种形式，你可能就落伍了。仔细观察，各种游戏任务、自媒体专栏、影视剧和综艺节目里，是否有产品植入的机会？免费 Wi-Fi（无线网络）登录界面和移动支付的操作界面上，是否有用于品牌展示的空间？诸多智能家居、可穿戴设备和互联网汽车的屏幕中，是否有形象露出的可能？一众 O2O 模式的上门服务，还有没有搭“顺风车”的方便？以上这些，许多还

① 《斯巴达 300 勇士》是一部战争题材的美国电影。

是被低估的价值洼地，从这些端口聚集起来的流量，将是未来广告投放的前沿阵地。

第三，免费玩得呱呱叫。在互联网的商业模式里，由于零边际成本和网络效应的存在，价格战被演绎到了某种极致，出现了“免费”的商业逻辑。马云创立的阿里巴巴，最初做淘宝，商家免费开店，交费做推广。后来阿里巴巴收购了虾米，用户听歌免费，想要下载得交费开通 VIP 会员。之后阿里巴巴又入股了优酷，用户看视频免费，但前提是要看完贴片广告，这样优酷能从广告主那里收费。当然，阿里巴巴还有支付宝，用户移动支付免费，但存在余额宝里的资金却给公司带来了超额的金融资产收益。

一句话理解流量思维：

目光聚集之处，金钱必将追随。

第9章

我们所知道的这一半，都是错的

互联网思维（下）

用户即媒介，人就是节点

——社会化思维——

什么是“社会化”？

在美国，凯文·凯利每天做的就是马云在中国做的事：时不时地出来说两句至理名言，让人崇拜一下。他说过：“在一个社会化的环境中，每一个人都是节点，他们接收信号，也发出信号。”

对品牌而言，社会化是一个借助互联网工具，与用户重塑关系的过程。在互联网普及之前，品牌是在电视、报纸上打广告，顾客在线下消费，商家收钱交货之后，与顾客“老死不相往来”。如今，用户都活在网络世界里，掌控了话语权和口碑的影响力。品牌则放低姿态，化身为网络社区里的普通人，以亲和的形象与消费者共处，讨消费者欢心。在社会化的环境里，品牌变得更人格化、更内容化。原来单向的价值传递，变成了社交平台上双向的价值协同。

“社会化”的裂变传播

数学领域有一个叫作“六度空间”的猜想，也叫“六度分割理论”。这个理论认为：最多通过五个中间人，你就能够认识这个世界上的任何一个陌生人。

利用社交关系，发起链式传播，一传二，二传四，四传八，这样的传播次数不用多，只要经过33次，仅仅最后一次传播（前面的32次都不算）就可以覆盖86亿人口，比全世界的人口总和还多。这就是裂变式传播的威力。有一些营销活动借助裂变式传播，几乎没花任何成本就触达几千万甚至几亿用户。比如冰桶挑战，就是往身上倒冰水，几乎全世界明星都参加了这个活动；比如A4腰，就是拿一张A4纸和自己的腰比粗细。类似的还有反手摸肚脐、“阿尔法狗”大战李世石。

社会化思维

社会化思维，是指组织利用社会化工具、社会化媒体和社会化网络，重塑企业和用户的沟通关系，以及组织管理和商业运作模式的思维方式。

要想把社会化思维放在商业中运用，你可以从这三个方面入手。

第一，重建用户关系。你

可能早已经把朋友圈里卖面膜的朋友屏蔽了。听我一句，留几个，向人家学习，否则你可能会后悔。去年我去加州洛杉矶，顺便看看当地的房子，房地产商告诉我，如果我可以回到大陆向朋友推荐，每成交一单，就分给我3%的提成。你看，连房子都在通过社会化的人际关系售卖了，未来还有什么逃得开呢？在社会化的人际网络中，用户不再仅仅是用户，他们还可以成为你的经销商、渠道商。相比于传统商业模型，这种流量汇聚点不再是商业街门店，而是分散在每个人的社交圈中。

第二，重构营销思维。以前企业需要招员工，基本就是在中华英才、前程无忧等网站上发广告，然后等着求职者投递简历。前些年，澳大利亚旅游局在YouTube（优兔）上发布过一则招聘启事，面向全世界招募一名大堡礁的护岛员，每天的工作内容就是在风景如画的海岛上晒晒太阳、看看美女、思考一下人生，还能拿一大笔钱。这个职位被人们称为“世界上最好的工作”，一时间在各大社交媒体疯转。我不知道招没招到人，但是招聘取得的广告效果，可比在电视上花几千万元投放的广告好得多。

第三，重塑商业模式。新商业所需的人力资源与金融资本，也完全可以通过社会化的网络来组建。说得通俗一点儿，其实就是“众包”与“众筹”。传统的快递，一定是专业的快递员给你送货。但是某一天，你打开门，发现站在门口的是住在你楼下的小伙子，你也不用困惑，这就是传说中的“众包”物流。“众包”物流把快递需求设计成标准化的订单，“众包”给广大的“普通人”，从而在自己不用雇一个快递员的前提下，把快递的生意做成。3W 咖啡当初以每人 10 股、每股 6 000 元的价格向社会公众募集资金。人们一旦成为 3W 的股东，就能得到认识优秀投资人的机会，因此这种方式大受欢迎，连徐小平、沈南鹏都成了众筹的参与者。我在这里还是要提醒一下，有一些人是利用众筹的模式当幌子骗钱，因此参与众筹的朋友，一定要认准有公信力的平台。

一句话理解社会化思维：

用户即媒介，人就是节点。

从数据化运营到运营数据
——大数据思维——

比父亲更早知道女儿怀孕的超市

美国人逛超市，除了去大家熟悉的沃尔玛，还有塔吉特（TARGET）——美国第三大零售商。有一天，一名美国男子闯入家附近的一家塔吉特，抗议道：“你们竟然给我17岁的女儿发婴儿尿片和童车的优惠券，这是赤裸裸的侮辱，我要起诉你们！”店铺经理立刻跑出来承认错误，但他到最后也没明白到底发生了什么。一个月后，这名男子来塔吉特道歉，因为他后来才知道女儿的确怀孕了。这样说来，塔吉特比这位父亲知道他女儿怀孕的时间，足足早了一个月。

这个女孩之前并没有购买过任何母婴用品，塔吉特是怎么知道的？这就是神奇的大数据。

大数据的威力

原来，塔吉特从数据仓库中挖掘出25项与怀孕高度相关的商品，制作了一个“怀孕预测”指数。通过这个指数，塔吉特能够在很小的误差范围内预测你有没有怀孕。这个女孩不过是买了一些没有味道的湿纸巾和一些补充微量元素镁的药品，就被塔吉特锁定了。

大数据思维

传统的数据更多的是数据化运营，也就是在分析已有的数据后进行决策。而大数据思维，本质上是从数据化运营升级为运营数据，也就是有针对性地设置、收集并利用大数据，为商业创造新的价值点。

马云说过："很多人还没弄清楚什么是 PC（个人计算机）互联网，移动互联就来了。还没弄清楚移动互联的时候，大数据时代又来了。"

那么对于个人来说，了解大数据有什么用处呢？还是要将其归结为三点。

第一，大数据帮你实现创新模式。前段时间我给车上保险，保险公司的人告诉我，根据车险新政，车型的"零整比"[1]越高，保费越贵，所以，我的保费涨了。当时我就纳闷："车的配件贵，能代表我的驾驶行为吗？"以我自己为例，一个月中有半个月出差在全国各地演讲授课，另外半个月就算在北京，也基本不开车。我的车现在就是个"吉祥物"，一个月也开不了一两次，凭什么涨我的保费？其实，这种按"车"缴纳保费的模式很快就会过时，因为在

① "零整比"是指商品配件与整体销售价格的比值。以汽车为例，也就是具体车型的配件价格之和与整车销售价格的比值。

国外，一种全新的 UBI（Usage Based Insurance）模式，也就是基于使用行为的保险，已经开始疯狂发展。传统车险是根据车的因素定价，而 UBI 车险通过收集、分析驾驶数据，然后根据司机的驾驶安全性以及行驶里程对保险定价。想象一下，开多少次车就交多少保险，这样基于大数据的创新商业模式一旦问世，传统的保险业务必将面临巨大冲击。

第二，大数据帮你实现精准营销。如今，所有大型商场都面临消费者被电子商务分流的挑战，而大悦城在 2017 年实现了 117 亿元的营业收入，同比上涨高达 67%。[①] 它是怎么做到的呢？西单大悦城在商场里铺设了 339 个免费的 Wi-Fi 热点，门店内放了 3 000 个 iBeacon[②]。这款设备帮助大悦城记录了近 500 亿条顾客购物习惯的数据，给这些人打上了 292 个标签，将其划分为六大核心客群。这些数据让大悦城能准确地识别出商场中的哪个位置人气旺，哪个位置客流稀疏，然后有针对性地收取不同的场租，使得总租金收入上涨 23%。同时，数据还帮助大悦城针对不同用户群体做精准营销推广，使得场内 25% 的品牌销售额排名全国第一，整体销售额自然也就逆势大涨了。塔吉特和大悦城的案例告诉我们，即便在今天，传统的线下零售依然有巨大的空间。能不能成功转型“新零

① 数据来源：大悦城地产 2017 年财报。

② iBeacon 是苹果公司推出的一款用于向附近顾客发送折扣券，以及实现店铺积分的设备。

售”，关键是看你怎么玩。

第三，大数据帮你实现智能生活。你设想过让商品实现自动补给的生活吗？比如，轮胎被磨损到需要更换时，车辆就会自动向4S店下单；鸡蛋快吃完了，冰箱就会在线订购新鲜的土鸡蛋；洗衣液快用完了，洗衣机就会自动完成补充装的在线购买。甚至不用人工智能，大数据就会让这样的生活在不远的未来成为我们的日常。你的马桶甚至可能会变成你的健康管家，你早上方便过后，一份关于你身体各项健康指标的简报就已经被传到了手机上。未来，运用大数据和云计算，所有的分销网络都会被颠覆，因为商品与你之间的距离，不再是渠道或者门店，商品自己就能够完成购买。

一句话理解大数据思维：

从数据化运营到运营数据。

一切产业，皆可金融
——产融思维——

这是好生意吗？

假设你是某共享单车公司的老板，市面上没有任何竞争对手，除了向用户收取 199 元的押金（允许用户取回），你不能收取其他任何费用。你觉得这种生意可行吗？

你的第一反应一定是这样的：运营和维护都是成本，不收钱，哪有钱造车、修车。一段时间免费，是为了撬开市场；永远免费，就不是生意了。可是即便如此，对于很多人来说，这是很不错的生意。为什么？这就是产融思维的魅力。

一只叫作“金融”的猪

从表面上看，共享单车不能收租金，没有任何盈利模式。但是你确实可以收一笔 199 元的押金，短时间内有大量现金流聚集在你这里。你可以用这笔钱快速扩大规模，生产更多单车，覆盖更多用户。假设你覆盖了 5 亿用户，那么你就有了 1 000 亿元的现金流。虽然押金随时可退，但是有人出就有人进，只要盘子够大，资金总

产融思维

所谓产融思维，就是一切产业皆可金融。你一定听说过“羊毛出在猪身上”这句话。没错，现如今，很多传统产业本身只作为免费的流量入口，真正的变现方式，或者说产出羊毛的，正是这只叫作“金融”的猪。

量是相对稳定的。而且市场上只有你一家，有这么大的用户量，你就可以用这些单车打广告、送外卖了，可以衍生很多种商业模式。

我讲这个故事，不是想让大家都去打用户押金的主意。实际上，自 2018 年起，国家对押金的监管也越来越严格了，不允许公司挪用用户押金。我们知道，学习互联网思维，更多的是学习一种思维方式，千万不要生搬硬套。下面我再向你介绍一些产融思维衍生的玩法。

数据显示，世界500强企业中，80%的企业都玩起了产融思维。自 2013 年开始，阿里巴巴、腾讯、京东、百度陆续推出了互联网金融产品。比如，大众熟知的 P2P（点对点网络借款）、消费类金融、供应链金融、消费信贷等。

除了大公司，生活中的产融思维也随处可见。比如，价值 1 000 元的月饼卡、蛋糕卡，企业批量采购的话，500 元就可以买到。这对蛋糕店有什么好处？可以先拿到现金流。理发师不厌其烦地劝你办卡，不管是 8 折还是 5 折，只要你办卡，存得越多优惠越多。为什么？可以先拿到现金流。健身房、干洗店、美容院，所有让你办卡的地方，除了绑定用户，最主要的考虑就是现金流。为什么？拿着你的钱开分店，不用给一分钱利息，还能迅速壮大，岂不美哉。

那么，产融思维具体可以在哪些方面帮助我们呢？至少有以下三个维度。

第一，降低融资成本。企业要快速扩大规模，往往要融资，而无论是股权融资，还是债权融资，都是有成本的，而且相当高。企业往往在融资过程中耗费大量交易成本，经常有“赚的钱还不够还利息”这样的事情发生。而企业通过产融结合，可以将体外循环的资金变为体内循环，大大降低融资的交易成本。有时候，我们要学会理解这样一句话：拥有多少钱不重要，能调动多少钱才重要。

第二，快速跑马圈地。国美集团 2007 年的销售额为 1 000 亿元，但是低价零售并不赚钱。那它靠什么赚钱呢？很简单，国美给供应商的账期是 90 天，而它自己的回款期只有 21 天。你可以变相理解为，国美所有的货款，可以白用 70 天，而且因为一边出，一边进，国美相当于有一个非常稳定而自由的资金池。那个时候，全中国土地储备最多的是恒大集团，它拥有 5 000 万平方米；保利集团排名第二，拥有 4 200 万平方米；万科排名第三，拥有 3 500 万平方米。而国美集团用这个资金池的钱，拿地 1.2 亿平方米，差不多是这三家土地储备的总量。所以，有人戏称，其实国美是一家房地产公司。

第三，创新盈利模式。41 岁的黛比·沃斯科在某次长途飞行中看了电影《恋爱假期》[①]。她借鉴电影里的故事，创建了让人们交换闲置住房的网站 Love Home Swap。这个网站可以让业主在不使用房子时将其租给别人，同时自己也可以跟其他业主交换房子，在度假时更省钱，也增添更多新意。那这个网站怎么赚钱呢？这就要用到产融思维了。房屋交换有安全隐患，于是黛比与保险公司合作，开发了一种定制型的保险产品，创造新的收入来源。很难想象，一个交换闲置住房的网站的盈利模式，居然是金融保险产品。

一句话理解产融思维：

拥有多少钱，不重要；能调动多少钱，才重要。

① 《恋爱假期》是 2006 年的一部爱情喜剧片，由卡梅隆·迪亚兹、凯特·温丝莱特、裘德·洛等明星主演。

生态协同完胜专业分工吗？
——生态思维——

小米的生态协同

说起小米，你首先想到的肯定是小米手机。我虽然没怎么用过小米手机，但是这丝毫不能阻挡我成为小米的粉丝。我经常出差，以往家里好多天没人打扫，一定到处都落一层灰。最近一年多，我养成了一个习惯：飞机一落地，先打开小米 App，远程控制家里的小米空气净化器、加湿器、扫地机器人，让它们卖力工作。等我到家的时候，空气湿润清新，地面也干干净净。通过一部手机，你可以在世界的任何一个角落控制家里的智能电器。

生态系统的威力

生态系统一旦构建，威力巨大。2017 年 4 月，苹果和腾讯为了争抢支付通道开战，苹果要求所有对微信公众号作者的打赏必须经过它的支付通道。腾讯当然不愿意，谈判无果，于是直接关闭了苹果版微信上所有打赏功能，甚至连贴二维码转账也不支持了。为什么要争支付通道呢？因为对于所有从苹果应用商店（App Store）

下载的软件，苹果都要在用户支付时抽取 30% 的佣金。话说回来，苹果为什么敢于抽取这么高的分成呢？正是因为苹果从一开始就定义了一系列标准化的应用接口，打造了一套完整的生态闭环。

那么了解了生态系统的威力，如何才能构建生态体系呢？还是老规矩，我带你梳理一下三件事。

生态思维

单拿出来任何一款产品，都不具备舍我其谁的绝对优势，但是当所有的产品构建起一种生态时，则会因为互相之间的协同效应产生巨大的价值壁垒。这也是我们常说的生态思维。

第一，别着急连，先当垂直老大。英文有一个词叫 niche market[①]。Niche 源于法语。法国人信奉天主教，在建造房屋的时候，常常在外墙上凿出一个不大的神龛，以供放圣母马利亚。神龛虽然小，但边界清晰，洞里乾坤，因而 niche 后来被用于形容大市场中的缝隙市场。要想合纵连横，第一件事是先找到一个足够垂直、不怕小众的缝隙市场，成为绝对的第一。在今天的商业世界，资源和用户的分配不是你占 100，我占 80，而是赢家通吃。所谓的头部产品、头部 IP（知识产权），就像微信、滴滴出行、晚 7 点的新闻联播。有句话是这么说的，命运就像晚 7 点的新闻联播，不是你换台就能躲得了的。所以，一切生态

① 利基市场，指在较大的市场中，具有相似兴趣或需求的一小群顾客所占有的细分市场。

思维的前提是你先在一个垂直领域拿到所有的头部资源。前些年有一个二级市场的投资人问我是否看好乐视的股票，那正是乐视发展到最高峰的时候。说实话，我对乐视的了解不多，不敢妄加评判，于是我问了对方一个问题：你能告诉我，在哪个垂直领域，一说起这个品类你就能绝对地想起乐视吗？乐视是哪个品类的绝对第一，哪怕是第二吗？对于有些事来说，我们还是要遵从大自然的规律，“只有服从大自然，才能战胜大自然”。

第二，横着连，以用户为轴。所谓横着连，就是跨领域构建生态，形成用户闭环。这件事的唯一标尺就是用户的需求。以腾讯和京东“联姻”为例，整个腾讯公司都弥漫着浪漫的社交基因，从QQ 到微信，把“人 + 连接”演绎到了极致。然而，用户除了社交的需求，还有购物的需求，而腾讯天生没有电商光环，因此选择异业连横。腾讯联手京东，互相入股，互相给流量入口，你中有我，我中有你，闲来无事就“手拉手”在其他竞争对手面前联合军演，给其他竞争对手吓得不轻。横向打造生态的例子有很多：滴滴出行做完了专车，做顺风车、巴士、代驾；京东做完了3C 电器①，做服装、家居、日用百货；网易做完了门户，做游戏、音乐……这都是横向搭建生态的典型例子。

第三，纵着连，以整合为尺。所谓纵着连，就是打通产业上下

---

① 3C 电器，即计算机（computer)、通信（communication）和消费类电子产品（consumer electronics）三者结合，又称“信息家电”。

游构建生态，形成产业闭环，这件事的唯一标尺就是产业的资源整合效率。传统的纵向连接很好理解，比如迪士尼打造卡通 IP，上游垄断最优秀的动漫画家，下游售卖衍生品，而迪士尼乐园打造了非常稳固的产业生态帝国。当然，纵着连也有玩得比较嗨的，比如特斯拉为什么要免费开放充电技术的全部专利呢？因为埃隆·马斯克意识到，未来的竞争不是他与其他企业的竞争，而是整个电动汽车生态与传统汽车生态的竞争。只有更多企业参与电动汽车的开发，整个生态才有可能发展起来。

一句话理解生态思维：

只有服从大自然，才能战胜大自然。

有节操，无禁忌；有底线，无边界
——跨界思维——

跨界成风

2016年5月，北京卫视推出了一档综艺节目——《跨界歌王》，一群明星演员在舞台上不演戏，只唱歌。后来北京卫视又趁热打铁推出了《跨界喜剧王》，这次各路演员和歌手不演戏、不唱歌，改成说相声了。两档节目让北京卫视赚足了眼球。

这几年，很多知名人物都在走跨界的路线，比如罗永浩就已经很难被定义了。罗永浩是这样概括自己的：手机圈里的“相声教父”，相声圈里的英语老师，英语圈里的维权斗士，维权圈里的机构校长，校长圈里的网络红人……不同的身份叠加在一起，让罗永浩成功地树立了属于自己的形象IP[1]。这个IP已经演变成了一

跨界思维

简单地说，跨界就是别有用心地“不务正业”。比如，星巴克除了卖咖啡，还卖光盘；宜家除了卖家具，还卖肉丸子；宝马除了卖汽车，还卖休闲服装。

① 这里指独特的人格、人设。

种天然的品牌资产，在他创业的过程中发挥了不小的作用。

不跨界，无商业

跨界早已成为普遍的商业现象。2001 年的柯达，光品牌价值就达到 120 亿美元，11 年后的 2012 年却只剩 1 亿美元，时至今日估计所剩无几。柯达是被竞争对手富士干掉的吗？不是，是被数码相机跨界颠覆了。再比如，三大运营商电信、联通、移动有一天一起控诉微信，说微信不收钱，马化腾和张小龙就疑惑了，我不收钱跟你们有什么关系。再看看现在谁还用短信？连最基础的打电话功能，都快被微信的语音通话替代了。还有苹果打败诺基亚、支付宝差点儿颠覆银行、滴滴出行重新定义出租车公司……有人调侃说，做企业，你不跨界，就会有人过来让你“出轨”。企业的跨界经营，本质上就是一场侵略战：有节操，却无禁忌；有底线，却不存在规则的边界。

理解了什么是跨界思维，又该如何运用跨界思维呢？给你三个建议。

第一，核心能力，要稳。跨界是为了赋能，赋能的前提是自己足够强。提起国际商业机器公司，你可能会觉得这是哪里的山寨公司，没听说过，其实这就是我们常说的 IBM。IBM 简直是不断跨界创新的典型。IBM 最初创立的时候，生产打字机和文字处理机；

“二战”开始以后，IBM 生产 M1 卡宾枪和勃朗宁自动步枪；20 世纪六七十年代，IBM 协助美国太空总署完成了“阿波罗登月计划”，还建立了银行跨行交易系统，设立了航空业最大的在线票务系统，等等；20 世纪八九十年代，IBM 又率先进入个人电脑生产和销售业务，引领新一代的技术革命。IBM 能够在不同的领域取得如此非凡的成就，是因为它具备了足够强大的核心能力，也就是依托信息技术提供商业解决方案，以及将技术创新与大规模工业生产完美结合的能力，这种独特的能力是他人难以超越，不可替代的。因此，坚守、精进自己的核心竞争力，是企业跨界取胜的第一步。

第二，颠覆方向，要准。跨界是为了用高效率整合低效率，所以尤其要看准新领域里现存的低效环节在哪里，暴露了什么样的问题。举个例子，人们通常把麦当劳理解为一家连锁餐饮巨头，这确实没错，但麦当劳更大的利润却是来自商业地产开发的板块。基于多年的经营，麦当劳发展出了一套关于店铺如何选址才更为赚钱的分析系统，因此它总会用很低的价格买下那些升值潜力巨大的地产，买下后就把它装修成一家麦当劳，再打包餐厅的运营标准、管理培训、供应链服务等，吸引加盟商投资经营。在加盟商看来，这块地已经不再是那个不值钱的铺面，而是一台印钱的机器，因此他们情愿支付高昂的加盟费，麦当劳也得以凭借资本的快速回笼而迅速扩张。这一切都缘于麦当劳捕捉到了商业地产开发不充分的机会，进行了商业模式的创新，实现了完美的跨界。

第三，对待自己，要狠。企业经营方向上的跨界，要尽力避免一时兴起、三分钟热度，相反，跨界应该是一个高瞻远瞩、持续投入、稳步扩张、长线收益的过程。早在2006年，戴尔、惠普这些老牌服务器厂商还都停留在旧有业务的时候，亚马逊就出其不意地推出了自己的云计算服务AWS。早期研发过程中的跌跌撞撞并没有吓倒亚马逊，相反，亚马逊深知云计算服务注定是未来互联商业时代所必需的基础设施，因此坚定地增加研发投入。正是因为投资者看到了亚马逊在跨界过程中的笃定与稳健，使得原本连年亏损的亚马逊的市盈率还能常年保持在1 000倍左右。今时今日，亚马逊已经独揽全球云计算市场40%的巨大份额，不但盈利可观，还一跃成为全球排名第四的伟大公司。当你以为亚马逊是一家电子商务公司的时候，它早已经是一家云计算和大数据的公司了。贝索斯就说过："伟大的公司，要学会被人误解。"

一句话理解跨界思维：

跨界，就是别有用心地"不务正业"。

第10章

你看赚多少钱，投资人看值多少钱
融资

天使看“脸”，“风投”看“身材”
——融资阶段——

“就差天使轮”

在今天的中国，投融资已经真切地走进了我们的生活和工作。在北上广深的创投咖啡馆，张口闭口不说融资几千万元、估值几亿元，都不好意思说自己是出来“混”的。那么投资人和创业者口中的那些A、B、C、D轮；“种子”“天使”“独角兽”；BP（商业计划书）、路演、估值、条款，都是什么呢？

有一个很有名的投资人，他也是有书的投资人。他遇到过一件有趣的事情，说有一个创业者找到他，很严肃地说：“这个项目，A轮已经找好了经纬创投，B轮已经找好了红杉资本，C轮将来会

融　资

融资是指企业通过借钱（举债）、出售所有权（股票），或由获利盈余（留存收益）来筹集所需资本的行为。

是BAT（百度、阿里巴巴、腾讯）中的一家，都已经安排好了，现在就差‘天使轮’了。”我当时听完，差点儿笑喷。[①]抛开这个神奇的创业者不说，同样是融资，为什么还有轮次和阶段的不同呢？每个阶段，投资人关注的点都是一样的吗？投资人和创业者关注的角度有什么区别？我们先聊聊融资阶段这件事。

融资的各个阶段

如果用一句话总结投资人在各个阶段的主要关注点，你可以简单地这样记：“天使”看人，A轮看产品，B轮看数据，C轮看收入，上市看利润。虽然如此粗暴的划分不够严谨，但是可以帮你快速地理解各个轮次的核心关键点所在。

我们来分别看一下投融资过程的三个阶段：投资早期、投资中期和投资后期。

① 每一轮融资，投资人都会基于前一轮融资时设定的目标和实际的发展进度来进行决策。这位创业者在没有拿到早期“天使轮”投资的情况下，就声称已经找到了后面的投资，属无稽之谈。

第一，投资早期，一般指的是“种子轮”和“天使轮”。

最初的阶段是“种子轮”。在这个阶段，公司只有创意，没有具体的产品，一般因为前期资金需求较小，创业者会自掏腰包或者和朋友合伙创建公司。另外也会有一些专注于“种子团队”的投资人，但是投资金额往往不会很多，一般在 10 万 ~100 万元。创业者在这一阶段寻求融资，最需要讲清楚的是“我要做什么”。

“种子轮”之后就是“天使轮”。“天使轮”是指公司有了产品初步的模样，商业模式也初步形成，同时拥有了早期的“种子用户”。投资来源一般是“天使投资人”和“天使投资机构”，投资金额一般在 100 万 ~1 000 万元。这个时期的投资人主要看的是创业团队，也就是人。红杉中国种子基金、李竹的英诺天使基金、徐勇的天使成长营，都是国内知名的早期“天使投资机构”。

第二，投资中期，包括 A 轮、B 轮。

在 A 轮，创业公司的产品已经逐步成熟，开始上线、迭代，在市场上进行验证，并有完整、详细的盈利模式。这一时期的创业公司虽然可能还处于亏损状态，但是已经有了基本的收入预测。这个时候的投资者看重的是产品，互联网产品可能是一个 App、一个网站，也可能是功能、算法或者后台。在这个阶段，投资金额一般在 1 000 万 ~1 亿元。

A 轮之后是 B 轮融资。创业公司经过一轮“烧钱”后，会获得比较大的发展。这时候商业模式和盈利模式能得到充分检验并完善，一些公司甚至开始盈利。为了推出新业务、拓展新领域，创业公司需要找到风险投资机构，也就是 VC（Venture Capital），比如红杉、IDG（技术创业投资基金）、经纬中国。投资额度一般在 2 亿元以上。这一轮的投资者开始格外关注产品的数字表现，比如用户的增长、订单数、复购率……

第三，投资后期，主要是 C 轮、D 轮和 IPO（Initial Public Offerings，即首次公开募股）。

到达 C 轮融资的时候，创业公司又会遇到一个瓶颈。这时公司已经非常成熟，除了拓展新业务、讲讲“生态”，就要开始准备上市了。C 轮开始的资金来源主要是私募股权机构，也就是 PE（Private Equity），有些之前的 VC 也会选择跟投。著名的 PE 公司有九鼎、KKR（科尔伯格·克拉维斯）、鼎晖……这一轮的主要依据是公司的收入水平，投资资金一般在 10 亿元左右。

C 轮融资过后，有个别公司会再融 D 轮、E 轮，这之后，公司就可以着手准备上市了。上市之前要做的一件事叫作 IPO，这指的是公司第一次将它的股份向公众出售。一般来说，IPO 完成后，这家公司就可以申请到证券交易所挂牌交易。

除了这些粗线条的融资阶段划分，投资人和创业者对同一家公司价值的看法也不一样。有一句话深刻地揭示了这两个角度持有的不同理念：创业者看公司赚多少钱，而投资人看公司值多少钱。

投资人的期望是：在我投入资金以后，这家公司就要增值，也就是要更值钱，公司本身赚不赚钱不是最重要的。换句话说，当下一个投资人进来时，他理所当然要花更高的价钱才能买到和我相同份额的股权。每经过一轮融资，早进来的投资人持股不断增值，后来的投资人不断对公司重新溢价认购，公司的价值也就不断地翻倍，这是每一个投资人都希望看到的脚本。

一句话粗浅地理解投资轮次：

“天使轮”看人，A 轮看产品，B 轮看数据，
C 轮看收入，上市看利润。

打开投资人的口袋，12 页 PPT 就够了
——商业计划书——

2 分钟内打开投资人的口袋

很多投资人的工作节奏非常快，每天要接触上百份商业计划书，平均每份的阅读时间大概只有不到 2 分钟。如果一份 BP 在 2 分钟内不能打动他们，那它就只能默默地躺在废纸篓里了。

一份优秀的 BP 通常只需包含 12 页。

第 1 页是项目概述。这一页需要精练地概括项目，最好只用一句话，越简单越好。

第 2 页是用户的痛点分析。用户有哪些需求场景？行业有哪些痛点？有哪些需求是还没被满足，或者是竞争对手没有解决好的？这个需求市场有多大？这一页的重点是描述市场边界，通俗的说法是描述这个市场的天花板有多高。

商业计划书

Business Plan，简称 BP，通常是创业者为了对外融资而编写的对公司的画像，包括公司业务、财务状况、市场分析、管理团队等方面的内容。

第 3~4 页是产品展示页。围绕之前的痛点，你要提供什么样的产品来满足这种市场需求。这部分一般是用几张简单的图片（比如产品截图、业务流程图）描述产品的核心功能，以及产品的开发进度。

第 5 页是竞争分析。同一赛道的竞争对手有哪些？你和他们有什么不同？优势在哪里？有没有可能实现“弯道超车”？这一部分主要是回答投资人关心的“你如何跑赢市场竞争”这个问题。

第 6~7 页是团队介绍。一流的团队可以做好二流的项目，但是二流的团队没办法做好一流的项目。介绍团队不要宽泛地说“技术高超，经验丰富”，这样的描述都是 0 分，最好的表述是“某某曾经开发一款小软件，帮公司半年内增加 100 万用户和 1 000 万元的收入……”用数字说话更有信服力。

第 8 页是里程碑。这一部分主要展示公司从成立到现在的用户数据、收入数据、盈利数据……用已有的运营数据证明你的商业思路可行，流程顺畅，并不是仅有一个想法就来融资了。

第 9 页是发展规划。这款产品做出来以后怎么推广？打算用多长时间达到多少用户量？公司会怎样扩展市场，希望占有多少市场份额？这一步做好以后，下一步会怎么做？这里需要一步一步地展示你公司的长远发展规划。

第 10~11 页也是非常重要的一个部分——融资方案。融资方案有两个核心部分：融资金额和融资用途。首先是你出让多少股份，要多少钱。融资并不是越多越好，你漫天要价就会把投资人吓跑。一般的惯例是，融到足够公司未来 18 个月所需的资金量就可以了。出让多少股份其实就是估值的问题，怎么估值是一门大学问，我们在之后的章节会专门讲这个主题。然后就是这些钱的用途。再大方的投资人也不会让你拿着钱买豪车、豪宅，环球旅行，而是让你把钱用在刀刃上，优化产品，开发市场。

最后一页，也就是第 12 页，用一句话清晰明了地总结整个项目，给人留下深刻的印象，简约而不简单。

距离优秀的 BP 还差 3 件事

明白了这 12 页应该怎么写，距离一份优秀的 BP 还很远。有三件事，我请你尤其注意。

第一，自己写，你的公司你做主。公司是你的，所以商业计划书必须由创始人自己写。不管别人在业务上、在行业中多么有经验，他们对这家公司的理解也不会比你更深刻。面对投资人的时候，你会被淹没在一大堆问题之中，你回答问题的能力非常重要，如果你不亲自写商业计划书，这无数的问题可能会让你当场现形。其实 BP 不是“八股文”，它首先是提供一个厘清创业思路、激励创业伙伴的契机，其次才是获得投资人青睐的工具。照抄别人的或者请别人帮你写的 BP，打动不了自己。不能让自己兴奋，又怎么能让你的投资人兴奋？

第二，慎吹牛，爱用户别爱技术。很多创始人迷恋自己的技术优势和想法，自称是下一个马云，下一个马化腾，下一个改变世界的人。还有很多人在商业计划书中详细地解释技术原理、领先优势，说自己的技术比市面上所有的方案都好。遗憾的是，老道的投资人知道，技术好并不代表一定能在商业上获得成功。相反，这样的 BP 传递了一种信号：创业者把优先级弄混了，因为比伟大的技术或创意更重要的，是你能否切实地解决用户遇到的问题和痛点。

第三，说人话，少用文字多用图。请不要使用超过 3 种颜色的字体或图形；能用图形或图表表述清楚的，尽量不要用文字，因为逻辑顺畅的图形和图表可以让投资人“秒懂”。版面中绝大部分文字应大小适中，排版整洁简练，一般一个版面内不超过 2 种字号和字体。如果文字排版凌乱又正好遇上患有“强迫症”的投资人，结局不用我说，你也很清楚。这部分的建议同样适用于个人简历。

一句话理解怎么做一份好的商业计划书：

简约不简单，真诚不做作，理性不吹牛。

戳不中兴奋点，你卖得再用力有什么用？
——路演策略——

奇迹是疯子创造的

2014 年 9 月 8 日，是阿里巴巴赴美 IPO 路演的第一天，马云说了这么一句话来开场：“我 15 年前来美国要 200 万美元，被 30 家 VC 拒了；我今天又来了，就是想多要点儿钱回去。”神话往往是从笑话开始的，奇迹往往是由疯子创造的。最后的结果大家都知道，阿里巴巴总计融资 217.7 亿美元，一度成为美国有史以来规模最大的 IPO。后来人们把马云的这段经历总结成一句广为流传的话：昨天你对我爱搭不理，今天我让你高攀不起。

路演

路演的英文是 Roadshow，简单理解就是在路边吆喝。在融资中，站在路边的是创业者，卖的东西就是企业的股权。

路演和 BP 要表里如一

如果说商业计划书是相亲前看的照片，那路演就是面对面的相亲。投资人看过商业计划书，愿意邀请你做路演，就说明他对你的产品有了一定的认可。路演不仅仅是为了进一步了解产品，更重要的是看你和你的团队是否靠谱，你们是否有能力把BP中的计划落在实处。

那么，路演作为融资中重要的一环，应该怎么抓住投资人的心呢？还是三招。

第一，讲好故事。好的投资人一天可能要看8~12个项目，不可能每一个都记得住，那什么信息是大脑更容易记住的呢？就是故事。好的故事可以瞬间让投资人与你产生共鸣。就像马克·吐温说的：别只是描述老妇人在嘶喊，而是要把这个老妇人带到现场，让观众真真切切地听到她的尖叫。举个例子，戴赛鹰是“三个爸爸”空气净化器的创始人，他在没有品牌知名度，甚至是没有生产出样机的情况下，就获得了高榕资本千万美元的投资，并创造了京东众筹史上的奇迹，单日众筹破千万元。他的品牌故事是怎么讲的呢？老戴因为担心自己的小孩受不了北京的雾霾，仔细对比了20多个品牌后发现，市场上没有符合儿童呼吸系统特点的空气净化器。于是，为了能让自己的孩子吸上一口干净的空气，他和另外两人一起做了“三个爸爸”品牌。路演现场，据说老戴把自己的儿子抱了出来，对着“三个爸爸”净化器大口呼吸。我一直调侃老戴，觉得他的儿子不是亲生的。但是你发现了吗，一个好的故事会让你瞬间有代入感，这个故事讲着讲着就变成真的了。

第二，霸气外现。总有那么一种人，他一开口讲话，全场都会肃静，洗耳倾听。我们通常用“自带气场”来形容这种人。那怎么增加气场呢？1. 形象。平常随便你怎么穿，但是做路演的时候，请穿着讲究。关于讲究，我给你一个标准，就是穿上这一套，你的身体会自然挺拔，气质会自然提升，情感会自然流露。2. 你需要展示热情和自信。在这里，所有演讲的技巧都是陪衬，把你心底最真实的对创业、对产品的那种激情和渴望自然地表现出来。我见过一个创业者，说话磕磕巴巴，逻辑性不算强，然而就是那种由内而外的渴望和自信，感染了下面所有的投资人，大家都抢着投。强大的自信不是缘于自我催眠，而是缘于无数的锻炼和经验的积累，以及路演前大量的准备。我见过最夸张的一次路演是蓝港互动的王峰。王峰是一个连续成功的创业者，之前创办的蓝港互动已经在港交所上市，他又创建了斧子科技。这家公司是怎么融资的呢？王峰把红杉、IDG 等知名 VC 叫到一起，连 PPT（演示文稿）也没有，直接拿了一块黑板，在上面现场画出自己的商业构想，画完了问大家投多少。所有投资人目瞪口呆，纷纷抢着现场掏钱。这是我所知道的最有现场掌控力的一次融资路演。王峰说过：“项目是我的孩子，我每天醒着想，睡着了也想，我怎么可能被投资人问住？”

第三，相信自己。别太高看投资人，投资人也不都是聪明人，也经常会看走眼、错过好项目。比如美国老牌风险投资机构 BVP，在苹果上市前的 Pre-IPO（上市前基金）融资中，认为价格“贵得离谱”，还认为 eBay（易贝）属于“没有脑子的人才会看上它”，对于联邦快递，他们有 7 次投资机会都没有投，又完美错过了特斯拉、英特尔、Facebook 等公司的投资机会。所以如果你下次再被拒绝，没有必要妄自菲薄，也不用在一棵树上吊死，也许那是因为你还没有找到真正懂你、跟你志同道合的投资人。这里说的“别高看他们”，你可以理解为：战略上藐视对手，战术上重视对手。

一句话理解路演：

自信、真诚地讲好故事。

估值算法，你要先学会，再忘记
——公司估值——

包子铺的估值算法

一家上市公司值多少钱取决于市值，也就是大家愿意花多少钱买你的股票。公司上市之前没有流通股票，那这家公司的市值怎么算呢？只能靠估值。

估值

估值，顾名思义，就是估算出来的价值。公司估值就是企业在寻求融资的过程中对企业价值的估算。

假设有一个很会做包子的人开了一家包子铺。他花了 20 万元购置了一些设备，租了一个商铺。每个包子净赚 1 元，平均每天大约能卖 100 个包子，一天的净收益是 100 元，一年净利润是 36 500 元。这样一个简单的小生意，如果我们对他估值，这个包子铺值多少钱？

常用的估值方法有三种：成本法、相对估值法和绝对估值法。简单地说就是看过去、看现在和看未来。

第一，成本法，也就是看过去。这种方法很简单，就是假设企业的价值等同于过去投入的所有资金。在上文的案例中，开包子铺一共投入了 20 万元，所以这家包子铺的估值就是 20 万元。我们可以看出，成本法只计算了前期的投入，忽略了公司的盈利能力、企业品牌、客户渠道等无形资产，所以用成本法计算公司估值有一定的局限性。

第二，相对估值法，也就是看现在。这家包子铺刚开张，没有什么数据，不过我们可以参照美国的同行或者其他上市的包子铺，用他们的财务数据进行估值，把他们的市盈率、市销率套进这家店。比如有一家上市的包子铺，市值是 50 万元，我们在比对了两家公司的销售数据和财务数据后，进行了一番估算，给了这家包子铺 20 万元的估值。这种方法比较简单，因为数据比较容易获取，尤其是同行业上市公司的数据，计算也相对简单。但是用这种方法未必能反映一家公司真正的内在价值，比如马云今天要开一个包子铺，你用传统的数据进行对比估值，肯定估算不出马云可能会开出一个包子帝国。

第三，绝对估值法，也就是看未来。这种方法就需要用到公司金融的一些知识了。我们要做的首先是预测未来的现金流，然后折现到今天，把加总的折现现金流作为公司的估值。在这个案例中，我们预估这家包子铺在未来十年中，每年都有固定的利润，即 36 500 元，十年加起来就是 365 000 元。但是十年以后的钱肯定不如今天值钱，所以我们经过简单的折现，假设十年总收益折现到今天是 20 万元，那么对于这家公司，我们就给 20 万元的估值。绝对估值法基于未来的现金流预测，能直接反映公司的成长性和营运能力，更有说服力和可信度。但是主观假设因素对最终结果影响太大，比如对这个包子铺的预测，应该假定年增长是 20%、50%，还是 100%？不同的假设所得出的企业估值会有天壤之别，然而谁能确定未来的业绩增长到底是多少呢？

初创公司怎么估值？

这三种方法各有优点和缺点，没有公认的标准方法。你可能会好奇，现在市面上的通用方法是哪一种？其实这三种都不是。

投资者更看重的是增长潜力，而不是现阶段的盈利情况。比如，初创公司什么都没有，价值近于零，很有可能还在亏损，而估值却要高很多。实际上，在企业发展的早期，估值并不能反映企业的真正价值，真正反映企业价值的是投资者愿意用多少钱买你公司多少股份。

永远记住那句话：创业者考虑的是公司赚多少钱，而投资人考虑的永远是公司值多少钱。

即便如此，我也强烈建议所有创业者对上面的三种方法加以了解和熟悉，直白地说就是向投资人表明：拍脑袋拍出来的估值也是有据可依的。大多数时候，你具体算出来的那个数字并没有那么重要，重要的是你愿意去算、去想，愿意理性、全方位地判断自己的公司。这种态度和能力往往会在无形中增加你的估值。所以对于估值算法，你要先学会，再忘记。

有的时候，投资人对于初创项目没有办法完全理性地分析。大多数情况下，他明知道你在“忽悠”，但还是想看看你到底能不能说服他。如果你能在这一轮说服他，他就可以相信到了下一轮，有了他的站台和帮助，你可以说服其他投资人。很多时候，事情的结果并不是注定的，你能“忽悠”住所有投资人，让所有人相信你的事情能成，到最后在这些人的帮助下，这件事情可能就真的成了。如果你不能说服投资人，那么一件本来可以成功的事情反而成功不了，这就是投资人的基础逻辑。我们把这里所有的“忽悠”都理解为中性词，没有贬义。

一句话理解公司估值：

对于估值算法，你要先学会，再忘记。

签“卖身契”，踩这几个陷阱你就亏大了
——融资条款——

“丧权辱国”的条约

作为创始人，你费尽千辛万苦，终于得到了一份 Term Sheet（投资条款清单），但同时也很困惑，因为其中包含了很多陌生的名词，而且看起来像是不平等条约，甚至像是“卖身契”。

我见过一些创业者，他们对此的第一反应是：“丧权辱国”，凭什么？大不了不签了！在我看来，这些人从没有真正想过这份条款背后的目的，以及它的真实影响到底有多大。

Term Sheet

投资条款清单，简称 TS，也被称为投资意向书，是投资者和拟被投资企业就未来的投资交易所达成的原则性约定。

在商业的世界里，我一向不赞成过分感性。请记住，这里没有那么多“对与错”，没有那么多“凭什么”。商业就是一个“店大压客”或者“客大压店”的博弈过程。如果今天阿里巴巴和腾讯让你投资，他说什么你都得答应。同样地，如果你是红杉或 IDG，面对一个没什么名气的创业者时，你可以有充分的话语权。任何一份商业合同

不是国家主权，不是寸土必争。你一定要懂得在这样的博弈或者谈判中，你舍弃了什么，争取了什么。有这样思维的人才是真正的帅才，而不是匹夫之勇。

一根绳上的蚂蚱

投资人在 TS 中设定的若干条款，本质上不一定是针对你的，因为他一旦投资，你们就变成了一根绳上的蚂蚱，也就是命运共同体。有一些条款是为了鞭策你、激励你，或者仅仅是限制你耍花招而已。就像现实生活中，你的老板对你严格要求、苛刻至极，这时你一定要判断一件事：他是故意耍你，还是想让你变得更好。懂得这其中的道理，可能比多懂 50 项条款重要。

我们来一起简单了解一下 3 项常见的投融资条款：清算优先权、反稀释条款、股份回购权。

第一，清算优先权。关于清算优先权，有人形象地打过一个比方，即先分鱼还是先分船。什么意思呢？假如你拿到我的 200 万美元投资，投后估值 1 000 万美元，那么我的占股比例为 20%。一年后，公司运营得不是很好，被其他人以 1 000 万美元的价格收购。这时我要拿走 360 万美元，你只剩下 640 万美元。为什么？ 80% 的股份不是可以分得 800 万美元吗？原来根据我们之前签订的条款，我有优先清算权，可以先拿回自己投资的 200 万美元，然后再用 20% 的比例跟你分剩下的 800 万美元。你不服，问我凭什么？

不需要解释凭什么，优先清算权就是保护投资人的一种简单条款。如果没有优先清算权，还是上面的案例，我刚投完 200 万美元，你马上宣布关门清算，那么你就可以在没有投入一分钱的情况下，用 80% 的股份分配我投的 200 万美元，你净赚 160 万美元。所以优先清算权让我可以先拿回我投资的这 200 万美元。这就可以保证你拿钱是为了发展公司，而不是为了骗我的钱。

第二，反稀释条款。还是上面这个例子。经过三年的发展，你嫌我占股太多，就想了一个计策：你跟我说公司发展不好，想融下一笔钱，但是人家只给 500 万美元的估值。你同意了，于是他投进 200 万美元，占比 40%，这样一来，我的股份一下子被稀释到只剩 12%。这个外面的人很可能是你串通好的，一轮接着一轮之后，我的股份可能会被无限稀释。那我怎么办呢？反稀释条款就起这个作用。如果未来融资的估值比 1 000 万美元更高，那么相安无事，随便稀释，因为即使占比稀释了，更高的估值也会增加我实际上拥有的价值。但是如果再融资的估值比 1 000 万美元低，那我们就得重新界定我的股份占比。在上面这个案例中，如果你同意别人的 500 万美元估值，那么我当初投的 200 万美元，就要重新按照 500 万美元来占比，也就是 40%，然后再稀释。这项条款翻译成通俗易懂的话就是“魔高一尺，道高一丈”。

第三，股份回购权。股份回购权是指投资者在特定的条件下，可以要求你回购他们持有的股票。还是上面这个例子。你的公司慢慢发展成了“活死人”，就是能够产生一定的收入，维持公司运营，但是却无法成长到让其他公司收购或者上市的状态。对我这种投资人来说，这就“要命”了。要知道很多投资基金是有封闭周期的，一般主流的投资基金封闭期为 5~10 年，到时间必须变现，赔了也得变现。因此，回购权实际上给了我一条变现的渠道。

一句话理解融资条款：

融资就是博弈，对条款有舍有得，是为真正的帅才。

3

学得会的品牌传播

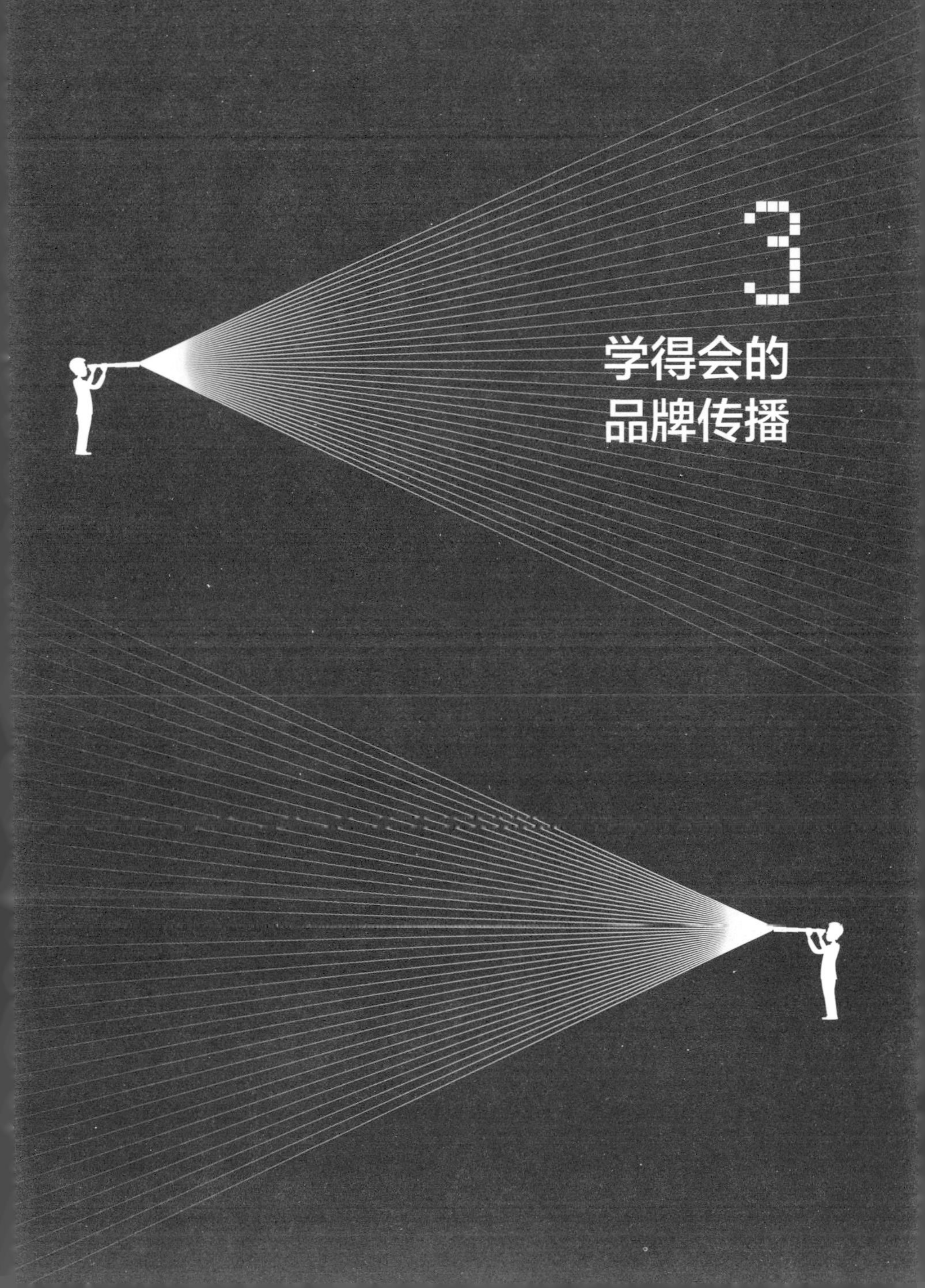

第11章

为什么星巴克这么懂客户经营？

客户经营

为什么去星巴克和漫咖啡的不是一拨人？

——客户细分——

去星巴克和漫咖啡的都是什么人

仔细观察星巴克和漫咖啡，你就会发现，星巴克的店面大多是在写字楼和商业中心，主要针对那些“来如影、去如风”的商务人士。漫咖啡则不同，它更愿意打造一个安静的空间，一杯咖啡、一台电脑、一本好书，一下午就过去了。风格定位不同，客户自然也就不同。这就是所谓的“百人百姓，千人千面”。

“客户”这个词，在中文里是个比较模糊的词汇，个体消费者（customer）叫客户，企业中的甲方（client）也叫客户。移动互联时代，由于各种应用工具的出现，又有了用户（user）这个词。这里我们提到的“客户”，主要指的是个体消费者。

没有谁能让所有人都喜欢

客户细分是20世纪50年代中期由美国学者温德尔·史密斯提出的概念。他发现，只要有两个以上的客户，他们的需求就会不一样。互联网时代更是“物以类聚、人以群分”，任何品牌和个人都无法做到让所有客户都喜欢。我们唯一能做的就是找到目标受众，拼尽全力讨好他们，至于其他人，我们只能选择性地放弃。

客户细分

客户细分，就是根据客户的属性、行为、需求、偏好，以及价值等因素对客户进行分类，并为其提供有针对性的产品、服务和销售模式。

举个例子，很多年前，麦当劳为了增加奶昔的销量，让客户填写调查表，回答下面这些问题：要怎样改进奶昔，你才会买得更多？你希望这款奶昔再便宜点儿吗？巧克力味再重一点儿吗？这种方式征集不到有价值的答案，在尝试了降价、增加口味等很多办法以后，奶昔的销量没有任何变化。后来经过仔细研究，销售人员发现买奶昔的都是每天要开很长时间的车去另一个城市上班的人，在车里的两小时无比漫长，肚子会越来越饿，而如果奶昔能稠一点儿，甜甜的奶昔刚好可以帮助人们在路上补充能量，缓解行车的疲惫。在找准这个细分客户的源头后，麦当劳果断地调整配方，把奶昔做得更浓稠，奶昔销量也就随之起飞了。

那么，具体如何来进行准确的客户细分呢？我们可以借鉴以下三种方法。

第一，统计内在属性。比如，性别、年龄、地域分布、教育程度、收入水平……举个例子，很多人吃烤鸭的首选是全聚德。这家店将客户分为四类——活泼型、安静型、兴奋型和敏感型。针对每一种类型的顾客，全聚德都有一套相应的服务标准。比如遇到活泼型的顾客，服务员就要随着顾客的话题应和几句，让顾客感觉得到了认同感，有面子。同时店里还要求服务员多推荐一些新菜品给顾客挑选。这种服务因为事先做了人群细分，就比较讨巧，如果没有细分客户，遇见安静型的顾客也上去"尬聊"，那就真的是"尬聊"了。

第二，分析外部特征。比如，你在用的手机系统是安卓还是iOS（苹果公司开发的移动操作系统）？你所处的网络环境是Wi-Fi还是4G（第四代移动通信技术）？你当下的坐标位置是？……就拿坐标位置来说，比如你希望推广一款名表，即使投放北上广，还是有很多人消费不起，在这些人中的广告曝光都是浪费的，怎么办？很多手机客户端都支持查看用户的实时定位，你可以精准到商圈、写字楼来投放，把名表的广告只推送到CBD（中央商务区）、金融街、五星级酒店和机场附近。北京的地铁里曾经有这样的广告——没有买卖，就没有杀害。这一听就知道是保护珍稀动物的，让你不要买象牙。但是我真弄不明白，每天挤地铁的人，有多少能闲来无事去买象牙玩呢？这就是没有瞄准精准人群的、无效且浪费的广告。

第三，识别行为轨迹。用户在你这儿关注什么内容？每天登录几次？每次停留多久？打开几个页面？有没有评论打赏？会不会转发分享？很多时候，这些行为都可以作为你分析用户的有效依据。比如发放优惠券，你可以只针对已经把商品放在购物车里，但迟迟不付款的那部分用户；收藏商品 2 个月以上的用户；最近一周查看商品详情至少 3 次的用户。这些都是相对精准的投放。

一句话理解客户细分：

百人百姓，千人千面。

为什么星巴克推出星享卡[①]？
——客户生命周期——

客大压店，还是店大压客

曾几何时，开买卖做生意，商家信奉的是“好店不愁客，好货不愁卖”。只要商品能被生产出来，每天坐等客户上门交钱、提货就行。至于这个人是谁，对商品满意不满意，以后还来不来，来的话是多久之后，再来了还能消费多少，都不用考虑。

直到有一天，不想这些问题就吃不饱了。商家意识到得换个思路做生意。首先，得主动去找新客户；其次，得想办法让来过的客户多来、常来、反复来；最后，还得去问问那些不回来的客户，给什么好处才愿意回来。

这些听起来稀松平常，但它在本质上揭示了客户生命周期的管理理念。

从 CRM 看客户生命周期

当年，大小公司都流行一套系统，叫作 CRM（Customer

① 2018 年年底，原星享卡更新为“会员星礼包”，积星规则也有相应的变化。

> **客户生命周期**
>
> 对企业而言，客户是有生命的，从诞生、成长、成熟、衰老到死亡，商家要想尽可能多地从客户身上捞取油水，就得在不同的阶段，用不同的方法刺激客户。

Relationship Management，即客户关系管理）。通过这个系统，商家可以收集大量客户的资料并建立档案。这些信息有两大用处：一方面，企业可以在逢年过节时对重要客户嘘寒问暖，以此维护关系；另一方面，产品目录、打折信息可以随时被送达，以便让熟客再次消费。

CRM 终究只是个工具，其背后是一套完整的市场营销理论，它叫作客户生命周期管理（Customer Life Cycle, 简称 CLC）。

客户生命周期没有统一的划分标准，有的被分成 3 个阶段，有的被分成 5 个阶段，但是万变不离其宗。我们以 3 个大阶段为例，它们分别是：初始期、成熟期和衰退期。这就跟谈恋爱似的，最初都是萍水相逢，要想相互了解，这个阶段最重要的就是“来电”；然后正式恋爱，你侬我侬，这个阶段最重要的是不要吵架，就算吵架了也要哄回来；再之后，步入婚姻，甚至生娃，这个阶段最大的挑战就是外界诱惑了。

那面对不同阶段的客户，具体怎么管理呢？简单来说，你要做的就是这三件事。

第一，用激素缩短初始期。初始期的吸引，一般是靠激素，最好的案例就是各种网络游戏。现在的游戏，刚开始都让你玩得很爽：半个小时就能升几十级，打怪基本就是砍瓜切菜，还免费送你大量经验、装备、金元宝——以前你得玩两年才能拿到的装备，现在半个小时就给你。签到给，升级也给，随便有一点儿小成长就给，反正就是一个字——爽！为什么呢？上来就很艰难的游戏，大家一定不感兴趣，必须先把你套进来打几个小时，当你慢慢感觉到费劲了，你就会为了继续获得爽的感觉而充钱。总的来说，这个套路就是：初始期要想办法制造激素。

第二，用多巴胺延长成熟期。都说爱情需要用心经营，日子久了就得主动制造一些小浪漫，制造一点儿多巴胺。这个道理同样适用于商业经营。比如，星巴克为什么一直推广星享卡？有了这张卡，你在星巴克的每一次消费都可以积累星星，从银星级、玉星级，一直上升到金星级，每升一级就有很多优惠权益在等着你，比如生日礼券、买三赠一券、升杯券、早餐咖啡券……你想象不到吧，万能的淘宝上居然有代刷星星的服务。这一张奇妙的小卡片有那么神奇吗？问问自己，拿着这张卡，星巴克和 COSTA 咖啡，你会进哪一家。答案不言自明。

第三，用内啡肽延迟衰退期。迟早有一天，感情淡了，怎么也不“来电”了。延迟衰退期，就是想尽办法在感情日渐枯萎的日子里，激发一点儿内啡肽。在商业环境里，如果有强大的竞争对手进入，或者有太多替代品可供选择，那么客户就已经处在离开的边缘了。因此，银行、保险公司、汽车经销商通常都会给客户匹配专属的客服经理，他们定期跟客户电话联系，主动询问客户是否有不满意的地方，还会推荐一些老客户独享的优惠活动，这些方法都是为了尽量延长双方在一起的时间。

一句话理解客户生命周期：

今宵离别后，何日君再来？

为什么北方的星巴克都开在路北?

——客户获取——

你听过这首“神曲”吗?

几年前，一首网络“神曲”爆火，全国各地的地摊商贩都学会了这套词，乐此不疲地用大功率音响循环播放，招揽生意：

“……倒闭了！……老板……欠了3.5亿元……我们没有办法，拿着这些包抵工资。原价都是300多元、200多元、100多元的包，通通20元，通通20元……”

别看歌词像念经一样，还真有效，人们像疯了一样抢购。这段看似无厘头的“神曲”，本质是一种客户获取的手段。

“获客”的那些事儿

关于门店“获客”，星巴克有一套独特的心法。比如在北方城市，如果是东西走向的街道，星巴克一般会把店面开在路北。为什么呢？北方的冬天，路面上特别容易积雪结冰，又因为太阳从南边照过来，路南的积雪就会被楼面的阴影遮挡，化不开，而路北一侧的积雪更容易化，因此过往的行人流量就更大，“获客”自然也就

> **客户获取**
>
> 客户获取即我们常说的“获客”，一般由公司的市场部负责。在传统商业环境里，获客就是两件事：1. 广告，想办法让人“慕名而来”；2. 渠道，想办法“近水楼台”，然后“先得月”。

更容易。

再举个例子，7-Eleven在选址上也非常谨慎，每新开一家便利店，通常要考察商圈、住宅区的零售饱和指数、潜在客户数、人均支出等一系列数据。他们不会听地产中介的人“忽悠”，而是会派专门的业务员在天黑以后现场勘查。为什么要到天黑以后？因为要细数每栋楼亮灯的情况，根据亮灯住户的比例估算真实入住率，从而得到更精准的潜在客户数。有了这个数据，再做是否开店的决策，成功率自然大幅提高。

现如今，在互联网络构建的数字化商业环境里，“获客”的含义已经变得大不相同。对于线上的玩法，我也算“老司机”，我列举了以下三个方面，供你参考。

第一，理性买。线上获取客户有这么几种常见的方式。第一种方式叫作 CPC（cost per click），即按点击付费。这个容易理解，用户点击你的广告，一次点击 0.6 元，或者一次点击 2 元，这取决于你售卖什么商品，以及你的行业竞争情况。第二种方式叫作 CPS（cost per sales），即按销售付费，也就是分成。比如把销售额的 15% 或者 20% 分给为你提供流量的平台。第三种方式叫作 CPM （cost per mille），也叫作千人成本。就是不管用户是否点击了你的广告，也不管用户看完广告是否购买，只要这支广告曝光了，那么每千人次曝光就计算一次费用。这种计费方法其实是从线下来的，就像公交车站牌广告，你没办法计算有多少人点击，多少人购买，只能计算这个公交站来了多少个“千人”。

第二，尽量换。当你积累了一定的初始客户后，你可以拿这部分客户的流量和其他商家进行交换，把“小雪球”滚成“大雪球”。比如，很多自媒体创业者都会组建“自媒体矩阵”，就是设立一批主题相关、风格近似、目标人群有重合的账号，各自发展一段时间以后，相互引流，交叉助攻，瞬时蜕变为更高量级的大号。所以你有没有发现，微博上的一个明星转发一件事情，一群人就会跟着转发，如果你以为这是偶然，那你就太天真了。 在自媒体时代，不夸张地说，微博上的每一次规模群体事件，其背后可能都有推手在参与，说到底，这还是为了获取更多的客户。

第三，努力钓。你还记得我们在讲用户思维时，讲过“兜售参与感”的概念吗？跟你说一个用这种方法获取大量流量的案例。日本有一家叫作“钓船茶屋”的居酒屋。想去吃饭，需要提前一个月预订。为什么这么火爆？原来这家餐厅的特色是：自己吃的鱼自己钓。在这里吃饭，你是坐在大的实木渔船上，木船下方是巨大的水池，养着各式各样肥美的鱼。想吃的话需要自己钓，钓上来的鱼会按照你的要求，由厨师进行加工；钓不上来的话，你就只能饿着。

别看就是这样一种简单的玩法，却让这家餐厅火爆全日本。为什么人们这么爱吃自己钓的鱼？你还记得禀赋效应吗？当然我们在这里说的钓，不只是钓鱼，而是用好玩的方式增强用户参与感，去“钓取”更多用户。

一句话理解客户获取：

要么慕名而来，要么近水楼台。

为什么星巴克卖月饼？
——客户价值转化——

肉疼的月饼

每年中秋节，星巴克都会推出月饼礼盒。一盒月饼有 4~10 块，每块月饼一种口味，售价最低的为 200 多元一盒，贵的要 500 多元，平均算下来一块月饼要价 50 多元，听着都肉疼！理论上来说，不管星巴克有多用心，在做月饼这件事情上，不可能做得比稻香村还好吃吧？那它为什么还要挤进月饼市场呢？归根结底，星巴克是为了实现客户价值的最大化，也就是让客户的潜在价值尽可能多地转化成星巴克的收益。

如何衡量客户价值

谈到客户价值转化，商业里通常会用一个指标来衡量，那就是客户终身价值（Customer Lifetime Value，简称 CLV）。

客户终身价值

客户终身价值，是指一个客户在他生命周期内一共能贡献多少钱。说白了就是你能从一只“羊”身上薅下来多少“羊毛”。

举个例子，汽车行业的经销商会估算每一位上门的顾客一生可能购买几辆车，将这个数字乘以这些车的平均售价，再加上顾客可能需要的零件和维修服务，能得出终身价值这个数字。他们甚至还要去精确地计算购车贷款带给他们的利息收入。

互联网公司还会用一个更加具象的指标来统计客户价值——ARPU（Average Revenue Per User，即每用户平均收入）。游戏公司特别会研究 ARPU，不管是吸引用户买点卡、装备，还是直接花钱升级，持续优化 ARPU 的过程就是让你不断消费，人尽其“财”，直到把游戏厂商喂饱。

理解了什么叫客户终身价值，想要做好客户价值转化，你可能需要这三个“锦囊”。

第一，迭代制胜，使商品历久弥新。我们之前讲过迭代思维。好的生意需要跟上时代的步伐，不断推陈出新，让人有动力一买再买。可口可乐作为一个超过百年的大品牌都还在持续地更新迭代。2017 年，可口可乐在北美市场关停了“零度”的生产线，换上了一款叫作“plus”的可乐，据说有“吸脂”的作用，因为它添加了水溶性膳食纤维，能越喝越瘦。你想想看，喝可乐能越喝越瘦，这话听起来是不是就很吸引人。那些平时不喝可乐的人是不是也得开始喝了，而那些本来就离不开可乐的人就可以更加肆无忌惮了。所以，不断研发和导入新品，唤起消费者的新鲜感，让消费者增加购买的频次，是深挖客户价值的第一法则。

第二，需求制胜，商家要得寸进尺。人们的需求其实比自己以为的还要多，这些需求之间很可能存在内部联系。聪明的商家能把一个点状的需求放大成整条线的需求。比如路边的报刊亭，不只卖报纸杂志，还在卖雪糕、饮料、矿泉水，有的还代售彩票。你别小看这件事，这种玩法有个专业名词——品类交叉引流。还有一种玩法，不是跨品类，而是在原有的核心业务基础上，设置一些利润更高的产品组合。比如，很多孕期妈妈会去拍大肚照，留下特殊的记忆。一些照相馆就特别聪明地邀请妈妈们购买一个套餐，从宝宝出生、满月开始，每一年回到这里拍一组照片，直到孩子 18 岁成人礼，以记录孩子完整的成长历程。如果你是一个妈妈，听到这里是不是连价格都不问，就直接交钱了。可见用户的很多需求都是现成的，就看你怎么引导和挖掘。作为商家，不妨来一点儿“得寸进尺”。

第三，品牌制胜，让用户买椟还珠。如果客户购买不是因为商品本身，而是出于对品牌的认同和喜欢，这个时候，商家就需要多做一些可晒、可秀、可送人的产品，让人们很容易地用品牌衬托品位。平日里喝星巴克咖啡的，基本都是一二线城市的白领、金领，相比咖啡的口感，他们可能更看重星巴克这个文化符号，通俗一点儿说，就是更看重这几个英文字母透露出来的品位。所以说，星巴克卖月饼一点儿也不奇怪，这是充分利用用户买椟还珠的心理。买椟还珠的原意是说一个人买来装珍珠的木匣，退还了珍珠。人们不关心星巴克的月饼是否比稻香村的好吃，他们关心的是有星巴克这三个字的礼品，送出去，有面子。

一句话理解客户价值转化：

对客户，要让他们人尽其“财”。

为什么星巴克送你升杯券?

——客户保留——

萨德对韩国的影响

2017 年，韩国不顾中国反对，执意把萨德系统部署在韩国星州基地。之后中国网友掀起了一阵抵制韩货的风潮，所有韩国组团行全部取消，“十一黄金周”期间飞往韩国的机票都是“白菜价”，整个韩国的零售业陷入了空前的大萧条。据统计，韩国因萨德事件每年流失了几百万名零售客户，损失超过 8.5 万亿韩元，折合人民币约 520 亿元。[①]

虽然这个例子有些极端，但它还是清晰地让我们明白了一个道理——客户流失是要命的大事。比如你拼尽全力用 50 元的广告成本获取了一个客户，结果他在你的店铺里下了 1 单，一共消费 100 元，利润还不到 20 元，那你就相当于赔了 30 元。

商家最不愿意看到的事情

客户流失几乎是商家最不愿意看到的事情，但偏偏要命的是，

① 数据来源：2017 年 5 月 3 日，韩国现代经济研究院发布的报告。

客户保留

客户保留，是指企业为防止客户流失、建立客户忠诚所运用的一整套策略和方法。

在客户生命周期的任何一个阶段，客户都可能流失。这让我想起一句古诗："送客时，秋江冷，商女琵琶断肠声。"

客户的重复购买率是电子商务领域一个非常重要的指标。因为对于绝大多数电商网站，包括天猫、京东来说，如果用户只购买一单，平台就是赔的，必须要让用户持续不断地购买，平台才能把广告费赚回来。根据业内公认的统计，获取一个新客的成本，通常是维护一个老客成本的 7 倍。所以，我们要花大力气，让客户生是我们的人，死是我们的死人。

客户保留具体来说就是，提升客户忠诚度，降低流失率，实现客户保留。对此，你可以从以下三个方面入手。

第一，培养小依赖。要想办法让客户养成一种习惯，建立一种心理上的路径依赖。比如，亚马逊的 Prime 会员计划，只要交钱成为会员，就可以不限次数、不限金额地享受包邮服务，还有不少精选的商品都能用超级优惠的会员价购买。再比如航空公司的各种会员计划，成为贵宾会员后，每次搭乘都能累积里程，累积到一定数量，就能兑换免费机票、免费升舱……所有这些会员激励都是为了培养客户的小依赖，给一点儿实实在在的好处，让客户对其他追求者“视而不见”，你就成功了。

第二，制造小惊喜。两口子过日子，除了柴米油盐酱醋茶，还得时不时地来点儿小惊喜，这叫经营爱情。用在商业上，这种小惊喜其实就是想办法“超越预期”，让客户体验一下“喜出望外”的感觉。星巴克在星享卡里赠送升杯券和甜品券等，就是为了时不时地告诉你：累积的杯数到了，今天不用加钱就能喝到超大杯，或者今天可以吃一块免费的芝士蛋糕。其实星巴克就是算准了，并没有多少人天天算着这个优惠，为了占这个便宜才来。因此，来的人一听说有升杯、免费蛋糕的这些优惠，都会感到意外的惊喜。

第三，倾听小牢骚。在一起时间久了的两个人，说话都是以抱怨开头的，比如这一句：“跟你说也没用。”当然，这种以抱怨开头的沟通方式的效果奇差无比，但是从另一个角度也说明了——好的关系需要倾听，尤其是倾听一些小牢骚。比如，对于我这种比较容易成为忠实客户的人来说，认准一个品牌，骨子里就希望不要轻易换了。那什么事会让我这种人离开呢？举个例子，我最烦的就是各种客服热线，我长时间用你的商品和服务，或多或少会发现一些小问题，那我就需要找人给我解决一下。如果快速稳妥地解决了，那之前的问题就不再是问题，我还可能帮你广为宣传。而很多客服热线带来的是灾难一样的体验：中文请按1，个人业务请按5，投诉请按9，返回请按星号键……通常是你花了10分钟，按了一堆键，到最后客服热线忙，没人接听。这种不能倾听小牢骚的做法，到最后就会演变成大问题。我说的大问题不是吵架和谩骂。互联网时代最大的问题就是客户用脚投票：一句话不说就走了，再也不用你的商品和服务了。

一句话理解客户保留：

让客户生是你的人，死是你的死人。

第12章

多便宜，才算便宜？
定价策略

先贵后便宜？
——撇脂定价法——

苹果的套路

2018 年 7 月，苹果新品 iPhone XS 手机发布，最便宜的也要 8 000 多元，相当于其他品牌相同配置机型的三四倍。这个价格买一台不错的电脑都绰绰有余了，会不会让很多消费者望而却步呢？会！但是没关系。高价虽然会让苹果损失一部分对价格敏感的用户，但会让“果粉”更加坚定地支持苹果，把苹果当成高端、时尚、拿着“倍儿有面儿”的身份标签。

苹果还有一个套路屡试不爽，就是在推出新款的同时，老款立刻降价。这种玩法可以说非常聪明：一方面拓宽了消费人群，让那些不那么追求新功能、新设计的人，也有机会手拿一部 iPhone；另一方面，让忠实的“果粉”赶紧换新的产品。2018 年，苹果公司以 483.51 亿美元的利润，继续高居美国《财富》500 强利润榜的榜首，蝉联“全球最赚钱公司”的称号。你是不是也为他们的霸业做出过一份贡献呢？

什么是撇脂定价法？

苹果的这个套路，就叫撇脂定价法。撇脂是一种很形象的说法。我们都知道，牛奶煮过之后，表面会有一层“奶皮”，这实际上是一层油脂。“撇脂”，顾名思义就是撇取这层奶油，获取精华。

撇脂定价法

在产品生命周期的最早期，制定高价，榨取利润，就像从牛奶中捞取奶皮一样。

通过撇脂定价法产生高额利润，在新产品上市的初期就迅速收回投资，这对企业的健康发展是非常重要的。毕竟，许多企业受到现金流的限制，不敢快速扩充产能，不敢加大营销力度，可能会因此错失很多机会。

撇脂定价法有着不少好处，但是同时也受到很多限制，不能盲目运用。我们来看一下，在什么条件下可以使用撇脂定价法。

第一，要有用户做“冤大头”。市场上要有数量足够多、对价格不敏感、敢于尝试新鲜事物又有一定购买能力的消费者，愿意为产品付出溢价。比如，哈根达斯素有“冰激凌中的劳斯莱斯”之称，它在中国市场就采用了撇脂定价法。最普通的一个冰激凌球要30多元，随便买几样就上百元了。问题在于，即便如此“昂贵”，哈根达斯在国内却一直卖得很好，难道消费者真的是“人傻钱多”吗？其实，吃哈根达斯的主要是热恋中的情侣，这类人对价格不敏感，反而强调“高档”“浪漫”“小资情调”。哈根达斯正是抓住了他们的内心需求才得以“撇脂”成功。就像那句经典的广告语：“爱她，就带她去吃哈根达斯。”他们卖的不是冰激凌，而是“爱情”和“感动”。

第二，要有技术做“护城河”。尤其是有技术壁垒的新兴行业，比如20世纪彩电、电脑、手机刚出来的时候，除了几家大型跨国公司，很少有国内厂商可以生产出类似的产品。那么，人家好不容易拥有了技术优势，多赚你点儿钱，我们作为消费者，也没什么好抱怨的。还有个很典型的例子，就是医药行业。很多进口药在新药专利保护期内的时候，价格昂贵，有的甚至好几万元一瓶。因为疗效显著，再贵，病人也得买。而专利保护期一过，因为有了竞争，这些进口药也就开始走起了“平民路线”。

第三，要有品牌做“试金石”。是否采用撇脂定价法，很多时候要用品牌的影响力来检验。举个例子，无印良品当初突破性地定义了“性冷淡”的简约风格，在消费者心目中建立了强有力的品牌形象。但是，近年来许多质感和调性兼具的生活方式类品牌陆续涌现，无印良品也慢慢褪去了光环，人们不再愿意为它的高价买单。那怎么办？它分五次对不同品类的商品实施了降价，价格越来越接近日本本土亲民的定位。所以，撇脂定价法即使一时取得了成功，也可能会由于竞争加剧而变得不再好用。一旦竞争对手在产品同质化的情况下采取渗透定价法，那你就会付出巨大的代价。什么是渗透定价法？我们将在下文具体介绍。

一句话理解撇脂定价法：

给用户定一个高价，你就可以优先获取“牛奶”里的“精华”。

直接最便宜？
——渗透定价法——

“西南航空效应”

我们先来看哈佛商学院的一个经典案例：美国西南航空公司。2001年“9 · 11”事件之后，几乎所有的美国航空公司都陷入了困境，它们忙着削减数以千计的员工，恳求美国国会拨款，申请破产保护。唯独西南航空公司保持着业绩的持续增长，在大面积萧条的航空业中异军突起。之后的很长一段时间，它的总市值甚至超过了其他主要航空公司市值的总和。这种奇迹般的现象甚至还被称为“西南航空效应”。

西南航空公司是怎么做到的？其中最大的秘诀，就是它坚持采用“渗透定价法”。

渗透定价法

企业在产品投放市场的初期，将价格定得较低，以此来吸引大量顾客，提高市场占有率。

异军突起的秘密

美国的大型航空公司一直以来都热衷于国际长途航线，对短途航线这种低利润的业务根本不屑一顾。西南航空公司则不同，它将目标用户锁定在自由行的游客和小企业的差旅人士上，吸引这类用户的就是超低的机票价格。就像公司创始人赫伯·凯勒尔说的："我们要与行驶在公路上的福特、丰田、尼桑展开价格战，把高速公路的客流搬到天上。"西南航空公司绝大部分票价只有其他公司的 1/6~1/3，有时候真的比长途汽车路费还便宜。当然，这么低的价格要想盈利，就必须保证超低的运营成本。

具体怎么办？西南航空公司统一采购最省油的波音 737 机型，还购买了一些二手飞机，当然这些飞机都在安全期限之内。单一的机型在人员培训、维修保养、零部件购买上只执行一个标准，从而大大降低了培训费、维修费。同时由于采购量大，公司还可以享受更大的折扣，容易实现规模化。由于航程短，机组只提供零食和饮料，不提供正餐，也不提供免费的行李托运服务，要想托运，你得单独给行李买票。一般航空公司的登机卡都是纸质的，而西南航空公司的登机卡是塑料的，可以反复使用。在销售渠道上，他们不设代理商，而是采用电话和网络订票的方式，每年可以节省佣金 3 000 多万美元。

可见，为了维持低价、降低成本和提高周转效率，西南航空公司牺牲了服务和舒适。但是只要保证安全，服务质量不是太低，一定会有这么一批用户，愿意选择价格便宜的机票。这就是渗透定价法。

渗透定价法能帮助你迅速占领市场，超低毛利率甚至是负毛利率可以阻止竞争者进入。但是，也正因为利润太低，你可能无法坚持很长的时间，一味的低价也有可能损害企业的形象，在消费者心中形成低端的定位。所以使用渗透定价法时需要注意限制条件，我在这里为你总结了三点。

第一，需求弹性大，更该用低价。我们之前介绍过需求价格弹性，也就是商品的需求量对价格变化所做出的反应程度。如果产品的价格需求弹性大，就说明人们对价格比较敏感，用低价策略来刺激销量增长就比较有效；反之，如果需求弹性小，需求对于价格变化的反应不明显，那就证明并不适合采用渗透定价法。比如治疗胃病的药品就是一种需求弹性小的商品，即使是以低价进入市场，也不会有人多买几瓶嚼着吃。这个时候，渗透定价法就未必是最好的选择。

第二，边际成本低，才好用低价。企业以低价策略打开市场后，大批量的订单给采购、生产、运营、营销等各个环节都带来了规模效应，促进了更低的边际成本。而更低的边际成本又反过来给企业继续保持低价创造了条件。我们所熟悉的沃尔玛，还有这几年快速发展的名创优品，就是零售行业里将渗透定价法运用到极致的企业。相反，在低价扩张的过程中，如果没有对于成本的精细控制，持续损耗毛利，则很有可能危及公司的生存。

第三，初来乍到时，推荐用低价。采用渗透定价法固然可以快速抢占市场份额，有效杀伤竞争对手，但这终归不是长久的方法。这就好比攻城和守城，低价可以帮你攻城拔寨，但却没法帮你镇守江山。想要找到核心竞争力，还要从商业模式创新、产品研发和品牌经营等方面入手。举个例子，小米在创业之初，也就是刚进入市场的时候，把渗透定价法玩到了极致。第一款小米手机只有 1 999 元，在那个所有智能机都不低于 2 000 元的年代，这是真赔钱的策略，但是它也真的帮助小米快速占领了市场。可没过多久，OPPO、vivo 等手机品牌同样以低价进入，立即瓜分了不少市场。可见对于一些产品而言，低价策略难以作为长久之计，它更适合在市场导入期发挥作用。

一句话理解渗透定价法：

人间自有真情在，能省一块是一块。

越多越便宜？
——阶梯定价法——

多买多便宜

阶梯定价法

购买一定数量之内，是一种价格；超过一定数量以后，是另一种价格。如果画成图，形状就像阶梯一样。

你想请个健身私教，就很可能会遇到这种情况：如果只购买几节私教课，那平均下来每节课要价好几百元；如果一次买好几十节甚至一百节课，那平均下来每节课就划算得多，一百元左右就能拿下了。

孩子的早教课、兴趣班，托尼老师[①]喊你办的会员卡，都遵循同样的规律：多买多便宜。这种特殊的定价策略就是“阶梯定价法”。

“拾级而下”与“逐级而上”

阶梯定价有两种，一种是“拾级而下”，一种是“逐级而上”。

① 托尼老师是网络流行语，理发师的代名词。

“拾级而下”是指每增加一定的购买量，价格就降低一个档次，目的就是让你多买。这种做法最初用于采购谈判中。一般采购报价都会设置几级“阶梯”，采购量每超过一级“阶梯”，价格都会降低一些。所以，当你询价的时候，对方都会先问你一句：“你要多少？”日常生活中处处有“拾级而下”的阶梯定价，比如前文讲过的健身私教课、早教课、美发卡。再比如，星巴克的拿铁分为中杯、大杯和超大杯。590 毫升的超大杯卖 35 元，比起标价 32 元的 470 毫升的大杯只贵了 3 元。也就是说，量大了约 1/4，而价格只高了约 1/10，这时消费者一定会想，还有比这更划算的吗？

与“拾级而下”相反，“逐级而上”的阶梯价格，就是用得越多，价格越高，最常见的就是水、电、气这类公共服务的费用。这种定价更多的是由政府做出的，用来调控稀缺的资源、能源，以鼓励居民和企业节约使用、减少浪费。那些必须消耗大量能源用来生产的企业，就不得不接受政府的“价格歧视”，通过多缴纳的费用来补偿自己对生态环境造成的破坏。另一种常见的是出租车的定价规则。出租车如果走得比较远，就可能会有空驶返回的情况，所以很多地方都规定了“空驶费”。比如在北京，单程载客行驶超过 15 千米的部分，在基础单价上要加收 50%。

介绍完阶梯定价法，我们来看一下，运用这种方法时需要注意些什么。我给你三个方面的建议。

第一，优惠金额不等比。阶梯定价法虽然以“阶梯”命名，但却与真正的台阶有所不同。真正的台阶每一级都是等高的，但是阶梯定价里的每一级，通常都不是等比变化的。由于边际效用递减的原理，购买的数量越大，交易就越难达成。所以这个时候，对应的优惠幅度应该更大、更夸张才行。比如开通视频网站的VIP会员，一年199元，两年299元，相当于多一年只贵了100元。而三年只要349元，也就是再多一年只不过贵了50元。在不断累加的边际量上，设置越来越大的折扣和优惠，才能刺激消费者购买更多。

第二，上限保持吸引力。阶梯的上限千万不能设置得太高，需要现实一点儿，不然顾客一看自己完全达不到，根本不会产生购买冲动。比如买一件衣服，第二件8折，第三件半价，听着挺有吸引力，而如果要一次买100件才能享受半价，那估计消费者看都不会看。有一次理发师向我推销办卡，充1 000元送200元，充5 000元送2 000元，充1万元送1万元。我一算，每次理发只要几十元，如果卡里存两万元，我用到退休也用不完啊。

第三，边际成本扛得住。利用阶梯定价法虽然可以刺激买家下更大的订单，但我们必须判断好，最低售价能否覆盖边际成本。举个例子，有人一次给你下了一份超级大的订单，你一激动给对方打了5折，心想这么大的订单，阶梯定价不便宜一点儿，哪能显示诚意。结果成本怎么也控制不到这个售价以下，相当于越做越赔，你说你是毁约还是认赔呢？国际贸易中经常出现这种由于巨额订单售价过低，最终成本控制不住、越做越赔的情况。

一句话理解阶梯定价法：

别问多少钱，先说买多少。

不一定啥时候便宜？
——动态定价法——

凌晨 1 点的用车需求

美国人民打车，不用滴滴出行，用 Uber（优步）。

Uber 在分析运营数据时发现，每到周五和周六的凌晨 1 点左右，城区就会出现大量无人响应的叫车需求。其实也好理解，这个时间，大部分 Uber 司机都已经收工了，而结束聚会的人们刚刚准备回家，他们醉醺醺的没法开车，只能选择打车，这就造成打车市场上瞬时的供需不平衡。于是，Uber 的运营人员决定从价格入手进行优化，在夜间高峰期（一般从夜里 12 点到凌晨 3 点）上调里程单价。优化的效果是显著的，夜间时段的车辆供应增加了 70%~80%，满足了 2/3 的缺口。司机有钱赚，用户有车坐，可以说是一次重大的突破。

动态定价调节供需

这次成功尝试开启了 Uber 动态定价的先河，之后他们把这个策略应用到了所有高峰时段。不是简单的提价，而是利用算法，制定智能的动态定价策略——在某个时间或某个地点，用户需求急剧上升，便会触发这种算法，由系统自动加价。

我们在供需定理的章节中说过，要解决供需不平衡，要么增加供给，要么减少需求。Uber 的动态定价本质上是成功地从两个方面影响了供求关系：一方面，过滤一部分需求，很多对价格敏感的用户会因此选择其他交通工具；另一方面，激励司机在高峰时段上线服务，也就是增加了供给量。

动态定价法

简单地说，动态定价法就是商家对商品或服务的价格进行灵活调整的一种定价策略。这种方法曾被普遍运用到航空业、酒店业。如今，在演出和体育比赛的票务市场，定价也在逐渐走向动态化。

那我们应该根据哪些因素来变动价格呢？有三种常用的方法。

第一，观察实时需求。用户的需求量大，就提高价格，赚更多钱；需求量小，就降低价格，刺激市场。举个例子，在美国的电商市场，亚马逊几乎是一家独大，因为它每时每刻都在利用大数据精打细算，动态调整数百万件商品的价格。也许因为一条新闻带火了一款产品，亚马逊就立刻涨价；而另一款产品，如果连续几天都没有一笔订单，系统就会在允许的范围内，自动降价促销。其实我认为，最牛的算法不是亚马逊的算法，而是演唱会门口的那些“黄牛”，他们能自带根据实时需求调整价格的算法。

第二，基于用户行为。很多跑车的保费都比一般车高，因为保险公司带有偏见地认为，跑车跑得更快，发生交通事故的概率更高。后来，美国的前进保险公司发现了其中的机遇，给每个客户的车上安装了一台传感器，以此收集车主的驾驶行为数据，比如是否经常超速，是否经常危险驾驶……然后针对客户的驾驶习惯收取相应的保费。这种更加合理的计费方式被称为“pay how you drive”（按你的驾驶方式付费）。在大数据思维中，我们提到的UBI车险，就是在此基础上发展出来的。未来会有越来越多的根据用户行为定价的商业模式出现，而这种模式将毫无疑问地完全颠覆很多现有的价值分配。对于这一点，我深信不疑。

第三，活用价格歧视。说得简单点儿就是，多赚富人的钱，也别放过穷人。一部分电商网站也是这么玩的，他们会根据顾客的消费习惯进行定价。从哪里能拿到这些数据呢？主要就是从用户的购买历史来判断用户的购买能力和需求弹性。所以经常买廉价商品的人看到的价格，可能会比经常买高价商品的人看到的低，当然这都是一些小电商网站的把戏。这种方法算不上新奇，旅游景点的小商小贩都精通这一招：有外国游客来了就争相售卖，因为他们知道外国人不差钱，也不太会讨价还价，这正是捞一笔的好机会。其实，我们中国人现在出国旅行，不也是被“宰”的“外国人”吗？

一句话理解动态定价法：

看人下菜，见风使舵。

你想要多便宜？
——反向定价法——

让消费者说了算

我们之前讲过“边际成本”的概念。对于航空公司来说，在飞机起飞前，多搭载一个旅客的边际成本仅仅是一份难吃的盒饭；对于酒店来说，多售出一间客房的边际成本只是水、电和少许的日用品补给。因此，这些几乎没有边际成本的商品，能多卖一份就多赚一份，给钱就卖才是最理智的选择。那么具体给多少才合适呢？

美国有一个旅游网站叫 Priceline。美剧《生活大爆炸》里面的女主角佩妮（Penny）就是 Priceline 的代言人。经常出国自由行的人应该都用 Booking（缤客）或者是 Agoda（安可达）订过酒店，这两个网站其实也早就被 Priceline 收购了。

以预订酒店为例，你输入目标城市、入住时间和一些筛选标准，Priceline 就会给你一个参考价格（假设这个价格是 200 美元）。然后，系统会邀请你输入一个你觉得可以接受的价格，比如这个用户就是我，比较穷，最多只想付 100 美元。在正常情况下，这个价格绝不可能订到 200 美元的酒店，但是有的酒店为了避免空房，就会选择在午夜0点前接这一单。我在美国读MBA时经常和同学一起出去玩。美国同学都有个习惯，很早就开始在Priceline上出价，然后等着。他们的心态非常好，等到就去，等不到也没什么损失。

玩转“反向定价”的案例

像Priceline这样，把定价权交到消费者手里的定价策略，就是反向定价法。

反向定价法

反向定价法，是指由消费者先出价，商家若选择接受，交易就算达成的一种定价方法。

早在1998年，Priceline就在机票和酒店预订中运用了“反向定价法”。上市以来，它的股价飙涨了200倍，是在线旅游行业里当之无愧的“王炸”。除了机票、酒店，凡是有库存压力，需要与时间赛跑的商家，都有机会使用这种定价方法。

有一家电子商务网站叫作“Netotiate”，这个奇怪的名字源于“net”（网络）和“negotiate”（协商），连起来的意思就是“在网上讨价还价”。在Netotiate上搜索你需要的商品，网站就会显示符合条件的零售商以及它们各自的报价。其区别于普通电商的创新之处在于，Netotiate允许你选择其中一家店铺，输入自己的心理价位，等待回复。一旦零售商接受了报价，就算成交。这就叫萝卜白菜，各有所爱；您说几块，就是几块。

对比一般的定价方法，反向定价法有什么优点呢？或者说，我们为什么会使用反向定价法呢？我觉得有三个方面的原因。

第一，价格敏感拽出来。有这样一种消费者，他们对价格极其敏感，会在多个平台反复比价，不观望两三个月绝不出手。针对这类人，甚至有一系列比价网站专门追踪商品的历史价格。反向定价法主要瞄准这些“摇摆不定”的消费者，目的是通过“价格歧视”区别定价，从这部分消费者身上多赚钱。

第二，成交价格藏起来。很多高端酒店虽然也有闲置客房，但考虑到价格太低会损害品牌的高端形象，所以宁可空着也不会轻易降价。而在反向定价的模式里，其他人是不能看到成交信息的，所以酒店的门市价格也就不受影响，品牌形象也可以毫发无伤。事实上，四星与五星级酒店房间一直是 Priceline 上销售最好的产品，因为低消费人群在这里可以以较低的价格购买平时无法享受的奢华。

第三，交易成本降下来。从用户角度来说，反向定价法缩短了他们寻找的时间，他们只需列出基本要求和期望价格，提交之后就看有没有商家愿意接受这个价格了。这样一来，消费者就可以省去讨价还价的过程，节约了许多沟通时间。从商家的角度来说，在清库存的过程中，不必再随着时间变化而不断地修改系统设定，只要在有报价的时候选择是否接受就可以，所需要的交易成本也有明显的下降。

一句话理解反向定价法：

萝卜白菜，各有所爱；您说几块，就是几块。

第13章

有种资产，叫品牌
品牌管理

有种幸福，叫家财万贯
——品牌资产——

何谓品牌

关于品牌，有个很经典的笑话。有个人爬墙出学校，被校长抓着了。校长问他：“为什么不从校门走？”他说：“美特斯邦威，不走寻常路。”校长追问：“这么高的墙怎么翻过去的啊？”他指了指裤子，说：“李宁，一切皆有可能。”校长又问：“翻墙是什么感觉？”他指了指鞋子，说：“特步，飞一般的感觉。”校长大怒：“我记你大过！”他问：“为什么？”校长淡淡一笑，说：“动感地带，我的地盘我做主！”

品牌这个词在英文里叫作 Brand，最初的意思是“烙印”。早年间的游牧部落在马背、牛背上打上不同的烙印，这头牛、这匹马，就是他们家的了。我们现在说的品牌，早已不是盖个戳这么简单的事了。品牌大致包括两个部分：1. 看得见的部分，比如产品的名称、专属的商标、符号，类似于一个人的相貌；2. 看不见的部分，比如独特的理念、态度、价值主张、文化内涵，类似于一个人的性格。对于品牌来讲，无论是皮囊还是灵魂，所追求的都得是万里挑一。

品牌资产的价值

关于品牌的打造，西方学者提出了一个重要的概念：品牌资产。

品牌资产可以分为初级和高级两种级别。初级的品牌资产包括品牌的认知度和认可度，它们是品牌成功的基础，但门槛不高，算不上核心竞争力。品牌的核心竞争优势一般来自高级的品牌资产，比如品牌联想和品牌忠诚。

> **品牌资产**
>
> 品牌资产，是指消费者关于品牌的知识和心理事实，是影响消费者感知产品和服务价值的重要因素。

可口可乐前董事长伍德鲁夫有一句名言：“假如我的工厂被大火毁灭，只要有可口可乐的品牌，第二天我又将重新站起。”这就是品牌资产的价值。品牌资产是一个非常抽象的概念，因为它看不见，摸不着。举个例子，同样是“公牛”这个品牌，“公牛牌”插座大概只拥有初级品牌资产。它算是一个驰名商标，相比于一般的插座，大家觉得“公牛牌”听着更熟悉，用着更放心；而NBA的芝加哥公牛队就是一个高级品牌资产，因为它可以让人瞬间想到“飞人”乔丹、“禅师”菲尔·杰克逊，想到自己年少时逃课出去看球的回忆……即使后来“公牛王朝”宣告结束，球队成绩开始起伏，你也会惊奇地发现，全世界无数球迷依然保持着对这支球队的喜爱与忠诚。

了解品牌资产后，你也许更有信心打造一家百年老店了。别着急，饭要一口一口地吃，你可以从这三个方面入手。

第一，建立鲜明的品牌认知。假设你要去超市买一袋洗衣粉。我们把洗衣粉粗略地分成三大类：第一类是你特别熟悉的品牌，比如奥妙、碧浪、汰渍；第二类是那些平时虽然想不起来，但是一说名字也都知道的品牌，比如立白、超能、雕牌；第三类是根本没听过的牌子，比如洛娃、好爸爸……你买这三类品牌的可能性一样吗？你会发现，只要你知道一个品牌，就会对它有印象分，就会允许它们进入你的备选范围。没听过的所谓“杂牌货”，一般来说是没人愿意冒险去买的。这也是为什么起一个好听的名字、设计一个顺眼的logo、开发一套成熟的视觉规范，都是值得你重金投入的地方。鲜明的品牌认知可以为你带来长期而稳定的回报。

第二，形成有力的品牌联想。品牌联想是比认知更高级的品牌资产。比如，看到奔驰就想到成功的商人，看到宝马就想到驾驶乐趣，看到沃尔沃就想到行车安全，看到吉普就想到内心狂野，看到Mini（宝马旗下一个豪华小型汽车品牌）就想到精致小资。好的品牌能让大家一看到就在头脑里对应一种美好的感受，形成一种独有的联想。特别是当你反复打广告，不断强化这种联想的时候，用户就会形成一种思维上的路径依赖，这能让你的品牌成为这个联想对象的代名词。

第三，借助优质的杠杆资源。十几年前，红牛给人的感觉无非是提神醒脑，因为“困了累了喝红牛”。后来发现，音乐节、极限运动、羽毛球比赛等场景中都能看到红牛的身影。这些就是品牌寻找到的杠杆资源。凭借这些杠杆，红牛撬动了品牌联想的范围，放大了品牌联想的强度，让人们更加直观、更加具象地理解“提升能量”这个词。这相当于把别人身上的那种特质拿过来，安在自己的身上。这叫“借力打力”，也叫“四两拨千斤”。

一句话理解品牌资产：

无论是皮囊还是灵魂，所追求的都得是万里挑一。

有种率性，叫独具一格
——品牌定位——

宝马的品牌定位

一提到奔驰、宝马，大部分人脑海里直接就能出现这句话：“开宝马，坐奔驰。”这是多么清晰的品牌定位。但宝马并非在一开始就明确了自己的定位，至少在1974年以前，宝马的定位还是“运动感的轿车”，那个时候的销量并不高。

后来，负责宝马广告文案的马丁·普力斯苦思冥想，想出来一个词：终极驾驶机器（The Ultimate Driving Machine）。从20世纪70年代中期开始，宝马在美国市场的主旋律就是“终极驾驶机器”，这句广告词也是汽车业历史上持续时间最长且最为经典的。后来，这句话被推广至全球，在中国被翻译为“追求驾驶的乐趣”。现在，宝马有了一个众所周知的口号：纯粹的驾驶乐趣（Sheer Driving Pleasure）。这个口号将宝马和其他品牌区分开来，在大众的脑海里深深地植入了“开宝马”这三个字。

品牌定位

品牌定位就是在客户的心智当中占领一个独特而有价值的位置。说得直白一点儿，就是三个字：你是谁。

老百姓听得懂的语言

品牌定位不是简单的功能描述。有句话说得好：讲功能，只有专家才听得懂，可你没办法从专家身上多赚一分钱。所以品牌定位要用大众听得懂的语言。比如一提到上火，人们就会想到“怕上火，喝王老吉”；感觉疲倦、大脑超负荷的时候，就会想到“经常用脑，多喝六个核桃”。在品牌传播过程中，最忌讳讲一堆没用的话。作为用户，我不在乎你是怎么做到的，我只记得住你对我有什么用。

那想要找到属于自己的独特定位，该怎么做呢？我觉得，做到以下三点，是一个不错的开始。

第一，宁为鸡头，不当凤尾。大家都知道世界最高峰是珠穆朗玛峰，那第二高峰呢？中国第一个进入太空的航天员是杨利伟，那第二个呢？如果你不知道也很正常，因为绝大多数时候，人们只会记住第一名。所以想要占据用户的心智，想办法成为第一是最好的捷径。如果你所处的是一个大行业、大市场，成为第一没那么容易怎么办？没关系，你可以专注一个细分市场。要是现有的细分市场也都有人占山为王了，你怎么办？大不了新开一个山头。特斯拉刚进驻市场时，汽油动力的汽车市场已经饱和，跑车、轿车、越野车、商务车、家用车，这些细分市场也被占得差不多了。从零开始怎么打？特斯拉选择开辟新的山头——电动车。虽然困难重重，比如缺少充电桩，但依然没有阻碍它成为这个细分市场的老大。势头正如你所见，特斯拉在 2017 年的销售额是 118 亿美元。①“营销之父”里斯和特劳特在《定位》一书中说过：“如果你不能在这个领域争得第一，那就寻找一个你可以成为第一的领域。”

第二，求同存异，借力打力。好的品牌定位就是要在用户建立联想的过程中，既找到差异点，又找到共同点。举个例子，当年七喜刚面市时，给自己的定位是“非可乐”。跟可乐建立对标的关系，就是让消费者产生品牌联想，联想七喜是一种类似于可乐的碳酸类软饮料。同时，又强调“非可乐”，这就是在突出口味上的差异，相当于“借力打力”，因此七喜一上市就取得了不俗的成绩。

第三，不忘初心，方得始终。抢占用户的心智，需要反复强化同一个概念，让用户永远记得你是这个细分市场的老大。如果有竞争对手进来跟你抢市场，你就是“正宗”，他就是“山寨”。那些隔三岔五更换自身定位的品牌，看起来在不断地追赶新潮，但实际上只会让用户迷惑不解。我们拿前些年的李宁举个例子，从“一切皆有可能”到“让改变发生”，再到“90 后李宁”，这个排名第一的民族体育品牌经历了断崖式的业绩下滑，3 年亏损 31 亿元。对比

① 特斯拉公布 2017 财年财报：总营收达 118 亿美元。参见 https://ee.ofweek.com/2018-02/ART-8320315-12008-30198776.html。

一下国际品牌耐克，一句经典的“Just Do It”（想做就做），几十年来，一直被模仿，从未被超越。

一句话理解品牌定位：

成为第一。如果你不能在这个领域争得第一，那就寻找一个你可以成为第一的领域。

有种潇洒，叫各显神通

——品牌组合——

假如你有一家火锅店

假设你是一家呷哺呷哺火锅店的经营者，平时的生意虽然还不错，但你发现，消费人群大多数是等着看电影的情侣，或者是下了班的“单身狗”，而当亲友聚会、公司团建的时候，大家却都去吃海底捞。怎么办？如果你打广告说“吃呷哺呷哺，享尊贵体验，当人生赢家”，那我估计你的下场就是，商务人士看不上，“单身狗”也不敢来了。

品牌组合

一家公司在同一品类里开发多个品牌，分别进入不同的细分市场，从而让整体的市场覆盖率更高。这种品牌管理的方式叫作品牌组合。

我们看看真正的呷哺呷哺是怎么做的。2016年，呷哺呷哺推出了副品牌“湊湊”火锅，就是那个“凑合”的“凑”，但不是两点水，是三点水。湊湊主打台湾的风情文化，推出富有特色的台式手摇茶，加上幽暗、典雅的装修风格，巧妙地切入了休闲商务场景。在湊湊作为副品牌大受欢迎的同时，又不影响呷哺呷哺原有品牌的运营，这就是品牌组合的魅力。

品牌组合策略

最早运用品牌组合的是通用汽车，但宝洁公司把品牌组合这件事玩到了极致。说到洗发水品牌，你可能听说过飘柔、潘婷、海飞丝、伊卡璐和沙宣，但你知道它们都属于宝洁吗？飘柔主打“柔顺优雅”；潘婷主打“修护滋养”；海飞丝主打“清爽去屑”；伊卡璐主打“草本天然”；沙宣主打“专业时尚”。5 个品牌各显神通，让宝洁占据了国内洗发水数百亿元市场的半壁江山。

采用品牌组合的策略，除了获取不同细分市场的客群，你还可以做到：通过品牌的集团化作战，霸占渠道商的货架，压缩竞争对手的陈列空间；增加零售商对你的依赖，增加价格谈判的筹码；在广告投放、原材料采购等方面获得更大的规模优势。多品牌战略甚至还能激发公司内部的良性竞争，保持创新与活力。“三个臭皮匠，顶个诸葛亮。”品牌组合说白了就是组团打群架。

品牌组合已经是一种非常成熟的品牌管理方法，这种方法有很多成功和失败的经验，我在这里分享其中的三点。

第一，借助高端品牌，建立价值优势。按理说，像 Smart 这种微型车，就配置和性能来讲，跟奇瑞 QQ 是一个级别。如果是自主品牌，5 万元能有人买就不错了。可就是因为 Smart 有着奔驰的血统，甚至跟高贵的迈巴赫都算是同一个家族，所以最低配也要卖到十几万元，关键是有特别多的人买。由此可见，将高端品牌引入市场，确实能增加整个品牌组合的威信和声誉。当然，这种品牌溢价的实现有一个必要前提，就是要让 Smart 和奔驰之间的品牌关联广为人知。说得直白一点儿，人家买 Smart 是冲着“迷你奔驰”的心理期望来的，没有奔驰撑腰，单是 Smart 就不值这个价格。

第二，利用低端品牌，形成侧翼保护。如果竞争对手的定位比你低，跟你打价格战，你怎么办？是舍弃品牌的高端定位降价迎战，还是坐以待毙？两条路显然都走不通。这个时候，一种很巧妙的做法就是自己也推出一个平价品牌，把它当作一名“打手”。你可以让这个平价品牌和对手的包装风格极其类似，然后三天两头搞“大促”，把低端市场的价格搅得越乱越好，反正你也不指望“打手”赚钱。能稀释对手的品牌认知度，实现一个“兑子”的效果，你的目的就达到了。举个例子，益海嘉里旗下的金龙鱼是知名的食用油品牌，当遭遇对手低价竞争的时候，他们果断推出了“元宝牌”食用油。你看，名字就这么接地气。在低端市场上，“元宝牌”食用油用低价成功地阻击了对手的进攻。

第三，看清交叉范围，避免自相残杀。正所谓“本是同根生，相煎何太急”，如果没有看准各个细分市场之间的差异，就盲目推出新品牌，很可能虽然有一定销量，却让原有品牌损失惨重，结果就是左手倒右手，拆东墙补西墙。举个例子，当年东风标致的三款车型（307、308 和 408）本来在配置和性能上差异不明显，结果在定价上又存在很大一块重叠区间。如果你愿意花 13 万元左右，买 307 也行，买 308 也够，甚至 408 的“乞丐版”也能买到。这就让消费者陷入了深深的纠结，最后三款车卖得都不是特别好。所以，在使用品牌组合战略的时候，务必要准确识别细分市场，避免自相残杀、左右互搏。

一句话理解品牌组合：

三个臭皮匠，顶个诸葛亮。

有种满足，叫多子多福

——品牌延伸——

从乐天看品牌延伸

2017年，因为韩国部署“萨德”，中韩民众之间有些不和谐。很多中国人自发组织，去乐天玛特门口示威抗议。你可能有点儿不解，示威不去韩国大使馆，去超市干吗？仔细了解才知道，原来萨德系统是被放在了乐天集团的高尔夫球场。一会儿是商场，一会儿是高尔夫球场，乐天到底是什么？该不会和那个乐天口香糖是同一个品牌吧？

为什么这么多不相关的生意都叫乐天呢？和宝洁公司不同，韩国五大财团之一的乐天集团采用的是一种叫作品牌延伸的战略。

品牌延伸既可以基于产品线的延伸，比如零度可乐、健怡可乐、樱桃可乐，都叫可乐，又可以基于品类的延伸，比如雅马哈摩托车、雅马哈电子琴，都叫雅马哈。这就叫一根藤上

品牌延伸

品牌延伸，是指企业利用现有品牌进入新的产品类别，推出新产品的做法，本质上是借助已有的品牌信誉和市场影响力为新产品线赋能。

七朵花，一个葫芦七个娃。

新产品初来乍到，一般要经历一个艰难的市场导入期，但借着原有品牌已经打下的群众基础，很快就能跟消费者混熟。品牌延伸能让用户觉得，尝试新品的风险不会太高，老牌子怎样都错不了。其实不光是消费者，经销商也会因为用了老牌子，对新品有更高的信心，更愿意铺货。对于厂商而言，可以提高营销效率，一支广告带动很多产品的同步传播，比如只要说可乐好，零度、健怡等各种可乐就能跟着受益。

品牌联想是大前提

品牌延伸实际上是基于品牌联想而来的，一个大前提就是有近似的联想基础。什么意思？比如，好时巧克力有名，那推出一款好时巧克力味牛奶就可以。新奇士橘子有名，推出新奇士橘子味汽水也可以。高露洁牙膏好用，推出高露洁牙刷？我觉得没问题。吉百利太妃糖好吃，推出吉百利香皂？可能不太行。以后提起吉百利，你是想让消费者流口水还是吐泡泡呢？

品牌延伸和品牌组合是同时存在的两种策略。简单来说，品牌组合就是一堆品牌一块打，品牌延伸就是一个品牌打到底。通常来讲，有机会坐稳第一、主导细分市场的新品，建议用品牌组合；反之，市场规模不会太大，给公司带来的预期利润也较为有限的新品，建议用品牌延伸。

理解了品牌延伸的特点，我们在具体运用的时候，还需要注意以下三个方面。

第一，贪多嚼不烂。品牌延伸看似优势很多，但也有自己的问题，不着边际地过度延伸就会侵蚀母品牌的形象。维珍集团就是个很典型的例子。创始人理查德·布兰森最早在20世纪70年代经营了一家名叫维珍的唱片公司，之后一飞冲天，在1984年创办了维珍航空。到20世纪90年代，他开始把维珍品牌用于个人电脑、伏特加和可乐，还成立了维珍铁路和维珍移动通信。为什么这个品牌没有广为人知呢？很多营销专家评论说，维珍的品牌延伸完全没有重点，其尝试过的很多不成功的领域，比如维珍服装、维珍婚礼……给公司整体的品牌资产带来了负面的影响。俗话说，贪多嚼不烂，还是要避免品牌家族过于臃肿。

第二，树大好乘凉。有一些品牌更多地强调自我表达，我们叫它“威望品牌”，比如奔驰。还有一些品牌，更多地诉求性价比，我们叫它“功能品牌”，比如夏利。一般来说，在威望品牌上运用品牌延伸比较容易成功，而这种策略在功能品牌上则不太容易玩转。想象一下，左手是一款印着奔驰三叉戟商标的旅行箱，右手是印着夏利商标的箱子，你选哪一个？当然，功能品牌也不是完全没有机会。如果品牌联想有一定的基础，还是能找到适合的延伸方向的。比如同样是手表，劳力士作为威望品牌，可以延伸到工艺品、首饰等品类；而天美时作为手表中的功能品牌，天美时秒表、天美时计算器等产品，因为符合功能性定位，也有不错的市场表现。

第三，“女大不中留”。品牌延伸从短期来看好处比较多，但如果你的新品能在细分市场稳稳立足，甚至在品类当中具备了一定的统治力，这个时候你就可以考虑将子品牌从母品牌当中剥离出来，实现独立运营。成功的例子有不少，比如哈弗汽车最早是长城汽车旗下的 SUV（运动型实用汽车）系列车型，在市场上拼杀几年下来，表现不错。2013 年，长城汽车宣布哈弗品牌独立，希望用更加明晰的形象塑造品牌的时尚感，同时赋予 SUV 车型应有的硬朗风格。所以，条件一旦成熟，品牌延伸就可以向品牌组合的方向转化。“女大不中留”，该独立就让它独立吧。

一句话理解品牌延伸：

一根藤上七朵花，一个葫芦七个娃。

有种神奇，叫妙手回春

——品牌激活——

重获新生的秘密

在湖南卫视音乐竞技节目《我是歌手》中，有一大半的选手都是20世纪八九十年代红极一时，之后渐渐淡出大众视野的所谓“过气”的明星，比如齐秦、林忆莲、赵传、李玟。他们在节目里的精彩表演，不光让80后好好过了一把怀旧瘾，还成功地圈住了一批年轻的粉丝。比如林志炫的一曲《烟花易冷》让一大批95后听得如痴如狂。林志炫可谓把他的个人品牌做了一次成功的激活。

品牌激活

品牌激活就是扭转品牌的衰退趋势，重获消费者青睐的一种品牌管理行为。

服装品牌的命运转换

品牌要想逆转命运，关键在于找到品牌资产的来源并重新定位。当年，法国鳄鱼（Lacoste）品牌由于没有跟上流行趋势，过季的衣服被当作快到期的食品摆在各种超市的货架，大幅降价处理，这让品牌资产受到了严重伤害。2000 年之后，法鳄品牌开始重振，因为它最早是做网球运动服的，品牌自然流露着浓郁的贵族绅士气质。于是，法鳄紧紧抓住这个优质资产，推出了以网球运动服为原型的 Polo 衫，结果大获成功，一夜之间又成了年轻人追捧的时尚风向标。这个例子让我想到一句话："寒冰不能断流水，枯木也会再逢春。"

同样是在服装行业，有些品牌就没能在兴盛之时积累有价值的品牌资产，以致强大的竞争者进入之后，它们就被快速挤出了。比如佐丹奴、班尼路、真维斯、美特斯邦威，有人曾经称它们为全球最炫酷的四大品牌，然而，这些品牌在 Zara（飒拉）、H&M（一款服装和化妆品品牌）、优衣库这些快时尚品牌的合围之下，很快地沦为了"八线乡镇品牌"。

关于品牌激活，具体的使用技巧还是三个。

第一，新陈代谢，开启年轻化。原来提起凯迪拉克，我们想到的可能是美国警匪片里出现的那些又长又方的老爷车，它们虽然显得阔气，但在科技感和运动性能强大的德系、日系豪华品牌的夹攻之下，销量一度被远远甩在后面。痛定思痛，凯迪拉克品牌给了自己一个全新定位："美式都会。"锃亮的轮圈、夸张的大灯造型，处处透露着美国文化独有的霸气，一下子与那些走沉稳、内敛路线的品牌区别开来，在新生代用户面前完成了一次华丽的转身。类似地，故宫的品牌也经历了一次新陈代谢，一群年轻人把故宫博物院这个老气横秋的形象与他们喜欢的网络文化结合，让皇帝走起“网红”路线，不光会嘟嘴、比“剪刀手”，还动不动就说出最新潮的网络语言，比如“朕亦甚想你”，“朕就是这样的汉子”。这让故宫蜕变成了一个超级 IP，在微店上实现了超过 10 亿元的收入。

第二，倚老卖老，主打复古风。有一些品牌恢复活力，并非因为引入了新的品牌定位或签约了新的代言人，而是纯粹地完成了一件事：返璞归真。特别是在流行时尚领域，有些风格是周期性轮回的。所谓“三十年河东，三十年河西”，如果你一直在河东也不要紧，熬过了“河西”的三十年，好日子就又回来了。老北京特别熟悉的一个汽水品牌叫北冰洋，它在沉寂了一段时间之后，突然遍布大街小巷，而且还是那“熟悉的味道”，甚至玻璃瓶的包装、北极熊的商标还是原样。吃串的时候一人来上一瓶，喝的不是汽水，而是情怀。后来北冰洋又恢复生产了另一个复古款——“袋儿淋”，就是那种整袋装、需要拿勺挖着吃的冰激凌，好多人一听说，都排起长队，成箱地买回家。所以，在具备怀旧体验特质的产品上，有时候就要坚持这种倚老卖老的路线，主打复古牌。

第三，该放就放，有舍才有得。如果品牌资产已经过度透支，实在缺少可挖掘的价值了，这时候，放弃也是一个不错的选择。比如索尼爱立信这个品牌可谓生不逢时，既没有突出索尼在影音娱乐上的特色，又没有强化爱立信在专业通信领域的技术优势，最终在苹果和三星瓜分天下之时，黯然退出了历史舞台，被索尼主品牌收编。所谓“寿终正寝”，让一个品牌把能量耗尽，也算是走完了自己的生命周期。

一句话理解品牌激活：

寒冰不能断流水，枯木也会再逢春。

第14章

一件事儿，到底该怎么说？
媒介管理

一件事儿，翻来覆去地说
——整合营销传播——

重要的整合营销传播

我上大学的时候，学的是市场营销类的专业，平常总逃课，就算是去上课了，也不认真听讲。但是我有一门课考了 99 分，我记得这门课就是整合营销传播。

通俗点儿说，要想真正打造一个品牌，你必须把所有用户能看到、听到、用到品牌的地方，也就是你跟用户所有潜在的接触点，全都管理起来，并且滴水不漏。

这也是为什么在商业世界的边边角角，比如空姐微笑的时候露几颗牙，商场的空调开到多少度，7-Eleven 店面里播放什么音乐，

整合营销传播

整合营销传播（Integ-rated Marketing Communication），简称 IMC。1992 年，美国西北大学[①] 教授唐·舒尔茨提出了 IMC 的理论框架。舒尔茨教授认为，品牌在消费者心里发挥作用的过程，不只是心智占有，还是一种体验的累积。

都有严格的规定。同样的道理，在迪士尼乐园里做角色扮演的员工，就算是中暑晕倒，也不能在游客面前摘下头套。还有，我就亲眼看见过 ZARA Home（销售家居用品及室内装饰品）的店长批评店员：为什么穿了灰色的袜子，而不是员工手册上明文规定的黑色？

用一个声音说话

产品服务本身是触点，品牌在媒体上的展示同样也属于触点。媒体上的触点管理很重要的一个衡量标准，是做到“整合协同”，“一元化”。简单来说，品牌要让用户在不同媒体上接收“概念一致、彼此呼应”的营销信息，只有这样，人们对一个品牌的喜好才会被反复强化。在英文里，为了一个阶段性的营销目标而发起的广告活动叫作 campaign，就是“战役”的意思。这个词用得特别

① 西北大学并不是真的在西北，而是坐落在美国中部的芝加哥。据说该校新闻学全美排名第一，综合分至少也是全美前十，在美国人心目中是超级牛的大学。

形象，因为在真正的战场上，就是需要多兵种协同配合才能取得胜利。类似地，运用 IMC，你要把广告、促销、公关、包装、商业赞助、门店服务等一切传播活动整合起来，打包放到一份营销计划里。有人把 IMC 概括为 speak with one voice，也就是“用一个声音说话”。

那么具体如何做整合营销传播呢？我给你三条建议。

第一，上下要统筹。举个例子，你是一家腕表厂商，希望在高端市场做大份额，这是你的企业经营战略。因此，你的市场营销策略是：推出一个旗舰品牌，把它定义为奢侈品。随之，你的传播策略就会是：以公关活动为主，结合精致内容的制作和播出。最终，你的媒介策略是：到时尚之都巴黎开一场发布会，邀请《时尚芭莎》等媒体的记者跟踪报道，再拍几条有调性、有格调的纪录片，请圈层精英在微博和微信朋友圈上发布。这种自上而下的策略推导，就好像设置了一座灯塔，而营销传播的所有动作都随着灯塔指示的方向，在正确的航道上前行。

第二，左右要配合。媒介也好，产品也好，终端门店也好，那么多用户触点，必须相互支援、全面配合。当年蒙牛酸酸乳推向市场的时候，想让 15~25 岁的年轻女孩养成喝乳酸饮料的习惯。于是，蒙牛选择了湖南卫视的《超级女声》，重金冠名造势。在电视上，蒙牛签约了“人气选手”张含韵，为她量身定制了一首广告歌——《酸酸甜甜就是我》。同时张含韵出演的广告片，也一连数月在各大卫视滚动播放，以不断加深人们对这个概念的印象。在网络上，蒙牛选择新浪、搜狐、网易等几大门户，搭建了“超女”专题页面，网友一边给“超女”投票，一边被酸酸乳再次“洗脑”。在产品层面，公司更换了印有“超女”的包装，还在商场、超市派发了上亿张海报，借着“超女”的人气，让这款产品铺天盖地，人尽皆知。据统计，当年蒙牛酸酸乳的销售额是上一年的 5 倍，在品牌的认知度上，也一举反超伊利的同类产品，成了乳酸饮料的第一品牌。

第三，前后要协调。已经被市场验证的品牌理念，应该随着时间的推移，被重复演绎。比如提起麦斯威尔咖啡，人们都知道那句“滴滴香浓，意犹未尽”，实际上这是美国前总统罗斯福在 1907 年品尝麦斯威尔咖啡后，给出的一句好评。如今，麦斯威尔仍在使用这句广告语，让“麦氏香醇”成为一个永恒的标签。可见，随着时间保持延续性，也是 IMC 叫作“整合营销传播”的一个理由。

一句话理解整合营销传播：

One world，one voice.（同一个世界，同一种声音。）

一件事儿，跟对的人说
——精准定向传播——

“沃纳梅克之惑”

广告圈流传着一句著名的“天问”：“我知道我的广告费有一半被浪费了，但我不知道是哪一半。”这就是赫赫有名的“沃纳梅克之惑”。沃纳梅克是一位美国的营销奇才，被称为“百货商店之父”。在他看来，一件事情，跟对的人说上一句，效果可能好过随便跟其他人说上一百句。如果你没找到对的人，就盲目花钱打广告，那简直就是在对牛弹琴。

“精准传播”从来都是营销人坚持不懈的追求。比如，既然客户可以细分，那媒体也可以做细分。就拿杂志来说，男生看《体育画报》，女生看《时尚芭莎》；汽车广告投在《名车志》，保险广告投在《第一财经周刊》。这都可以说是天经地义，合理中的合理。但话说回来，按媒体类型做人群匹配，精准度还是远远不够的，因为你很难说女生都不关心体育，“直男”都不研究时尚。

精准传播早已成必然

进入数字时代，商家可以实施用户定向的手段变多了，更有技

精准定向传播

目标用户在哪儿，广告就投到哪儿。

术含量的精准传播开始大行其道。比如各大电商网站，“个性化推荐系统”[①]已成为标配，而亚马逊堪称其中的王者。在推荐系统的帮助下，亚马逊用户的购买转化率高达60%[②]，推荐系统贡献的销售额可以占总销售额的35%[③]。

那未来的精准传播可能会有什么样的突破创新？在著名的科幻小说《三体》里，有这样一段描述：不小心受伤的主人公去餐厅吃饭，发现他面前的杯子上在为他播放创可贴的广告。大概是他举起杯子的一瞬间，传感器识别到了他皮肤上有血迹，然后从云端直接调取了广告素材来播放。说不定，他再摸一下杯子，就能通过指纹识别完成支付，1分钟之后，机器人就从最近的便利店里把创可贴送来了。

科幻归科幻，回到当下的商业世界里，你可以怎么做精准定向传播呢？有三种方法。

第一，搜索引擎营销。在搜索引擎上，精准定向有两种玩法：

---

① 个性化推荐系统，就是通过算法，把你需要的商品推荐给你，以此达到精准传播的目的。

② 数据来源：《财富》杂志。

③ 亚马逊前科学家格雷格·林登曾在个人博客里写道，他从亚马逊离职的时候，亚马逊已至少有20%的销售来自推荐算法，并在其之后的博文里将这一数字更正为35%。而源于亚马逊前首席科学家安德雷斯·韦思岸的另一组数据显示，亚马逊有20%~30%的销售来自推荐系统。其确切数字虽未经官方证实，但推荐算法于亚马逊的重要地位可见一斑。

一个叫赞助商链接，一个叫广告联盟。赞助商链接相当于谷歌的Adwords[①]。假设用户在谷歌上搜索了“美白”这个词，那么搜索结果页的右侧就会出现跟“美白”这个词相关的产品，比如护肤品的广告链接。如果有用户点击了这则广告，就说明广告的匹配度很高，广告主于是付费给搜索引擎。用户“搜瓜得瓜，搜豆得豆”的这个逻辑，保证了 Adwords 广告足够精准。赞助商链接的成功给了搜索引擎一个很大的启发，如果把这个模式延展到站外，吸纳中小网站的所有页面流量，就可以极大地扩充广告位库存了。于是就出现了另一种玩法——广告联盟，这相当于谷歌的Adsense[②]。中小网站想要做到流量变现，就可以把 Adsense 的一段代码添加到自己的页面上。每次页面被用户打开的时候，Adsense 就会激活代码，识别页面上最常出现的词条，比如“减肥”，然后找到与之相匹配的广告素材，比如健身房的促销信息，再填充到广告位上。因为做了语义分析，广告联盟的精准度就要比单纯广告网络高得多。

第二，程序化购买。除了搜索引擎，市场上还有很多公司擅长用浏览器里存储的用户行为轨迹给用户归类画像。比如你一周内登录了 3 次汽车之家，看了 1 场足球比赛直播，还买了很多婴

① Adwords 俗称“谷歌右侧广告”，是一种购买广告服务的方式，按点击量计费。——编者注

② Adsense 是谷歌推出的针对网站主的广告服务，通过分析网站，投放与其内容相关的广告。——编者注

儿尿布。这些动作被数据公司看得一清二楚，他们会给你贴上一个标签：有换车需求的“奶爸”。接下来，你会在不同网站上看到同一条神奇的信息：某厂商新上市的一款全尺寸 SUV。程序化购买就是给广告主提供一个“不买位置，买人头”的解决方案，让同样一个广告位在面对不同用户时，呈现完全不同的内容。广告主通常按照“千次展示”来付费。如今，微信广点通、朋友圈广告的后台都有这样的技术支持。

第三，智能算法。如今，很多互联网公司产品服务都是通过智能算法来驱动的。在这件事情上，今日头条做到了极致，并成功地抢占了腾讯、网易、搜狐等大佬的地盘。作为新闻客户端，今日头条能确保你每次刷新出来的都是你平时最感兴趣的内容，所以你越看越上瘾，根本停不下来。头条是怎么做到的呢？它用了一系列的智能算法。比如有一种算法叫协同过滤，就是把跟你品位、兴趣相近的用户归为一类，然后把这部分用户普遍喜欢的内容推荐给你。这些算法几乎能做到“指哪儿打哪儿，打哪儿指哪儿”。如果你是广告主，你能够巧妙地把商品信息植入文章或者视频内容，再配上受算法欢迎的标题和封面，那么智能算法就可以帮你近乎完美地解决精准传播的问题。

一句话理解精准定向传播：

指哪儿打哪儿，打哪儿指哪儿。

一件事儿，连 Ta 都在说
——意见领袖传播——

KOL 一声吼，行业抖三抖

2015 年，吴晓波老师写了一篇题为《去日本买一只马桶盖》的文章。这篇文章本来是深刻反思为什么国人都去日本购物的，没想到反而刺激了日本的马桶盖销售，一发不可收拾。

这就是 KOL 的魅力，可以说 KOL 隔空一声吼，整个行业都要抖三抖。

KOL 全称是 Key Opinion Leader，也就是“关键意见领袖”。什么人能算意见领袖呢？主打时尚穿搭的黎贝卡，主打商业财经的吴晓波，主打“偏不靠脸吃饭”的老路，都是各自领域内绝对的 KOL。

创新采纳模型

说到意见领袖，不得不提一下传播学当中一个非常著名的理论模型：创新采纳模型。这个模型将消费者划分成五种。第一种是占比 2.5% 的创新者，那些不管是什么黑科技，只要上市，他一定

意见领袖

意见领袖又叫舆论领袖，最早在20世纪40年代由美国哥伦比亚大学的传播学者保罗·拉扎斯费尔德提出。保罗认为：对于媒介所传播的信息，有一部分人会积极接受，并再度传播，扩大影响，这些人就是意见领袖。

抢着买，对新鲜事物特别敏感的人就属于2.5%的创新者。第二种是占比13.5%的早期采用者，这部分人是真正的意见领袖，概括起来就是“因为专业，所以信任”。第三种是占比34%的早期大众，这部分人厌恶风险，决策谨慎，但还是愿意接受变革。第四种是同样占比34%的晚期大众，这是对新事物永远持怀疑态度的一群人，只有等身边的人都在用了，自己才会用。怎么找这群人呢？回想一下你身边最后一批下载微信的人，他们就是这样

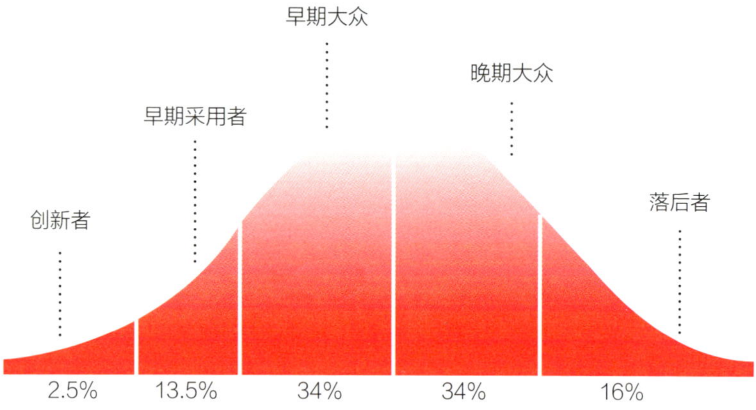

图14-1 创新采纳模型

的人。最后是占比 16% 的落后者，他们在一开始是拒绝的，到后来还是拒绝的，比如到今天还在用诺基亚的那群人。

这个模型又被人叫作“保龄球道模型”，因为一件新鲜事的扩散——就像保龄球瓶倒下的过程一样，前面的瓶子会撞倒后面的瓶子——引发的是一场连锁反应。而占比 16% 的意见领袖，也就是模型中的创新者和早期采用者，就是摆在前排的那几个球瓶。“擒贼先擒王”，击中这几个瓶子，后面的大众就会跟着倒下。

在理论层面讲了这么多，回到营销实战当中，怎么做 KOL 传播呢？有三种方法。

第一，圈层专业，领域深耕。在一个垂直细分行业里，意见领袖对某类产品比大众有着更为长期和深入的研究，也能够频繁输出相关的原创内容。正所谓有理有据，使人信服。比如，“年糕妈妈”① 的内容，大部分是从“年糕妈妈”的亲身经历和痛点出发。她怀孕后开始接触育儿书籍，但在看书的过程中，她发现国内的育儿书多而不精，不同版本的育儿方法甚至相互矛盾，有的说孩子1岁之前不能喝酸奶，有的说孩子出生 6 个月以后就可以喝。于是，她开始翻阅外文材料考证并做记录，身体力行研究这些育儿方法，这使得众人对她推荐的喂养方法深信不疑。选择这样的 KOL 做商品推荐，是一种强有力的“背书”，能让品牌建立十足的公信力。

① “年糕妈妈”是一个母婴公众号平台，粉丝超过 1 200 万人，目标人群为 25~35 岁的年轻妈妈。——编者注

第二，潜移默化，润物无声。有个科普类大号叫“混子曰”，他的口号是“专治各种不明白”，每天用漫画解读各种历史故事和科学知识，简直是“段子手”和表情包大合体。混子曰做 KOL 营销绝不会强行塞广告，而是总能找到合适的衔接点。比如有一篇推广软文，混子曰在详细地解答了“轮胎噪声是怎么来的”之后顺水推舟，推荐了马牌静音轮胎，用户既长了知识，又对品牌有了好感。

第三，量的积累，质的飞跃。做 KOL 营销比较忌讳的就是手头没有 KOL 资源，于是市面上谁红就请谁，谁价格高就用谁。这样的操作收效甚微不说，还容易踩到坑。因为很多大明星只是拿钱办事，照单收费，根本不走心，而且他们代言的品牌动辄几十个，粉丝再狂热也支持不过来。所以，你更应该长期积累自己熟悉的更代表专业形象的 KOL。有一个成功的案例就是健身“神器”Keep，它在寻找 KOL 的时候选择了内部挖潜，研发者在各种社区里培养活跃用户，帮助他们成为意见领袖。这个“埋雷计划”通过短短一个月的预热，让产品在正式发布时一夜引爆，在 App Store 的日下载量超过 4 万次，成为一款现象级的 App。

一句话理解意见领袖传播：

射人先射马，擒贼先擒王。

一件事儿，拣好听的说
——公关为先——

看海底捞如何转危为安

2017年8月，海底捞两家门店先后遭到暗访。一般的公司摊上事儿，只刷一次屏就很了不起了，海底捞至少刷了两次。第一次是有记者曝光，海底捞后厨有老鼠，用火锅漏勺掏下水道，还配了一些看着很恶心的图片。餐饮业的标杆出了食品安全问题，这事可不小。没想到海底捞接连发了两次相当有诚意的声明，原本的民怨沸腾瞬间扭转为"当然是选择原谅它"，并且第二次刷屏被评为近几年公关行业的教科书。

> **公关**
>
> 公关（PR）是公共关系（Public Relations）的简称，指的是企业和公众群体之间的关系。但凡是关系，都需要经营维护，公关就是企业先经营好与公众的关系，再通过公众群体所形成的口碑、舆论、正面印象，间接地影响终端消费者。

回到海底捞这个案例，为什么明明是杀头的罪过，却立刻变成正面案例了呢？我们来回顾一下：首先，两份声明都是在被曝光之后的 4 个小时内发出的，可见其反应速度之快；其次，这两份声明，没有狡辩，没有推诿，没有“甩锅”给门店的负责人和操作员工，而是管理层将责任揽了过来。

公关通报的原文中有这样一段：“涉事停业的两家门店的干部和职工无须恐慌”，“主要责任由公司董事会承担”。翻译一下就是三句话：1. 这锅我背；2. 这错我改；3. 员工我养。海底捞的公关完美地利用了同理心，从客户和员工的角度发声，既解决了问题，又亮出了感情牌，让人打心眼里舒服。所以，公关的秘诀就是：大家觉得好，才是真的好。

公关就是靠“水军”吗？

做公关还有一个核心技巧，就是把握好与关键节点的关系，例如政府关系、媒体关系、投资者关系、意见领袖关系……海底捞发布公关声明的第二天，全网风向大变，没有人再去关心老鼠，大家都在表扬海底捞的认错态度和公关能力。你可能会说，这都是他们雇的“水军”。问题是，虽然很多公关是靠“水军”带节奏的，但是你带起来的节奏，没人跟，所有人反过来打你，那“水军”的稿子反而会变成你最软的软肋。老百姓的逻辑很简单：“看，出事儿了吧，还找借口、雇‘水军’，罪加一等。”所以海底捞这次逆转，不得不说，缘于其和政府、媒体、KOL 保持了好的关系，所以大家才会帮你一起带你想要的节奏。

那么想要做好公共关系，应该如何操作呢？简单来说，还是三件事儿。

第一，携手媒体记者，搞事情。借助媒体来跟公众沟通，不仅影响范围大，还能利用媒体的公信力为自己背书。但是想要媒体为你发稿子，你得有点儿料才行，没什么事情的时候，一定得搞点儿事情。公关公司的朋友动不动就要开选题会。新品发布、财报披露、代言人签约、CEO 演讲、商业赞助、联名推广，都是常见的选题。其实不光是商业品牌，一个国家的形象也需要通过公关的方式，在国际舞台上被塑造，这就需要不断地营造热点事件。中国近些年来陆续举办了奥运会、世博会、G20（20 国集团）峰会、达沃斯论坛，参与了亚丁湾护航、巴黎气候协定，发起了“一带一路”，这些都可以算是国家公关的手段。我们塑造了开放、包容、负责任的大国形象，以让全世界人民都愿意跟中国打交道。

第二，担负社会责任，做公益。对于大企业来说，公关团队有一个重要的工作叫作“企业社会责任”。经营企业不光是追求利润、对股东负责，还得承担对消费者、环境和社会的责任。比如，NBA 除了提供精彩的篮球赛事，每年 NBA 的当红球星都会飞到世界各地，带领当地的孩子们做游戏、打比赛，用所获得的慈善收入在全世界建立了上千所带操场的学校。当然，用公益做 PR 这件事容易招来“动机不纯”的评价，所以一定要谨慎。

第三，应对舆论危机，“擦屁股”。应对负面事件，公关上有一个专门的说法，叫作危机公关。海底捞的这次公关行为就是危机公关。那危机公关最考验什么呢？就在海底捞事件的前一天，济南的全季酒店被爆出清洁工用毛巾擦马桶。全季给出的声明，先是道歉（这没问题），然后是处理办法：开除员工，将店长免职。这种公关就不能让老百姓买账了。为什么呢？对比两个事件：一个是董事会承担责任；一个是开除员工，一刀切。这就是最大的区别。另外，“擦屁股”还要持续。现在你去海底捞，服务员会真诚地对你说：“在这种情况下，您依然信任我们，真是让我们非常感激，我们一定会彻底改正，做得更好。”说完，主动邀请你去后厨参观，特别热情，不参观都不行。在这里，我不想讨论食品安全的事，但是海底捞这一大波公关，我给 100 分。

一句话理解公共关系：

大家觉得好，才是真的好。

一件事儿，变着花样说

——创意为王——

“超级碗”的广告

美国也有“春晚”，不过他们不看相声小品，而是看橄榄球，这就是一年一度的美国职业橄榄球大联盟总决赛，即著名的“超级碗”（Super Bowl）。因为橄榄球是美国人的第一运动，家家户户都喜欢，所以这场比赛的直播，历年来都是全美收视率最高的电视节目。想在这里投放一条时长为 30 秒的广告，你至少要花 500 万美元，折合人民币就是 3 000 多万元，相当于每秒“烧掉”100 万元。即便如此，全世界的广告主还是挤破了脑袋买这个广告位。因为投放费用极高，所以在这里播的广告绝对是精心制作、独家首发，有的甚至是仅此一次，不再复播。苹果的商业帝国就是从一条创意十足的“超级碗”广告开始的。这则名为《1984》[①] 的广告片，仅在 1984 年 1 月 22 日的“超级碗”电视转播中播出了一次，却造成了空前的轰动。上百家报纸杂志争相评论，为苹果公司和 Macintosh 电脑做了大量免费的后续传播。

---

① 苹果最具震撼力的广告宣传片《1984》于 1984 年 1 月 22 日“超级碗”大赛播出，以其叛逆的方式宣告苹果电脑 Macintosh 即将到来。——编者注

印象深刻的广告创意

我们这里所说的创意，绝不仅限于广告片，还包括从产品、包装、渠道，到社群、交互的各种维度。有一类公司就是专门帮客户构思广告创意的，其中比较有名的品牌包括智威汤逊（JWT）[①]、盛世长城等。

创意为王

好的创意，自带流量。

好的广告文案永远不会过时，比如“人头马一开，好事自然来”[②]，“钻石恒久远，一颗永流传”，今天来看仍旧打动人心。鲜明的视觉效果和标志性的声音也很重要。早些年，英特尔奔腾处理器的广告，用了三个涂满蓝色颜料的人跟着节奏摇摆，最后加上一段旋律，与“等灯等灯”发音相同，相信 80 后一定对此印象深刻。

“广告教父”大卫·奥格威提出过一个特别简单但是绝对好用的广告创意法则：3B 原则。3B 是 Baby、Beauty、Beast 这 3 个单词的缩写，也就是说，出现小孩、美女和小动物的广告片，最能吸引人。比如，依云矿泉水的广告总是用到婴幼儿，多乐士涂料的广

① 智威汤逊，全球知名的广告创意代理，于 2018 年 11 月被母公司 WPP 集团（世界上最大的传播集团）宣布与旗下数字营销公司伟门合并，超过 150 年历史就此宣告终结。

② 法国白兰地品牌人头马的广告语。

告里总会有一只狗，而美女几乎已经成了所有广告的标配。

今天，广告创意已经从原来很小的概念演变成了一个特别开放的话题，很多原来想不到的手法，在新技术的支持下都可以变成现实。我在这里总结了三个新的创意方向，代表互联网广告的当下和未来。

第一，在内容里交织渗透。最近两年，影视综艺和商业广告之间的界限越来越模糊了。比如，在古装剧、“穿越”剧中大胆植入广告，剧情演到一半，演员突然“出戏”、打广告，举着某个品牌的产品对着镜头猛夸一顿，然后继续转回之前的故事。反正都是娱乐，刻意穿帮给你看，让你觉得新鲜、前所未见，还印象深刻，广告的目的也就达到了。再比如，当年 NBA 扣篮大赛，格里芬最后一扣，飞越了一辆起亚轿车。飞过去之后，解说现场疯了，球迷疯了，起亚的车也跟着卖疯了。所以，好的创意能把强迫用户看的广告，变成用户主动追着看的内容。

第二，在媒介上耳目一新。每一类媒体都有它的独到之处，把其中的特色放大，就能玩出不少花样。比如杂志，可以做折页、插页、连页、镂空变形、随刊赠送、特型包装。而互联网更是有数不清的创意玩法，比如通常打开一个视频链接，你得先看 60~90 秒的广告片，想要关闭广告必须先充值成为会员。农夫山泉是怎么玩的呢？一条广告拍 3 分钟，和电影一样精彩，喜欢看的用户可以看完，不喜欢看的 5 秒之后就可以免费关掉。结果大获成功，不仅用 3 分钟广告片传达了十足的情怀，还让很多用户知道，只有农夫山泉的广告是可以关闭的。还有一个品牌是 Rio 鸡尾酒，它玩得更绝——花钱赞助了优酷视频网站播出的《中国新歌声》。观众观看《中国新歌声》节目的时候，没有任何广告。为什么？广告费由 Rio 出了。你看，这其实也是另一种形式的更有创意的广告。

第三，在互动中花样百出。据统计，中国网民平均每周上网时长超过 27 个小时，也就是说人们每天要花 4 个小时盯着屏幕，[①]不停地刷微博、刷朋友圈、看直播、打游戏……广告主当然也意识到了这一点，所以把大量营销创意用在了社交媒体上。举个例子，人们都喜欢用表情符号，于是美国达美乐比萨就推出了 Twitter（推特）下单服务，用户想下单时，只要在 Twitter 上给达美乐官方账号发一个代表比萨的表情符号即可。星巴克在社交媒体营销方面也颇有心得。同样是在 Twitter 上，美国消费者只要 @ 任意一位好友，同时 @ 星巴克的官方账号，这位好友就能收到星巴克送出的 5 美元电子折扣券，这样既带动了消费，又扩大了传播，一举两得。

一句话理解创意：

好的创意，能把强迫用户看的广告，
变成用户追着看的内容。

① 中国互联网络信息中心，第 42 次《中国互联网络发展状况统计报告》，2018 年 8 月。

第15章

谈判，是“舍”与“得”的艺术

谈判

想办法把你的底牌换成 AA[①]

——最佳备选方案——

最实用的谈判课

说实话，不管我们怎么努力地学习商学知识，它只能起到帮助你打开思维边界的作用，毕竟不是每个人在实际工作中都用得到这些知识。但有一项能力，不管从事什么行业都必须具备，那就是谈判力。

我在杜克大学交换学习的时候，特意选了谈判力的课。这门课上起来很不一样：教授先简短地介绍概念，之后给我们设定一个场景，然后就真枪实战地谈判起来。比如我是公司的人事 A，你是应

---

① 在德州扑克中，AA 是非常有优势的底牌。

聘者 B；或者我是买方 A，你是卖方 B。有双边谈判、三边谈判，也有多方会谈。我们在各种场景下，模拟各种有趣的角色，然后每个人来争取自己的最大利益。每一次谈判都有评分标准，所以你会不会谈，谈得好不好，在全班排在什么位置，一目了然。也许是那些美国同学从小没有跟小商贩讨价还价的血泪经验，我在那里可以说是“大杀四方”，每次都能排到前几名。

BATNA

BATNA 是由罗杰·费舍尔和威廉·尤里在 1981 年提出的谈判思维，是指假如当前的谈判破裂，你找别人合作能够拿到的最好条件。

第一堂谈判课上，教授给我们讲了谈判的基础概念：BATNA（Best Alternative to a Negotiated Agreement），翻译成中文就是“最佳备选方案”。这个 BATNA 概念可以说是彻底颠覆了我对于谈判的认识，也让我知道了为什么谈判是一门独立的学问。

最佳备选方案

什么叫“最佳备选方案”？简单来说，就是你能拥有的“退而求其次”的选择，也叫次选项。比如，你去一家公司面试，拿到了一个低于你预期的 offer（录用通知），如果你不接受，那么你手上已有的其他最好的 offer 是什么？你去采购，眼看着要跟人谈崩，你不得不考虑，同样一批货，从别人那里能拿到的最合适的价格是多少。知道了 BATNA，怎么在谈判中实际运用呢？你可以从这三个方面切入。

第一，骑驴找马，优化你的 BATNA。中国有句俗语叫“骑驴找马”，特别形象。你赶路时，在有马可以骑之前，别靠自己走，先找只驴骑着，如果遇见更好的驴就换上，直到后来遇见可以骑的马。举个现实中的例子，大学生毕业找工作，我不太赞成有些人只把简历投给自己最喜欢的一两家公司。要知道，如果能拿到别家公司的 offer，即便不去，也可以让你在想去的公司面前无后顾之忧，这其实反而增加了你被录取的概率。有些人优先面试喜欢的单位，优先谈希望合作的公司，相信我，吃过几次亏，你就明白先换几次“驴”，再找“马”的重要性了。

第二，步步为营，探出对方的 BATNA。北京有个很有名的古玩市场，叫潘家园。在这里买东西，全靠讨价还价。有一回，我的朋友就跟我讲他是怎么横扫潘家园的。他说，不管对方开价多少，你都一律回：“100 元卖吗？”我说这也太夸张了吧，人家报 5 000 元，我也砍到 100 元，人家不打我吗？他说，这你就不懂了吧。如果你说 3 000 元，对方的固定台词一定是：“3 000 元？进货都进不来。”你们再讨价还价，最后 4 000 元成交了，其实他大赚，因为你根本不知道他花多少钱进的货。所以，你应该每次都回：“100 元卖吗？”他就会觉得，再报 3 000 元、4 000 元也没意义了，这个时候他给的价格，往往是他仅剩一点儿利润的价格。比如他以800元的价格进的货，那么这时候他很可能就报1 000元的价格。这种情况下他的想法是，能卖就赚点儿，卖不了就算了。在这个案例中，对方假装他的BATNA是3 000元、4 000元，其实只有800元。所以，你问的这个“100元卖吗？”不是为了真的用100元去买，而是为了探出对方真实的BATNA。这个套路，你学会了吗？

第三，釜底抽薪，削弱对方的BATNA。谈判中最容易碰到对方拿BATNA说事儿的情况。这个时候，直接接受或者退让都不是好办法，最聪明的应对方式是削弱对方的BATNA。比如，我是A公司，找你采购，你嫌我给的价格低了，你就说：“另外还有一家B公司，他们给的价格高很多。”这就是典型的利用BATNA谈判的方法。这个时候，我要削弱你的BATNA，就会拿出之前收集好的背景信息，告诉你：“是，B公司给的价格确实不低，但是他们的账期比我们长半年，而且他们的付款信誉特别差，你要真跟他们合作，能不能拿到钱都不一定。”这时候，你就会发现，再用B来跟我谈，已经占不到任何好处了，因为你的BATNA已经被我变相削弱了，于是整个谈判又回到了我的节奏。怎么样，谈判是不是蛮好玩的？

一句话理解BATNA：

谈判之前，先找“备胎”。

永远不要接受第一次报价
——开局策略——

姜戈的完败

大导演昆汀·塔伦蒂诺拍过一部西部片《被解放的姜戈》，其中有这么一个桥段：黑人兄弟姜戈跟赏金猎人一起来到一个大农场，想找回他心爱的妻子。他的妻子是个地位卑贱的女奴，本来作为一笔交易的“添头”，用300美元就能换回来了。可是，心气浮躁的姜戈缺乏谈判经验，话语和表情瞬间就把想救妻子的这个主要目的暴露了。精明的农场主哪能便宜了姜戈，结果狠狠地敲了一笔竹杠，要了12 000美元。从谈判的角度来说，这是一场完败。

开局策略

谁能掌握更全面、更充分的信息，谁就能在谈判中享有巨大的优势。

这个故事告诉我们：谈判，可以说就是一场基于信息的博弈。

谈判前先做功课

所谓“知己知彼，百战不殆”，《孙子兵法》中的这个道理，放在谈判的场景下依然适用。从广义上来看，谈判信息包括：双方的经营状况、信用记录、财务健康度、市场声誉，还有谈判者的风格、喜好、权限范围……这里面任何一条用好了，都能起到至关重要的作用。从狭义上来看，最应该关注的谈判信息就是对方在这次谈判中的预期目标和底线，这条底线也就是对方的BATNA。

怎么做到知己知彼呢？三个字——做功课。面试官A有没有在公开场合说过应该用什么样的人，他喜欢侃侃而谈还是低调内敛？决策者B有什么背景？喜欢兜圈子还是快刀斩乱麻？对方C公司有多大，此刻他们从上到下的商业战略是什么？为了这个战略，他们希望做怎样的布局，这种布局可以怎么利用？总的来说，每一次谈判都有很多信息是可以提前了解的，这也是为什么成大事者，从来不打无准备之仗。

除了知己知彼，还有哪些技巧，能够帮你形成一个对自己有利的开局呢？这里有三种方法，我们逐一来看。

第一，狮子大开口。很多人说，谈判桌上千万不能先出价，先张口喊价就输了，其实真不见得。先出价的一方能够最大化地利用场面上的信息不对称，给对方造成一种心理锚定，这就相当于下棋执先手。狮子大开口至少有三个好处：首先，万一遇上一位根本不差钱的土财主，完全不想浪费时间在讨价还价上，说不定就直接答应了，这种可能性不能主观地放过；其次，大开口可以给你留出足够的谈判空间，允许你多做几次让步，从而避免过快地陷入僵局；

最后，刚开始报出的价格和最终成交价的差距越大，谈判对手的心理感受自然就会越好。比如，你报价 10 000 元，最后 500 元成交，对方就会感觉占了大便宜，就会心情很好，这样双赢的局面也就更容易达成。

第二，吃惊大开口。收集信息不仅需要关注对方所讲的内容，还要注意对方在沟通中显露的情绪状态，是轻松还是紧张，是淡定还是焦虑。有时一个眼神就能透露对方内心真实的想法。聪明的谈判者甚至还会伪装自己的情绪，从而向对手释放错误的信号。最常用的一招叫作“习惯性惊讶”，也叫“吃惊大开口”。这里的开口，不是让你说什么，而只是把嘴巴张大。什么意思？就是不管对方开的价合不合理，你都立刻表露出一副意料之外的表情，张大嘴巴，感觉很吃惊。这招在实战中尤其管用。

第三，假装大开口。一场谈判是赢是输，要看你能否争取到更多。有的时候，即使你已经迫不及待地想答应对方了，也得学会控制住自己，表现出一副不情愿的样子。美国现任总统特朗普在他的第一本自传《交易的艺术》(*Trump: The Art of the Deal*)中讲过一个故事：1991 年，纽约地产市场即将崩盘，特朗普也陷入了财务危机，亟须变卖资产筹集现金。这个时候，一位澳大利亚富翁对特朗普旗下的圣莫里兹酒店很有兴趣。按理说，资金链都快断了，对方出个价，只要差不太多，特朗普就应该赶紧脱手了。但他实际上是怎么做的呢？他再三声称自己对这家酒店偏爱有加，无论如何都希望将其留给自己的儿女。结果，澳大利亚富翁只好表现出更大的诚意，用足足 1.6 亿美元，也就是超过当初购买价格的一倍完成了收购，让特朗普在接下来的“资本寒冬”中攒足了“粮食”。

一句话理解谈判的开局策略：

知己知彼，做足功课。

退一步，是为了进三步
——让步策略——

我赢了，却又输了

在杜克大学的谈判课中，有一节模拟演习令我至今印象深刻。当时，我的对手是一个来自北欧的同学，他被我杀了个体无完肤。成绩出来后，我排全班第二，他排倒数第一。刚开始我以为我赢了，可是当我看到他的眼神之后，我明白了一件事，如果这是真实的商业世界，他只会让我占这一次便宜，以后都不会再跟我合作了。

让步策略

谈判是一门妥协的艺术，它的本质应该是利益交换，谈判者不仅要得到自己想要的，还要适当让出对方想要的。

谈判是什么？是“不达目的不罢休”的死缠烂打吗？是“占便宜没够，吃亏难受”的斤斤计较吗？还是“退一步海阔天空，让三分心平气和”的有舍有得呢？

谈判里真正的赢是双赢

谈判课的演练中有非常多的设置。比如，你是公司的人力资源

（HR），我是来应聘的员工。我们有很多事项需要谈判，其中可能包括薪资、带薪假期、工作地点等。本来我以为所有谈判都是针锋相对的。比如薪资，我多谈下来1 000元，可能我会加1分，那么你就会减1分，这是一个典型的零和游戏。后来我发现，不是这么回事。对于绝大部分谈判事项，双方的重视程度完全不同。比如我很在乎带薪假期，因为我是一个喜欢旅行的人，而对你来说，多给几天或少给几天假没什么大碍；反过来，你很在乎工作地点，因为你在旧金山的分公司最缺人，而我刚毕业，去哪儿都行。那么，在这些事项上，我减1分，你可能会增加5分，这就是增量游戏了。有趣的情况出现了：理论上如果双方都很聪明，能探知对方最在乎的东西，然后把这些故意让步给对方，而只紧紧抓住自己最在乎、最能得高分的事项，那么谈判的对立方可以和你同时在班级里排到前10名。所以，谈判里真正的赢，是双赢。

让步的重要性无须多言，我们更应该聚焦在如何运用让步策略上。我们来看三种方法。

第一，索取回报趁当前。谈判时可以有让步，但必须要让对方在每次获得利益的时候，都付出一定的代价。这个习惯约定俗成之后，对方再开口提要求，就得先想一想了。比如，作为买方，你答应了卖方报出的高价，但提出对方必须接受分期付款；再比如，作为卖方，你放弃了一部分利润，但可以要求延长交货周期，缓解你在产能上的压力。总之，一定要为每一次让步索取回报，而且必须是立即提出，跟你所做的让步捆绑执行。

第二，让步幅度要递减。这个道理不难理解，假设你打算买车，一辆新车报价 48 万元，你软磨硬泡，销售经理只好给你让了又让，一般是先让到 47 万元，接着是 46.5 万元，之后是 46.2 万元，然后就不让了。你也能看得出来，让步幅度从开始的 1 万元，变为 5 000 元，再变成 3 000 元，这是在逐步递减。如果反过来，先让 3 000 元，再让 5 000 元，谈到最后，又给你让了 1 万元，这时候你肯定不会掏钱，你一定会想，既然越让越多，那最后应该还能再让三五万吧？所以，让步幅度必须递减，从而传达给对方一个信号：这个价格越来越接近底线了。除了让步的幅度，还要注意每次做让步所花的时间应该是越来越长。有时候，即使这个决策不需要层层审批，你也要刻意地压住节奏，拖住时间，这样能让对方明确地感知你的为难。

第三，折中让步要避免。假设两家俱乐部在谈一笔球员转会的生意，主要的分歧就是价格。你是卖方，坚持要 8 000 万欧元，但买方只愿意出 7 000 万欧元，双方认可的价格之间有 1 000 万欧元的差距。怎么办？你可能会说，那就各让一步，7 500 万欧元成交。但问题在于，谁来主张这个折中的价格呢？可不要小看这个细节，聪明的谈判者会鼓励对方提出折中，因为这个提议看似公平、对等，可一旦被提出，实际上是形成了一个单方让步的局面。假设由对方先提出折中，你在没有任何妥协的情况下，就可以直接把谈判区间从 7 000 万 ~8 000 万欧元，变为 7 500 万 ~8 000 万欧元。这个时候你占尽了主动，你大可以跟对方说："董事会认为以 7 500 万欧元出售这名潜力巨星，还是不够划算，但是考虑到两家已经谈了这么久，现在只剩 500 万欧元的差距了，放弃实在可惜，那能否以 7 750 万欧元的价格成交呢？"这时候，只要你耐得住性子，对方就很有可能同意再次对价格进行折中。所以说，即使要折中，也要尽量让对方提出。

一句话理解让步策略：

谈判里真正的赢，是双赢。

黑脸白脸唱起来
——终局策略——

黑脸白脸战术

很多警匪片里都会出现这样一幕：警察要审问一名犯罪嫌疑人，第一个出场的通常是一个凶神恶煞的家伙，他对着犯罪嫌疑人拍桌子、瞪眼、扯着嗓子喊，把犯罪嫌疑人吓得直冒冷汗。过一会儿，这位警察会被突然叫走，然后第二个警察出现了。这位简直就是菩萨下凡，不光给犯罪嫌疑犯人递烟递水，还会安慰他说：“这件事，情节不算严重，只要你说实话，我就能帮你。”然后，这个犯罪嫌疑人就把该说的和不该说的全都招了。

终局策略

从心理学角度来解释，人在经历过恐惧之后，都特别渴望被安慰。“黑脸白脸”就是利用了人在情绪的快速转移过程中，心理会放松戒备这样一个弱点。

这就是谈判场上非常经典的“黑脸白脸战术”，它是一种用恐吓和劝诱的双重态度对心理产生攻势的办法，一般需要两个人配合完成：一个扮黑脸，也就是那个“凶神恶煞”；另一个扮白脸，也就是那个“菩萨下凡”。两个人协作，恩威并济，软硬兼施。

虚构的黑脸

黑脸白脸战术还能挽救濒临破裂的谈判。有部电影叫《中国合伙人》，其实就是映射“新东方”这家公司的成长历程。其中有一个桥段，三个人到美国去谈判，因为对方要告他们侵权，谈判一度非常紧张，几乎破裂。对于三个合伙人来说，破裂的下一步就是在法庭见，这是最坏的结果。电影里，佟大为饰演的王阳在重回谈判桌后，送给了美国人一盒月饼，并开玩笑说：“马上就到中秋节了，这是送给你们的中国月饼。当然，一会儿如果我们打起来，我就有东西用来扔你了。”这个唱白脸的小笑话，一下子缓和了双方的紧张，给最后的成功谈判奠定了基础。

你可能会问，如果身边的人都很友善，没有一个会扮黑脸的，该怎么用这一招呢？很简单，你可以虚构一位上级领导，让他来扮演黑脸。他甚至不需要露面，只要由你来传达“他的意见”就可以。有了黑脸做挡箭牌，回绝对方的压力就不在你自己身上了。你既没有给对方让步，又没有损害你和对方之间的情面，让谈判对手急不得也恼不得。

黑脸白脸战术的威力如此之大，万一对方用起来，你怎么办呢？有三种方法是我们可以尝试的。当我们学会拆解对方的黑脸白脸战术，自然也就可以把自己的黑脸白脸唱得更得心应手了。

第一，让装睡的白脸自我觉醒。对方如果搬出来一个虚构的上级，你怎么办呢？你可以跟他说：“我早就看出来了，他们其实都听你的。”或者恭维这个白脸：“像你这样既专业又资深的人，老板肯定充分相信你的判断啊。”这时候如果对方是个自我意识很强又很要面子的人，很可能就飘起来了，就会说：“兄弟，这件事，说实在话，我说了就算数，用不着别人来拍板。”这样一来，你相当于堵住了对方的退路，让对方没法再搬出“黑脸”。

第二，跟脸皮薄的白脸统一战线。这里有一个小花招，就是把还不一定的事，说的好像已经是事实了。比如，你跟这个白脸说：“你肯定会跟你老板推荐我们公司的，关键是咱们俩怎么一块儿想办法说服你的老板。”其实本来他还没答应呢，可你这么一说，脸皮薄的就可能会卖你这个顺水人情。我们在这里要强调，不是所有的谈判对手都是充分理性的，会有一些感性的人，你如果能打中他的点，他就能很快地跟你站队了。就算他不给这个面子也没关系，因为这说明对方是真心有兴趣跟你合作。中国有句俗话，叫作“褒贬是买主，喝彩是闲人”，也就是说，愿意跟你吹毛求疵、讨价还价的，说明他在意，这些都是奔着最后买单去的人。怕就怕对方漠不关心，懒得跟你推敲细节，那就说明对方并没有太多诚意，这种谈判八成要“黄”。

第三，对强硬的黑脸施阴柔术。无论对方的黑脸是不是虚构的，这个人物一定是很强硬的。被对方安排当黑脸角色的，往往是性情中人，这是好听的说法，不好听的说法，叫匹夫之勇。针对匹夫之勇，以强制强，往往不是最聪明的方式，很容易谈崩，因为双方都是要面子的人。退避三舍，以退为进，是更好的策略。比如，赤壁之战的时候，诸葛亮去东吴谈联吴抗曹，其实这个时候，刘备这一边没什么谈判筹码，马上就被斩尽杀绝了。诸葛亮看准东吴真正决事的是孙权和周瑜，这两个人都不好对付。他怎么办呢？硬的不行就来阴的。他先跟孙权说："你的大臣投降，还能继续做大臣，你投降，你就没命了，就算不死，你再也不是君主了。"这就一下搞定了孙权。然后诸葛亮再跟周瑜说："曹操打东吴，不为别的，就为小乔。"[①] 又一下搞定了周瑜。有的时候，谈判就得用一些阴柔的手段。

一句话理解谈判的黑脸白脸战术：

恩威并济，软硬兼施。

① 小乔是周瑜的夫人，所以诸葛亮故意谈到这一层原因。周瑜为了不蒙受曹操的羞辱，必然不会接受投降。

不会这些套路，你就输定了
——谈判软技能——

谈判的小技巧

谈判有一些小技巧，虽然不是决定性的，但是熟悉这些，可以让你在谈判中更加游刃有余。

一是地尽其利的能力。如果有可能，尽量邀请对方到你的公司来，即使选择第三方场地，也要尽可能选你常去的咖啡厅或者餐厅。这听起来似乎有些小题大做，但实际上是非常实用的一招。因为在你熟悉的环境下，谈判对手和你会形成宾主之分，你会拥有更多的主动权，对方也会在潜意识里感觉是在蒙受你的关照。美国的地产经纪人就经常这样做，他们会习惯性地开着自己的车带你看房，这样他们跟你张口谈条件就会更加主动。其实，咱们国内的房产中介也都会这一招，只不过得把汽车换成电动自行车，你得从副驾转移到车后座。

二是要具备不失时机的能力。谈判时机的选择常常直接影响着谈判的结果，因此要尽量挑选对自己最有利的时间点发起谈判。以球员转会市场为例，在转会窗口刚刚开启的时候，市场上的选择非常多，因此买球员的俱乐部不会轻易满足球员老东家索要的高额转会费。但是，等到转会窗口即将关闭的时候，市场上能被签约的好球员已经寥寥无几，不下点儿血本，机会就很渺茫了。反过来，如果对手的时间压力更大，你就需要耐住性子，让时间成为自己的筹码。比如 NBA 劳资双方的谈判，如果不能在新赛季开始前达成协议，新赛季就会停摆。没有了比赛，虽然球员的收入也会受到影响，但远远比不上球队老板们所承受的巨大商业损失：门票收入、电视转播收入、赞助商收入、特许商品的收入等。少比赛一场，上千万美元就没了，所以老板们更急。因此，代表球员利益的工会主席一般都是先去“钓钓鱼”，拖到实在不能拖了，才启动谈判。

谈判软技能

商业的世界就是弱肉强食，要么店大压客，要么客大压店，这个观点我不止一次说过。那么，到底什么决定着你的大小呢？德州扑克这个游戏背后的逻辑，跟商业谈判有着惊人的相似点。在德州扑克中，你的筹码量比你拿到的牌更重要。谈判技巧决定你拿什么牌，你的筹码量还是决定于你自身的实力：你有多少用户，你有什么技术，你有什么核心竞争力是人无我有、人有我优的，你的团队凝聚着怎样的精神力和意志力，等等。

当然，最厉害的谈判高手体现在能够化腐朽为神奇，把别人谈不成的生意谈成。这种“破局而生”的能力最为难能可贵。那么如何应对谈判场上的僵局和困境呢？有以下三种方法。

第一，临阵换将，发起持久战。很多谈判是漫长的持久战，因此你可以安排两组人轮流上场，用车轮战术消耗对手的精力。每到关键问题僵持不下的时候，你一换人，对方就要把他们所持的立场、所提出的要求从头到尾再梳理一遍，对方的斗志就这样被消磨了。也有时候，调换人员是为了实施黑脸白脸战术，把让对方不爽的黑脸撤掉，引诱对方向你这个白脸的意见靠拢。如果你预感到谈判的过程可能会剑拔弩张，不妨安排一位女性成员一起参与，毕竟大家出于对女士的尊重，会稍微收敛克制一些。切记，不要一屋子男人谈判，那样会使雄性气息太重，侃大山、吹牛可以，谈判就算了。

第二，按下暂停，让宾主尽欢。如果谈判的场面一度十分尴尬，你可以提出让双方休息一下。这种暂时搁置的策略可以为你赢得时间，在内部形成共识，最重要的是，可以缓解紧张的对立情绪。中国人习惯在饭桌上谈生意，从“饭局”一词中可见一斑。所谓饭局，意不在饭，在于“局”。“局”的本意是棋盘，因此饭局就是在餐桌上的博弈。能够吃好喝好，宾主尽欢了，再谈正事，就能变得顺畅许多。

第三，共同利益，尽量一边坐。还记得小时候看《古惑仔》，两帮人马上就要打起来了，这时候一定会出来一个胖子当和事佬。他一般会说：“大家都是求财。”你看，求财这种说法，就是把双方的利益共同化了。的确，没有人为了打架而打架，大家都是为了利益，都是求财。所以，谈判时切忌形成利益对立。很多高手谈判时不会相对而坐，都是尽量坐在一边，以此形成心理暗示：我们是一边的，我们的利益是共同的。同时，他们还在语言上不停地暗示："我们都是为了让这个项目快速完成"，"我们都是为了尽可能地减少成本"。少用"你""我"，多用"我们"，这不仅在谈判上，在公司内部管理上也是非常重要的。

一句话理解谈判软技能：

破局而生，化腐朽为神奇。

4 做得到的自我迭代

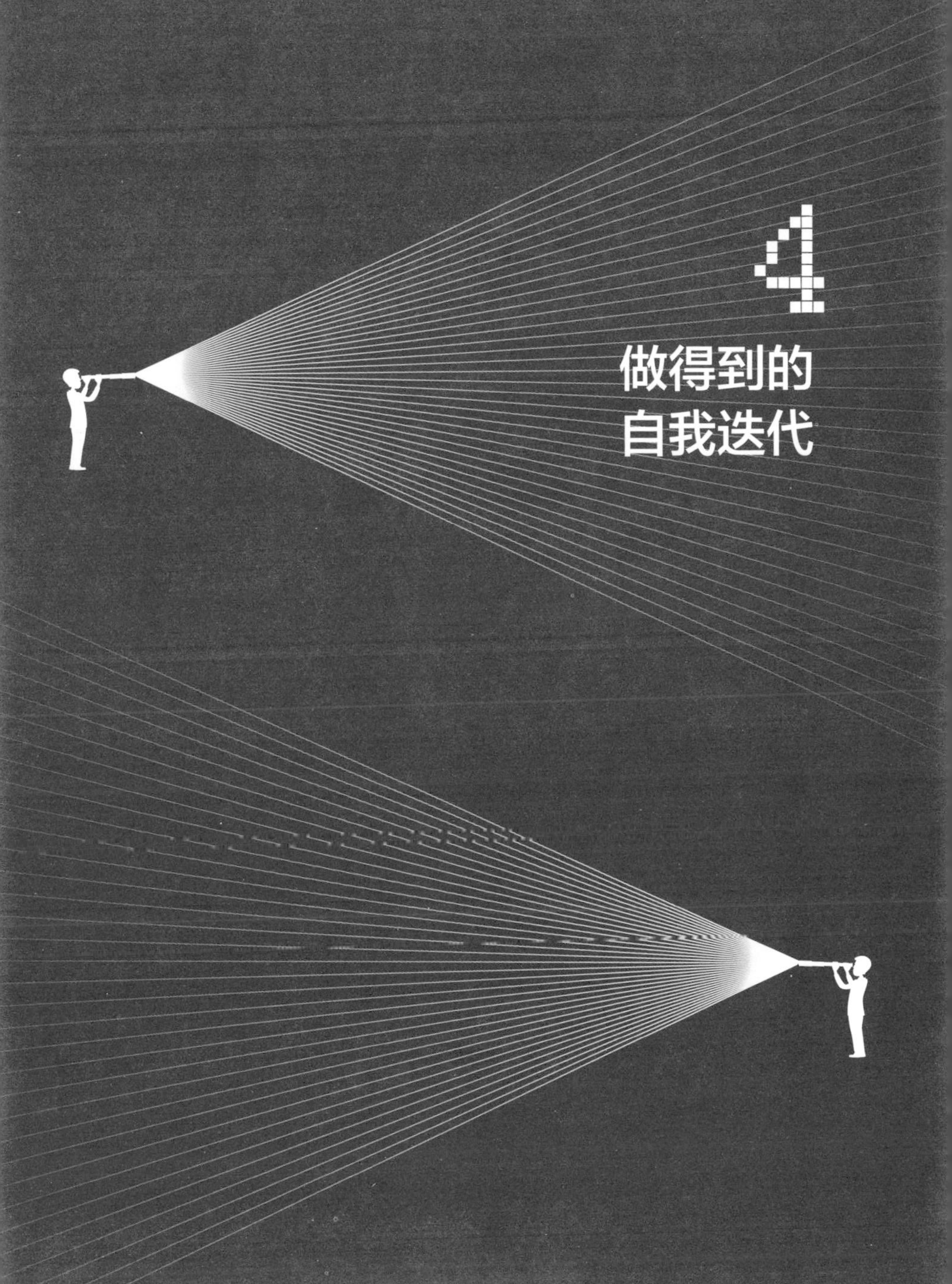

第16章

学习这件事儿，也需要学习
学习工具

首先你得足够努力
——一万小时定律——

小提琴的练习时间

1993年，有几位心理学家在柏林的顶级音乐学院做了一个实验。他们把学习小提琴演奏的学生分成三组：第一组是校园明星人物，他们将来有望成为世界级的小提琴演奏家；第二组比较优秀，但和第一组相比还有差距；第三组都是“学渣”。实验中，这三组学生都要回答同一个问题：“从你学琴开始到现在，一共练习过多少个小时？”大多数人本以为，第一组的天才学生不用练很久，而第三组的“学渣”应该是天天苦练，水平仍然不行。结果让人大跌眼镜：第一组平均已经练习了一万个小时，第二组练了八千个小时，第三组只练了四千个小时。

> **一万小时定律**
>
> 人们眼中的天才之所以卓越非凡，并非天资超人一等，而是付出了持续不断的努力。一万小时的锤炼是任何人从平凡变成世界级大师的必要条件。——格拉德威尔，《异类》

同样的情形，还出现在其他领域。由此，研究者们认为：一个人的技能要达到世界水平，他的练习时间就必须超过一万个小时——任何行业都不例外。注意，一万个小时是必要条件，不是充分条件，也就是说，如果你认为“只要练一万个小时，就一定能成为专家”，那就大错特错了。

十年磨一剑

英国神经学家丹尼尔·列维汀认为，要达到大师级水平，人类脑部确实需要一万个小时，以便透彻地理解和吸收一种知识或者培养一种技能。这个时间定义从何而来？很简单，你听说过“十年磨一剑”，“台上一分钟，台下十年功”吧。十年，每周练习二十小时，大概每天三小时，加起来就是一万小时。你可能会说，十年太久了，能不能短一点儿呢？可以。我们来看职业和工作，如果你每天工作八个小时，一周工作五天，那么成为一个领域的专家则至少需要五年。所以，你看那些两三年就换一个行业的人，大多一事无成。

一万小时定律，理解起来容易，做起来难，动辄五年、十年，实在不容易坚持。那么，关于坚持，我给你三个建议。

第一，带着目的学。我当年考清华大学－麻省理工的国际MBA，用的蹩脚英文就是跟一部叫作《老友记》的美剧学的。很多人都看过这部片子10遍以上。大家都知道看美剧学英语，但是99%以上的人，美剧没少看，英语却依旧很烂。为什么呢？一万小时定律从来不是简单粗暴地堆砌时间，你必须带着目标学。比如，第一遍看中英文字幕版本，先熟悉剧情，提升语感。第二遍看纯英文字幕的版本，看英文，听英文，能听懂吗？第三遍得看没有字幕的版本，纯靠听和看剧情，能听懂多少？有些英语“狂人”，最后只听，剧情都不看了，演到哪里都能跟着剧中人一起说台词。这是带着目的学。

第二，带着喜欢学。一万个小时是非常痛苦且漫长的过程，要说纯靠毅力，我不相信世界上任何一个人可以做到。那还可以靠什么呢？答案只有一个，就是喜欢，发自内心的喜欢。我因为做投资，经常去硅谷。我发现硅谷和国内创业最大的不同，就是当你跟硅谷创业者聊项目的时候，他们谈的第一件事，永远不是他这个项目有多么牛，而是他们有多么喜欢这件事，他们从心底里认为做这件事是有价值的。这种喜欢可以让他们在最艰难的时候坚持下来。有太多创业者在放弃的时候能够找出特别多的理由来证明这个项目为什么不行，比他当初跟你说的这个项目为什么能行的理由还充分。这些理由不但能说服你，还能说服他自己。但是结果就是失败了而已。这所有的理由归结成一句话，其实就是不够喜欢。这和情侣分手是不是一个道理呢？归根结底，就是不够喜欢。

第三，带着环境学。有一句话叫作："人是环境的产物。"我特别同意，就拿我们的线上商学课举例子。说实话，100 天的商学课，想坚持下来也不容易。我们通过后台数据发现，有一些渠道特别善于运营社群和班级，大家在学习的过程中互相分享、互相激励，绘制思维导图，讨论问题，交流学习感受，热闹非凡。在这样的环境下，学员坚持下来的比例非常高，并反馈说收获特别多。当然也有做得不太好的，因为场景的原因，学员只能自己听、自己学，听的时候确实特别兴奋，但是一旦停下来，就想不起来坚持了。聪明的做法是主动把自己置于一种氛围中，比如我让自己去清华，去 MIT，在那里，甚至都没什么需要坚持的，那些优秀的同学每天给你的压力，让你根本没有时间停下来。

一句话理解一万小时定律：

以 5 年、10 年为人生刻度，规划自己的职业生涯。

光努力没用，得用对方法
——刻意练习——

记忆 π 的能力

你一定还记得圆周率，就是那个约等于 3.1415926 的 π。我们上学的时候，有个专有名词形容 π：无限不循环小数。那么问题来了，你能记到小数点后多少位呢？你觉得人类最多可以记到多少位呢？

有个教授招募了一个学生，付费让他每周用一个小时记忆 π，看看他能记住多少位。一开始，这个学生记到第十位就卡住了，后来他们不断地寻找规律，练了两年，差不多花了一百多个小时，这个学生便可以背到 80 多位了。80 个不循环的数字，想想就挺可怕的。

但人类的极限还不止于此，记忆 π 的世界纪录最早是由美国人创造的：小数点后五百位。后来，这个纪录被一个印度人打破了，他记到小数点后一万位。现在的世界纪录是由一个日本人保持的：小数点后十万位。

刻意练习

杰出并不是一种天赋，而是人人都可以学会的技巧，这个技巧就是刻意练习。

这些纪录的创造者并不是天才，保持世界纪录的这个日本人，当年打破纪录的时候已经是一位 60 多岁的老人了[①]。是什么让一个普通人也能把圆周率从 10 位背诵到几万位呢？答案就是“刻意练习”。

刻意练习不是特别高深的方法论，我来帮你梳理一下它的核心理念。

第一，走出既有误区。很多人都有一个根深蒂固的错误认知：天才和普通人之间有本质上的区别。所谓“天降英才”，“天赋异禀”，就是告诉我们，天赋是与生俱来的。这个观点浇灭了许多人的梦想，也给了一些人逃避和懒惰的理由。而刻意练习的理论是，只要掌握了正确的方法，天赋是可以被培养和训练出来的。 比如音乐“神童”莫扎特，据说他在 4 岁时就能分辨任何声音的音高，甚至能听出时钟报时、打喷嚏的高低不同。这种能力万里挑一，异常罕见。可是有人不信邪。2014 年，日本的一个心理学家就做了这样一项实验：他在东京的一所音乐学校招募了 24 个年龄为 2~6 岁的孩子，组织他们进行了几个月的训练，教他们像小莫扎特那样分辨音高。结果参与研究的每个孩子都被培养出了这种万里挑一的“天赋”。其实，莫扎特并不是“神童”，他的老爸就是一名作曲家，老莫扎特在培养了小莫扎特的哥哥和姐姐

---

① 原口证，1945 年生，于 2006 年 10 月 3 日成功背诵圆周率 π 至小数点后 100 000 位。

之后，有了更多经验，才把小莫扎特培养成了我们眼中的天才。

第二，建立心理表征。不懂象棋的人，看到的不过是一颗颗棋子在移动而已，但是象棋大师，除了能看到棋子的位置变化，还能看出谁有杀招，谁能在几步之内将死对手，能有几种方法将死对手等。同样是看棋，普通人和象棋大师的角度和深度有天壤之别，这是因为他们对象棋的认知能力不一样。高级一点儿的说法就是，象棋大师相比于普通人，在下棋这件事上拥有更强大的心理表征。有人说，凡事都有三个阶段：第一个阶段，看山是山，看水是水；第二个阶段，看山不是山，看水不是水；第三个阶段，看山还是山，看水还是水。说的其实就是这个道理。刻意练习最核心的一点，就是建立高手独有的心理表征。

第三，循环 3 个 F。现在，你知道了天才可以培养，也知道了要建立像大师那样的心理表征。具体怎么做呢？方法就是循环 3 个 F：第一个 F 是专注（Focus），在整个刻意练习的过程中，要带着明确的目的，注意力要高度集中，行为高度专注；第二个 F 是反馈（Feedback），在专注练习的过程中，要不断地主动获取外界的反馈；第三个 F 是修正（Fix）。任何刻意练习，都遵循这样一种简单的逻辑：1. 取得进步；2. 遭遇瓶颈；3. 克服障碍；4. 稳定提高；5. 直到下一个障碍出现。不管是什么障碍，越过它最好的办法就是死磕，就是想出不同的办法去突破瓶颈，这就是修正。这是心理学家艾利克森在《刻意练习》一书中所提到的方法论，我将它总结为

“3F 法则”。有了这三个 F，你就可以不断地提升，最终拥有大师级的心理表征。

一句话理解刻意练习：

杰出不是一种天赋，而是人人都可以学会的技巧。

这些观点对吗？
——批判性思维——

海绵式思维

几年前，韩寒拍了一部电影，叫作《后会无期》，里面有一句台词火了：“懂得了很多道理，却依然过不好这一生。”这话乍一听好像很有道理，但是你以为你懂得的道理，是真的懂吗？坦白地讲，我不是特别喜欢这类话，这种话除了给人们麻痹自己提供借口，没有任何积极的意义。当然，我知道这句话有戏谑的成分，但仍想追问一个隐藏的事实：为什么这样的话，特别容易被大众接受呢？

我们从小到大接受的“填鸭式”教育，让我们像海绵一样，只要遇到水就吸收，不做任何思考判断。就连考试，也更加偏爱有标准答案的选择题。我在国内外顶尖学府都有过求学经历，关于考试，我最大的感受就是，相比于国内，国外的学校更喜欢用主观论述题考察学习成果。

对思考过程的“再思考”

受海绵式思维模式的影响，我们面对任何事情时，都希望求得一个确定的标准答案。但是，“小孩的世界才分对错，大人的世界只看利弊”。绝大多数事情都不是非黑即白的，一个人不是好人，也不一定就是坏人。生活当中的绝大部分问题都不是选择题和判断题，而是主观题。那这道主观题怎么解？这就需要批判性思维。

用一句话概括批判性思维，就是对思考过程的“再思考”。举个例子，下围棋的时候，你的思考过程就是自然思维，而复盘时候的反思就是对思考的再思考。普通的思考由于利益相关、立场不同、时间紧迫等原因，总会有不少偏差和误区。而对于思考的再思考，因为其更纯粹，所以误区往往会少得多。

批判性思维

批判性思维与海绵式思维的全盘接收不同，前者讲求的是在吸收信息的过程中，要质疑、分析、评价、反思。

有一段总结批判性思维的话，我觉得挺有意思，分享给你：怀疑，但不否定一切；开放，但不摇摆不定；分析，但不吹毛求疵；决断，但不顽固不化；评价，但不恶意揣测；有力，但不偏执自负。

那么，要想具备批判性思维，到底该怎么做呢？我分享三个技巧给你。

第一，避免归因偏差。一些结论本身没问题，但是支撑结论的理由是不准确的，不仔细分辨，就很容易做出错误的决策。比如，下属向你提离职，说自己感觉太累了，想休息一段时间，或者说觉得自己不适合这份工作，希望换一个行业发展。而实际的情况是怎么样的呢？在职场上有句名言：“加入公司，离开经理。”① 员工的离职原因，不是钱没到位，就是他的直属领导有问题。聪明的老板一定能察觉，给员工的离职做出正确的归因，从而有针对性地解决问题。

第二，识破推理谬误。有的理由听起来没问题，但结论却很荒谬。比如，“他们金牛座都这么固执”，或者“这个人不靠谱，他说的话你一句都不能信”，这就属于典型的推理谬误——以偏概全。要是街坊邻里之间闲聊，这样说说倒也无妨，要是认真，你就输了。推理谬误还有其他一些常见的种类。例如移花接木，就是前后偷换概念。2016 年辽宁卫视“春晚”有个小品叫《吃面》，小品中，宋小宝点了一份海参炒饭，上来以后翻了半天没找到一点儿海参，就问海参在哪儿？然后一个厨师跑出来说：“我就是海参。”这就是典型的移花接木。再就是滑坡推理，即认为一件事发生，那么与它相关的其他事情也一定会发生，把“可能性”转化成了“必然性”。有一句台词，叫作“再工作几年，我就能升职加薪，当上总经理，出任 CEO，迎娶‘白富美’，走上人生巅峰，想想还有点儿小激动呢”，这句话看起来顺理成章，实则把可能当成了必然。还有诉诸权威，就是但凡权威人士认可的，就是合理的，最常见的例子莫过

① 员工加入是因为公司，而离开大多是因为不喜欢经理的管理方式。

于“电视里的专家说了，多吃绿豆能防癌”。若你再遇见这一类观点，我建议你别往心里去，他就那么一说，你也就那么一听。

第三，细听弦外之音。有那么一种论述，听起来很有道理，但总觉得话有点儿没说透，问你哪儿没说透，你还说不上来。比如，“直接感受莎士比亚的著作大有裨益，因此英语专业的学生都应该至少去看一部莎士比亚的戏剧”。这句话的理由和结论都没问题，但是其中隐含了一些假设条件，说的人把它省略了，所以显得有点儿“跳”。如果把省略的假设补上，假设一就是“表演必须非常逼真，这反映了莎士比亚所倡导的一切”，假设二就是“学生将会理解这部戏剧，而且能将它与莎士比亚联系起来”。显然，只有这两个假设都成立，理由才能很好地支撑结论。回到开篇那句话，“懂得了很多道理，却依然过不好这一生”，这里面就有一种假设，就是马云那样的人生才叫过好了的一生。所以，即便懂得很多道理，也成不了下一个马云，这是大实话，没问题。但问题是，什么叫过好了的一生，这种假设成立吗？这个问题，留给你们想一想。

一句话理解批判性思维：

对思考过程的“再思考”。

实在弄不明白，就画幅图

——图形化思维——

好记性不如烂笔头

我们先来做道题：超市的收银台前，有 6 个人排队等着结账，他们分别是 A、B、C、D、E、F。F 不是最后一个，他和最后那个人之间还有 2 个人；E 也不是最后一个；A 的前面至少有 4 个人，并且 A 没有排在最后；D 不是排在第一位的，并且他的前后都至少有 2 个人；C 既不是第一个，又不是最后一个。那么，这六个人排队的顺序是什么呢？

别崩溃，这道题其实一点儿都不难，但你听完之后肯定会懵。这个时候，我要是给你一张纸和一支笔，再让你听一遍题，一边听一边画，你很快就能得出正确答案。

“好记性不如烂笔头”，这句话真的不假，但笔怎么用，却很关键。

思维导图

我读本科的时候，是真的“学渣”。那时候，我因为喜欢参加

图形化思维

图形化思维就是用图形的组合，把我们接收的信息和我们的想法直观地呈现出来。

社会活动，经常逃课，到了考试之前，就管同学借笔记。笔记上一、二、三、四……一条一条总结地整整齐齐，字也写得漂亮，但我就是看不明白。就好像开会的时候，很多人在笔记本上奋笔疾书，一字不落，其实回去了自己都看不懂。

有研究告诉我们：通过读，我们只能记住 10%；通过听，我们只能记住 20%。这也解释了为什么我们听的大部分课、读的书都还给老师了。而通过图形和影像，我们能记住的比例在 50% 以上。所以思维导图这种学习方法备受推崇，被人们形容为：“用简单的图形，演绎复杂的思考。”

我们常用的条目式记录，就是把信息按顺序罗列，能记下来的内容本身就不多，要命的是，它还体现不出每一条信息之间的关联。如果你用图形化思维，这就都不是问题了。

举个最常见的例子，我们看外国警匪片的时候，总能看到一面神秘的“线索墙”，警察把收集的各种信息，如地图、照片、便笺纸、名片、剪下来的报纸等，用大头钉钉上，大头钉之间还得用各种彩色的线连起来。这么做能让办案的警察有一种全局观，避免陷入一些细节里出不来，同时，这还能帮助他们一眼看出每件事之间有什么联系，从而更容易找到线索。

那么，图形化思维具体怎么用呢？还是三种方法。

第一，掌握基本模型。入门水平的图形化思维就是掌握基本模型，说白了，就是用好线框和箭头。你平常遇到的大多数复杂内容，不管是业务流程、资本关系、组织架构、行业竞争状况……都不需要精湛的绘图技能。比如，之前在博弈论的章节里，我们画过博弈模型。再比如，要描述一家企业的组织结构，树型框架就非常好用。除了竖着的树，还有横着的树，比如一般的目录结构、网站结构，都是横着的树形框架。常见的基本模型可以参考 PPT，点击"插入"菜单，下方会出现叫作 SmartArt 的预设模板，里面的模板种类就一目了然了。

第二，了解视觉规范。在绘制大量图形之前，你最好先了解常用的视觉规范，明确不同符号所对应的不同含义。通常来说，用粗线条、鲜艳的色彩来表示"重点"，用虚线和括号里的文字来表示当前不存在，但过去有过或者未来会有的元素。适当使用一些固定样式的图标，比如"上涨""放大""扩散"等，可以增强整体表现力。再比如，在工作流程图里，菱形常常代表不同的可能性，这一步是 yes（是）或者 no（否），会把流程引向不同的分支。有兴趣了解流程图设计的读者，可以学用一款叫作 Visio 的软件，微软的 Office 办公软件系列里面就包含它，里面有全套的流程图视觉规范。

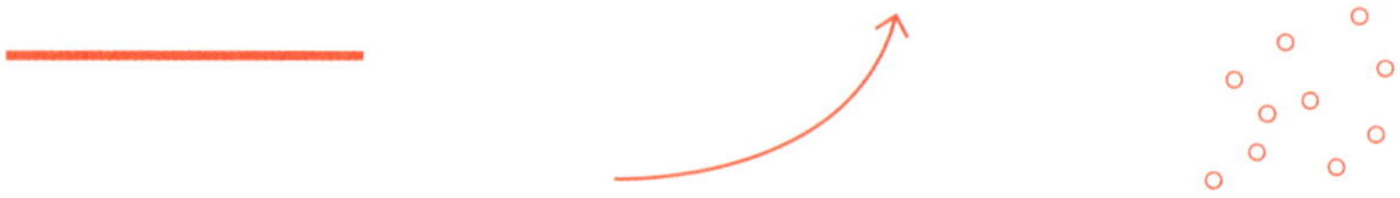

重点内容　　上涨　　扩散

第三，争取一气呵成。用图形化思维非常容易陷入一个误区，就是听一点儿、画一点儿，总是想把别人的话原封不动地画下来。可实际上，一字不落地玩命记并没什么用。聪明的人会把一段话从头到尾听完，充分理解之后再开始画图。从语言到图形，一定要有所取舍，最重要的不是信息点本身，而是每个信息点之间的关系，是并列、先后、因果，还是包含……那些明显跑题的内容和不重要的细枝末节，就没必要都画上了。

一句话理解图形化思维：

用简单的图形，演绎复杂的思考。

再不明白，就自己去教
——“学习金字塔”——

教学是更厉害的学习方法

我们在上一节说过：如果自己动手画图，我们能记住 50% 的信息。那还有没有更厉害的学习方法，能让我们记住更多呢？还真有。

1946 年，美国学者埃德加·戴尔提出了“学习金字塔”的概念，大概意思是说，人是一种忘性很大的生物，不管当时学得多明白，两个星期以后还是会“还给老师”。至于还回去多少，会有点儿区别。如果你是通过阅读文字来学习，就只能记住 10%；通过听讲学习，能记住 20%；通过看图学习，能记住 30%；通过看影像资料、展览，现场观摩这些方式，能记住 50%；通过提问、发言、参与讨论，一边互动一边学习，能记住 70%；最后，通过演讲、教学、实

“学习金字塔”

从阅读、听课、运用多媒体到现场观摩、互动讨论，再到最后教别人，这个学习效果不断提升的过程，实际上是一个从“自己学”到“大家一起学”，从“被动学习”到“主动学习”的转化过程。

际操作，能记住 90%。[①]

“学习金字塔”的精华

为什么大家一起学要比自己一个人学好呢？这就得讲一个很重要的概念——隐性知识。有“隐性知识”，肯定就会有跟它对应的“显性知识”。显性知识指的是可以用文字、图表、公式来记录和表述的知识，只要肯花时间，就能照着书本学个八九不离十。但是隐性知识很不一样，它更多的是教你“怎么用知识解决具体问题”，比如好演员的镜头感、好文章的临场感，只能靠感觉，很难用语言描述。想要学会，必须要跟老师、同学浸染在一起，和环境融为一体。这也是为什么现在特别流行一个词，叫“沉浸式”，例如沉浸式学习、沉浸式体验、沉浸式话剧、沉浸式游戏等。把“沉浸”这两个字，换成“体验”或“身临其境”，就能明白这个意思了。

那具体来说，怎么运用“学习金字塔”提升自己的学习效率呢？我觉得有三种方法。

第一，复合感官。复合感官就是把能用的感官都调动起来。就

---

① 国内的研究者曾提出，上面这些数字不可能这么巧都是整数，而且用“记住”代表“学会”，在说法上也不太严谨。不过问题不大，我们重点理解“学习金字塔”的精华就可以了。连埃德加·戴尔自己都说，这个结论不是通过科学实验得来的，对数字没必要那么纠结。

阅读、听课这一类传统的学习方式来说，虽然效率未必很高，但还是得用，还得用好。比如你学《用得上的商学课》，实在记不住的话，你可以看完书再听一遍音频，再看看音频中附带的小漫画，然后趁热打铁写一篇笔记，最好调用图形化思维，画一幅思维导图。如果只是“听”，你就会发现，听的时候道理都懂，我说的内容你也完全接受，但你过两天就想不起来了，更别说使用了。因此，关于被动学习这件事，你需要把握一条原则：调动尽可能多的感官，口、耳、鼻、舌、身，能用的都用上。

第二，知行合一。孔子在《论语》里讲，“学而时习之，不亦说乎”。说的是学过之后得实操练习，只有上手做，才能进一步体会知识的真谛。我在京东的时候，每年都能看见刘强东开电动三轮车去送货。所以，说起京东用户对产品和服务有什么意见，老刘就算不听主管汇报，不查系统后台，也能知道得清清楚楚。再好的知识不实践，也不过就是知道，根本不叫知识。把学到的东西“用上”才是实践，就是知行合一，它是把“知道”转化为“知识”的唯一途径。

第三，教学相长。教学是“学习金字塔”中最高效的一种方式。这一点，我感同身受。做天使投资人，做商业顾问，都需要我去世界各地给企业家、创业者讲课。讲什么呢？讲商业模式，讲团队管理，讲互联网对传统商业的冲击颠覆，讲资本市场视角下的商业逻辑。可以说，不断讲课的积累，让我每一次都比上一次有了更大的进步。而且讲课是一门手艺活，学员听课有两个结果，一是觉得这个老师好厉害，二是自己真的变厉害了。后者才是真的学到东西了。所以，我给自己下死命令，3 分钟一个“段子”，5 分钟一次互动，首先确保学员听得进去。然后反复推敲，把没用的大道理砍掉，把不是“人话”的句子改成“人话”。学员每次给我好评，说能从我这里学到很多东西，可我真实的感受是，就算已经重复讲了很多遍的内容，我自己能学到的也一定比你们学到的多得多。

一句话理解“学习金字塔”：

从自己学到一起学；从被动学到主动学。

第17章

沟通就是好好说话？太傻太天真

沟通管理

没弄懂沟通区域，怎么沟通？

——乔哈里视窗——

“沟通漏斗”

我年轻的时候玩过一个游戏，就是一群人围坐在一起，主持人跟第一个人小声说一句话，然后这个人把这句话原封不动地悄声传达给第二个人，以此类推。按道理说，传话没什么难度，而且主持人说的是非常简单的一句话：“阿兰德龙，我爱你。”结果到最后一个人大声公布时，他听到的是：“楼上的没有楼下的高。”这和原话已经相去甚远。这个游戏让我明白了一个道理：你说的和别人听到的，很可能并不一样。

有一个著名的“沟通漏斗”理论：你心里想的是100%，嘴上能说出来的是 80%，别人能听到 60%，听懂 40%，而最后付诸行动的只有 20%。

图 17-1 “沟通漏斗”

乔哈里视窗的四个区域

怎么避免进入“沟通漏斗”的陷阱，让沟通达到最佳效果呢？我们先来理解一个关于沟通区域的概念：乔哈里视窗。

乔哈里视窗根据“自己知道—自己不知道”和“别人知道—别人不知道”这两个维度，将人际沟通划分为四个区：公开区、盲目区、隐蔽区、未知区。

所谓公开区，是指信息对你和他人都是公开的。比如你今天穿了一件黑色 T 恤，别人看到的也是一件黑色 T 恤，毫无疑问。这就叫作公开区。

所谓盲目区，是指别人知道、你不知道的信息。比如，你吃完饭没擦嘴，脸上挂着饭粒而浑然不知……所谓“被蒙在鼓里”，说的就是这种在盲目区的状态。

乔哈里视窗

乔哈里视窗是美国学者乔瑟夫和哈里共同提出的一个理论，它也被称为“自我意识的发现－反馈模型”。它把人际沟通比作一扇窗，将其分为四个区域：公开区、隐蔽区、盲目区和未知区。

所谓隐蔽区，是指自己知道、别人不知道的区域，也就是你心里的小秘密。比如我每个月拿多少工资，我自己知道，但是你不知道。这条信息就在隐蔽区。

最后一个，是自己不知道、别人也不知道的区域，叫作未知区。比如一个人生了重病，因为症状不明显，自己没有察觉，别人更没发现。

从乔哈里视窗的四个象限可以看出来，真正有效的沟通是在公

	自己知道	自己不知道
别人知道	公开区	盲目区
别人不知道	隐蔽区	未知区

图 17-2　乔哈里视窗

开区里进行的，也就是我们常讲的“打开天窗说亮话”。也就是说，要想让沟通更有效，就要尽可能扩大“自己知道”“别人也知道”的公开区，努力缩减隐蔽区、盲目区和未知区。相对应地，我们通常可以有三种方法做到这一点。

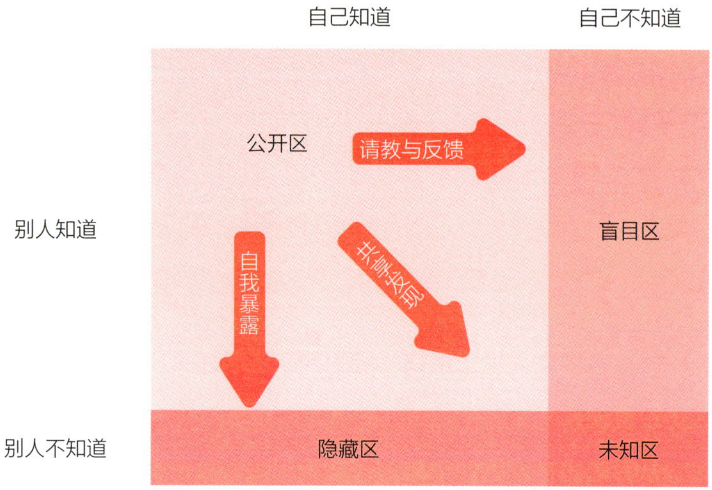

图 17-3　乔哈里视窗

第一，请教与反馈。主动寻求对方的解释和说明，了解对方的想法，以此缩小别人知道、自己不知道的盲目区。想想你身边有没有这种人：埋头于手头的工作，两耳不闻窗外事。他们的口头禅是“怎么没有人说过呢”，“你怎么不早点儿告诉我呢”……对于这类人来说，公开区域永远都很小。这里说的请教与反馈，不一定是下级向上级、晚辈向长辈，而更多地强调“积极寻求”“主动获取”。

就像我经常问别人“我帅不帅”，这就是在主动寻求反馈，虽然得到的答案一般都不是我想听的。

第二，自我暴露。缩小别人不知道、自己知道的隐蔽区。比如，曾经有人告诉我交朋友最好的方法，就是告诉对方你的一个小秘密。如果你看过《极限挑战》这个综艺节目，应该还记得，孙红雷从来都不好好完成导演组布置的任务，全程就是要宝、搞怪，被评为极限三傻的“大傻”，但是他却能收获最多人气。为什么？想清楚这个道理，你就知道“自我暴露”这四个字的威力了。

第三，共享发现。尝试搞定别人不知道、自己也不知道的未知区。共享发现其实是结合了上面的两点，相当于在寻求反馈的同时，主动自我暴露。婚姻当中有个常见的问题，就是随着两个人分工的不同，各自的世界越来越不一样，在认知上的公开区也就越来越少。这时候，如果一个人不愿意聊，另一个人懒得问，这个“未知区”就会越拉越大，再想沟通就难了。那些懂得经营婚姻的人往往能有意识地制造新的话题，发掘新的兴奋点，不断地开发和扩大公开区，缩小未知区。对于他们来说，“三年之痛”“七年之痒”的问题可能会大大减少。

一句话理解乔哈里视窗：

你说的和别人听到的，很可能并不一样。

压根说不到点上，怎么沟通？
——关键对话——

关键对话是什么？

在平时的工作和生活中，你一定会遇到这样三类对话：1. 对话的两个人意见不合，比如你想说服老板涨工资，老板不愿意；2. 对话时带有强烈的情绪，很容易失控，比如情侣吵架，孩子不听话惹你生气；3. 谈话造成的影响、风险特别大，比如重要的面试、商务谈判。有人给这三类对话起了个名字，叫作“关键对话”。

关键对话

关键对话可以总结为三句话：意见不统一，气氛特紧张，结果风险大。

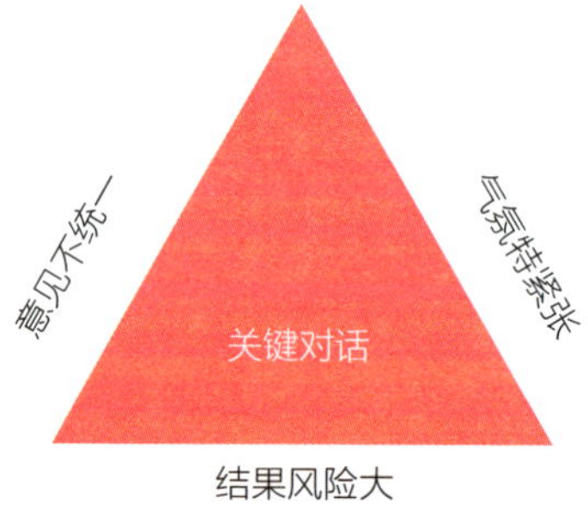

图 17-4　关键对话

基因决定反应

面对关键对话，人们的第一反应不外乎两种：要么拔腿就跑，要么冲动行事。这是数万年来人类进化所形成的基因决定的。原始人打猎的时候，听见草丛里有一阵响动，下意识的反应肯定是拔腿就跑，或者是抄起工具准备拼命。不管选择哪种方式，他们全身的血液会快速流向四肢，好让自己跑得够快、打得够猛，而此时大脑就会瞬时供血不足，无法冷静思考。

再看看你自己吵架或生气时，一旦情绪占领大脑，你就会瞬间停止思考。说的话、干的事，全都和平常不一样。从另一个角度来说，如果你强迫自己关键时刻还要冷静思考，那你付出的代价很可能是葬身虎口，一命呜呼。因此，遇事不慌的基因已经在漫长的人类进化中被逐渐淘汰了。

然而，无论是逃跑还是打架，都没法真正解决问题。我们需要的是在面对关键对话的时候，保持理智，积极妥善地解决问题。所以，具体应该怎么做呢？我们把关键对话技巧总结成最重要的三个方面。

第一，从“心”开始，明确目标。也就是审视自己内心真正的目标。你是否有过这样的经历：你跟别人因为一件事吵起来，吵到最后，都忘了是因为什么了，满脑子就想着绝不能㞞，谁服软谁是“孙子”。其实，摧毁沟通的第一大杀手就是好胜心太强。比如，同样是“削减成本”这个问题，你说要简化包装，你的同事说要减少铺货渠道，虽然你们俩的观点都有道理，没有谁对谁错，但是你们都想证明自己的方案更好，这时候沟通的目标就从“如何削减成本”变成了“如何战胜对方”。所以，在关键对话之前，你得明确自己真正的目标，无论出现多少可能转移注意力的情况，都不要关注，只有盯住真正的目标才是重要的。

第二，营造氛围，避免冲突。我们可以把沟通需要的能力看作大脑的两台处理器：一是大脑 A，负责谈话的内容；二是大脑 B，负责谈话的氛围。比如，无论你怎么说，对方就是不买单，这往往是因为你只关注了 A，而没有关注 B。那怎么调整氛围呢？分为三步：道歉、解释误会、寻找共同目标。比如，一对夫妻因为怎么过周末这件事吵起来了，丈夫想去跟朋友打篮球，妻子想让他陪着看电影，说不到一块儿，于是妻子开始哭诉：“你就是不爱我！”这时候，如果丈夫回这么一句：“这跟爱不爱你有什么关系？能不这么闹吗？”估计后果不堪设想。万一没忍住真的这么说了，丈夫需要保持冷静，先道歉：“亲爱的，我刚刚没顾及你的感受，是我不好。”然后再解释误会：“我不是不在乎你的感受，我非常爱你。”接着寻找共同目标：“我也想看这部电影，咱们找个工作日的晚上一起去看，顺便带你吃你一直想吃的火锅？”看，这不就解决了吗？

第三，主动耐心，化解沉默。有一方陷入沉默，逃避对话，其实跟两个人激烈对抗是一样的，都属于沟通当中不好的情绪。要真是遇上不爱说话的沟通对象，就得想想办法了。一般来说，想要打开一个人的心防，就得调动自己的好奇心和耐心。比如，你朋友不开心了，你可以问她："怎么了？"如果她说"没事"，那么考验你的时候到了。尤其是各位男士需要特别注意，"没事"这句话千万不能轻信，每次听到，都要摆正态度，拿出十足的耐心，多追问两句，才能把一场"危机"化解于萌芽。

一句话理解什么是关键对话：

意见不统一，气氛特紧张，结果风险大。

只知道批评指责，怎么沟通？
——非暴力沟通——

暴力沟通是什么？

有一类沟通方式被称作“暴力沟通”。其实，暴力沟通说的不是肢体动作上的暴力，而是“语言暴力”。比如，丈夫对妻子说：“就你事多，你到底能不能快点儿啊！”妻子对丈夫说：“喝，喝，就知道喝，喝死你算了！”老师对学生说：“笨死了，学问没长，饭倒不少吃！”老板对员工说：“你除了迟到还会干什么？要不要我送你一个闹钟？”

听着耳熟吗？你有没有觉得被人指责、嘲讽，比被人打一顿还难受？有句老话说得好：“良言一句三冬暖，恶语伤人六月寒。”

如果把暴力沟通分类，大概有这么几种。

1. 道德评判。如果他人的行为不符合我们的价值观，他就是不道德的。比如，别人比我更关注细节，他一定有“强迫症”；别人没有我注重细节，他就是“马虎大王”。还有一种形式的道德评判，也是我最反感的——贴标签。比如“直男癌”“拜金女”“渣男”“剩女”。这都是拿自己的道德标准去评判别人。喜欢这么做的人，往往不懂得换位思考，不懂得尊重他人的个性。

2. 做比较。“你看隔壁家的孩子，学习多用功啊”，“你看你们公司小王，多上进啊”……比较本身就是对沟通对象的一种贬低。
3. 强人所难。比如父母吓唬孩子：“你再不听话，我就不要你了。”妻子威胁丈夫：“你不把工资卡给我，咱们就离婚！”

非暴力沟通

这种动不动就“撂狠话”的沟通方式，真的达到目的了吗？事实上，这么说话，听的人要么反抗，要么就伤心透了，一句话都说不出来。你除了让自己痛快，根本得不到其他任何好处。沟通在很多时候是为了解决问题，而非暴力沟通也能做到。

运用非暴力沟通，有以下三个关键步骤，我给你分别拆解一下。

第一，提出陈述，不做评论。我们往往会直接评论别人的行为表现。比如，“你怎么那么倔”，“你完全没有时间观念”，“你花钱大手大脚”……但是这种评论很容易带上自己的情绪和评判标准，会让对方觉得我们是在批评他。这容易让对方

非暴力沟通

非暴力沟通是用相互尊重、理解和包容的态度来完成对话的方式。用该理论的提出者——马歇尔·卢森堡博士的话来说，就是“情意相通，和谐相处”。

产生逆反心理："你说我倔，那我就倔给你看！"所以，非暴力沟通的第一个步骤就是观察，认真观察正在发生的客观事实，然后就事论事，只陈述事实，不发表评论。比如，不要说"你这个人就知道发脾气"，相反，你可以说"你今天发了两次脾气"。再比如，"你这周上班迟到了 3 次"，"你这个月买包花了 3 万多元了"，这都是比较具体的观察和陈述。

第二，表达感受，不加想法。说到感觉，一定得注意区分感受和想法。我对此有个小技巧，感受是相对客观的，想法却是偏向主观的。比如，"我觉得你不爱我了"是你自己的想法，而"你总是大半夜才回家，我很难过"是感受；"我觉得你不在乎我"是想法，而"你一天都不理我，我很孤单"是感受。只有区分了感受和想法，你才不会把莫须有的事强加在别人身上。也许，丈夫半夜回家确实是因为加班；女朋友不回微信确实是怕影响你准备第二天的考试。如果不管三七二十一，先表达想法，上来就是一顿批评，再听对方解释，那对方很可能也就没心情向你解释了。

第三，明确需求，不要含糊。如果你想要求对方为你做一件事，该怎么说呢？ 还是上面的例子，妻子抱怨丈夫回家太晚，怒气冲冲地对他吼道："你除了工作就是工作，能不能少花一些时间在工作上！"结果，丈夫报了个高尔夫球班，这回倒真是少花时间在工作上了，但是回家更晚了，问题还是没解决。其实，妻子完全可以换一种方式，比如"我希望你每周至少有两个晚上在家吃饭"，或者“你是否可以每周至少抽出三天辅导孩子功课”。也就是用具体的描述来提要求，而不是只说抽象的话。

一句话理解非暴力沟通：

良言一句三冬暖，恶语伤人六月寒。

只关注语言本身，怎么沟通？
——非语言沟通——

沟通方式的重要性

你是否有过这种经历：刚跟别人吵完架，你仔细复盘说过的每一个词，觉得都没有问题，你占了所有的道理，你把对方说得哑口无言。他怎么就不承认错误呢？他怎么还生气了呢？我年轻时经常有这样的困惑，感觉跟人沟通特别费劲，我说得那么清楚，这人怎么就听不懂呢？等到 30 多岁，我才渐渐明白一个道理：沟通时，你说了什么不重要，怎么说的才重要。

非语言沟通是什么？

如果把沟通分解成三个部分，即语言内容、眼神手势、语速语调，你觉得哪个部分最重要？

美国传播学家艾伯特·梅拉比安曾提出一个公式：

信息传递 =55% 视觉 +38% 声音 +7% 语义

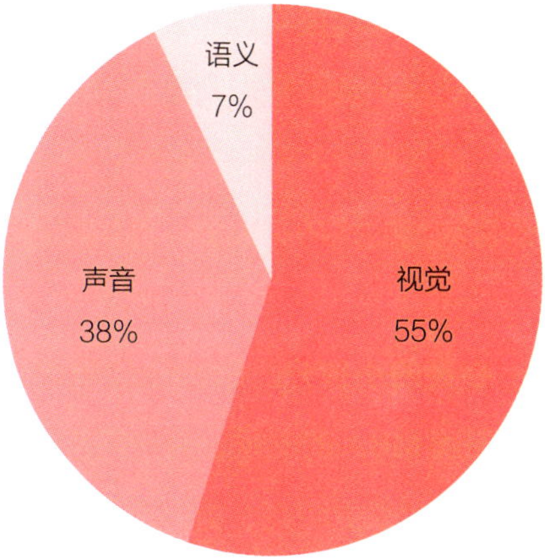

图 17-5　信息传递的组成

意思就是说，沟通这件事，只有 7% 是关于语言内容的，也就是你说了什么，剩下的 93% 都是关于怎么说的，也就是“非语言沟通”的部分。这个公式也被称作“梅拉比安沟通模型”①，你说话时的手势、眼神接触、身体姿态作为重要的视觉元素，发挥了 55% 的作用；你的嗓门大小、语调高低、语速快慢作为重要的声音元素，发挥了 38% 的作用。

非语言沟通

非语言沟通就是指沟通过程中利用身体动作、体态、语气、语调、语速，甚至穿着、空间距离等，传递和交流信息。

① 也有人指出，这个研究结论只适用于对情绪和喜好的表达，对于其他类型的信息传递是不适用的。在这里，读者领会精神即可。

想要做好非语言沟通其实很有难度。因为非语言的部分不像语言的组织、表达那么容易训练。我们常常会习惯性地用错语调，控制不住动作和表情，让人感觉不舒服，甚至已经被人误会，自己都还没意识到。非语言沟通的技巧有很多，我们在这里只谈最重要的三点。

第一，眼神：心灵的小窗户。眼神往往能表达一种很强烈的情感。当年我在美国读 MBA 的时候，有一门沟通管理课，专门训练眼神。为了让眼睛看起来更明亮、更自信，老师甚至建议大家在演讲之前滴几滴眼药水。美国人认真起来，有时候也是真可爱。当时，我学到的第一个词是“eye contact”，意思就是目光接触、眼神交汇。做线下演讲时，我总是满场转，而不是坐在讲台上干巴巴地讲，主要就是为了找眼神。谁“瞅”我，我“瞅”谁，不“瞅”我的，我就走到他身边，使劲“瞅”他，直到他“瞅”我了为止。瞅着瞅着，他们就不“瞅”手机了，而是开始认真听我讲了。那眼神接触怎么练？很简单，从熟人开始，再到陌生人，不躲避眼神，刻意练习直视，不张嘴，就用眼神沟通。慢慢地，你就会发现，你的眼睛会说话了。

第二，声音：情感的小象征。有一次，一位意大利知名影星参加一场宴会，有人请他即兴表演一段悲剧，于是，他用意大利语念了一大段“台词”。尽管听不懂，但是他那动情的声音凄凉悲怆，来宾们听了都止不住地黯然神伤，还有人现场就哭了。不过，一位意大利人却忍不住笑了。原来这个人念的根本不是什么台词，而是宴会上的菜单。所以说，声音是一个非常重要的沟通工具，想办法让你的声音抑扬顿挫、富有魅力，就能让人真切地感受到你的热情与自信。如果你不确定自己的声音是否存在问题，有一个很简单的办法，就是录音，然后放给自己听。

第三，动作：内心的小表达。几百年前，达·芬奇就说过：“精神应该通过姿势和四肢的运动来表现。”确实，在沟通中，人的肢体动作也能体现很多种意思。比如简单的坐姿，略微前倾，倾向对方，这表示谦虚、有兴趣；如果是躺在老板椅上，两腿跷在桌上，那肯定是在表示傲慢。手指敲桌子、抖腿，都是焦虑不安的表现。如果你想结束谈话了，你就少点头，多看几次手表，这样不用说话，对方也能明白。

一句话理解非语言沟通：

说了什么不重要，怎么说的才重要。

面对人群就打怵，怎么沟通？
——公众演讲——

恐惧演讲心理

演讲这件事，在商业世界里几乎躲不开，无论是向老板汇报工作，还是向客户展示产品，演讲都是“刚需”。而且但凡是演讲，往往都特别重要：讲好了，人生步入巅峰；讲不好，樯橹灰飞烟灭。

问题来了，谁都知道演讲重要，但一上演讲台就手心冒汗，心跳加速，脑子里一片空白，把熬夜准备的内容忘得一干二净。尴尬的沉默让每一秒都像一年那么漫长。台下的听众，有些开始低头摆弄手机，有些交头接耳，开始聊天。

害怕演讲的不止你一个。我虽然上过大大小小的演讲台，但是每次上台前依然会紧张。我们在“关键对话”中讲过，当人们遇到危险时，血液会流向四肢。人在感到紧张时也会如此。演讲时面对那么多观众，大脑会瞬间缺血，蒙是自然的生理反应。

送礼物心态

学会了正确看待恐惧心理，那怎么样才能克服恐惧呢？源自斯坦福大学最受欢迎的沟通课——《高效演讲》一书中提到了一种方法：送礼物心态，也有人把它翻译成“分享精神”。什么意思呢？演讲就像是你送出的礼物，你没法奢望所有人都喜欢，只要其中有人接受了，就算成功。演讲时，没有人比你更在乎你讲得如何，坐在下面的观众通常想的都是“演讲结束后吃什么”，“周末去哪儿约会”这样的事，甚至连朋友圈的更新都比你的演讲重要。

送礼物心态

不要极力取悦那些不那么在乎你演讲的人，把心态调整成“我来送礼，喜不喜欢随你”这种感觉，紧张感自然就会缓解。

那如何准备一场精彩的演讲呢？我在这里介绍三种能“抓”人的技巧。

第一，七秒开场。关于演讲，有一个著名的七秒法则：听众会不会用心听你的演讲，只取决于最开始的七秒。想想你平时听到的开场白，“各位早上好，今天天气不错”，“欢迎大家来捧场”，甚至还有“厕所出门右转，大家可以随时去”。说上这么一句没用的，这七秒就差不多了。至于正确的开场方法，你可以讲一个生动的故事，这种方法是历届美国总统、奥斯卡“影帝”“影后”都喜欢用的，比如，“我女儿早上问了我这样一个问题”，“从小我父亲就教育我”等。这种开场白既消除了和观众的距离感，又很容易吸引人。此外，你可以运用强大的数字，“一年砍掉两千万棵树，才能满足中国人对一次性筷子的需求”，或者提个问题：“你们当中有多少人觉得，工作的一半时间都在开会？”或者运用“想象”，“想象你自己拿着百万元年薪”。总之，有一个吸引人的开场白，你就已经成功了一半。

第二，“三事法则”。开场之后，你就得琢磨，为了达到演讲的目标，需要告诉听众哪三件事？为什么是三件而不是三十件？因为讲三件事，可以在内容足够饱满的同时，又不至于信息量过大。仔细研究，你就会发现“三”这个数字很有意思，所谓“一生二,二生三,三生万物”，有人研究发现，人们每天只需要做好三件事，日子就会很充实。另外，那些容易学习、容易被记住的事，往往也只有三点。如果你做年度总结，说：“我打算谈一谈公司自创立以来的 16 个大的进展。”我敢肯定，下面会呼噜声一片。而如果你这样说，“咱们聊聊公司发展的三个阶段：过去、现在和将来”。是不是清楚多了？

第三，“你”和“我们”。大部分人开口第一个字都是“我”，比如，“我觉得”，“我希望”。可惜听众对于了解别人没多大兴趣，他们更关心自己。有一种方法可以提醒你注意这一点，就是在讲话中，用 1 次“我”，就要用 10 次“你”。这不是让你讨好、谄媚他人，而是教你用户思维，让你讲与听众有关的故事。有人因此问我，马丁·路德·金的“我有一个梦想”，为什么说的都是“我”呢？人家那是固定的句式，整篇演讲里还有 40 个“we”（我们）呢！

这些“我们”传达了一种强大的号召力，突显了黑人群体的共同利益。

最后，回归到公众演讲的本质，所有的技巧都代替不了内容和思想本身，你要表达的观点永远凌驾于所有技巧之上。

一句话理解公众演讲：

我来送礼，喜不喜欢随你。

第18章

让别人做你想让Ta做的事
职场沟通

有些进展，该汇报，就要汇报

——反馈——

汇报的能力

你有没有这样的困惑：为什么你拼命工作，却好几年既没升职又没加薪呢？为什么能力看上去不如你的人，反而半年就升职，如今已经“甩”你好几条街了呢？你一直怀疑你跟老板八字不合，其实，想要在职场升职快，不光要做事，更关键的是让别人知道你在做事。这就要考验你

汇报

谁经常向我汇报工作，谁就在努力工作；谁不经常汇报工作，谁就没有努力工作。——马克·麦考梅克,《哈佛学不到的经营策略》

向上级反馈的方式了，也就是向老板汇报的能力。

提高职场“能见度”

在关于品牌的章节中，我们了解了品牌需要有定位，需要通过媒介渠道被大众关注，这是一个品牌形成影响力，并将影响力向外扩散的过程。其实，在职场中，个人也是一个品牌，也需要形成自己的影响力。有人把形成个人影响力理解为具备职场“能见度”。

不论是扩大影响力还是提高能见度，都要从“汇报工作”开始。懂得汇报的技巧，你的能力就更容易得到认可，上司和同事就更愿意相信你在晋升之后，能创造与职位相匹配的价值。

这样重要的职场沟通技巧，如何才能用好？我给你三个建议。

第一，永远提供选择题。有人说，我平时挺注意汇报工作的，可是每次老板都不满意。为什么？因为你不是在“汇报”，而是在“请教”。简单来说，“请教”的公式是：您告诉我，该怎么做？而汇报的公式则是：我这样做，您同意吗？《哈佛商业评论》杂志发表过一篇文章，叫《谁背上了猴子》。这篇文章把工作和难题比喻成猴子，你没想清楚就去跟老板商量，就是你把猴子从肩膀上扔到了老板身上，相当于你在给老板安排工作。老板需要的是员工来解决问题，而不是仅仅把问题列出来。我们一直都有一个误区，以为能看到问题，能说出问题很厉害，其实不然，有解决方案才叫厉害。优秀的员工在汇报之前会准备 3 套方案：最可行的、最大胆的和最保守的，并提前衡量每个方案的利弊。汇报的时候可以这么说："我们有三个方案可以选，A 方案是……优点是……缺点是……；B 方案是……优点是……缺点是；C 方案是……优点是……缺点是……我感觉 A 方案最可行，您看呢？"我们在批判性思维里面讲过，人们不喜欢做主观论述题，而是喜欢做选择题，你的老板也不例外。

第二，先说结论少闲扯。有些人汇报起来，絮絮叨叨一大堆，从头到尾不说完整就憋得难受。请记住，老板非常忙，没工夫跟你闲扯。麦肯锡有一种训练方法，专门解决这个问题。他们发明了一种"电梯测验"，做销售的人一般都经历过这种训练。就是要求你在等电梯的短短 30 秒里，清晰、准确地向客户说明白你的方案。汇报工作也是这样，通常是先说结论，之后再说得出这个结论的原因有几个，分别是什么。汇报不是影评，没有"剧透"的说法。结论先行，层次分明，见解独到，这才是好的汇报。

第三，拿捏时机才好办。英文里有个词叫 timing，就是时间 time 的 ing 形式，什么意思呢？就是时机。我觉得这个词特别传神。比如，爱情当中有一句很凄凉的话："你是对的人，只是没有出现在对的时间。"职场也是一样，为什么你总是"撞墙"？很可能是你没选对沟通的时机。这里你可能犯的错误有两种：第一种是你汇报不及时。公司里讲求分工协作，一个细节变动，就可能"牵一发而动全身”，影响很多部门，所以汇报一定要及时。拖到老板主动来问你，就是职场大忌。第二种错误是你挑的时机不讨巧。聪明的员工会观察老板的工作习惯，在他用来处理重要事务、不希望被打断的大块时间里，最好别去打扰。另外，老板看起来郁闷、烦躁、压力大的时候，你就别往枪口上撞了。

一句话理解职场沟通：

在对的时间，用对的方法，提高职场“能见度”。

有些资源，该利用，就要利用
——协调——

“马爸爸”的协调智慧

2000 年，马云想模仿金庸小说里的“华山论剑”，把当时的互联网大佬聚在一起，在西湖旁边举办一个行业论坛。那个时候的互联网，最牛的是新浪、搜狐、网易这三大门户，阿里巴巴在它们面前只能算“小打小闹”。所以，马云想要请这些门户的老大给自己捧场，听上去还是挺难的一件事。

那马云是怎么做的呢？他先打电话给金庸，说了一番自己的雄心壮志，诚心诚意请他来当评委，没想到金庸爽快地答应了。然后，马云又打电话给网易和新浪的老大，这两个人都是金庸迷，一听说金庸要来，都马上点头说来。最后，马云打电话给搜狐老大张朝阳，张朝阳虽然不是金庸迷，但是听说网易和新浪的人都来，自己也不能落下，就一起出席了“西湖论剑”。

马云后来总结说，好多问题看起来很难，但其实做起来没有想象的那么难，关键在于会不会协调资源。有些事就像做几何题一样，多画几条辅助线，引入一些看上去不相关的变量，问题也就解决了。

不靠默契，靠协调

> **协调力**
>
> 协调力包括三种综合能力：确保整体平衡发展的“调整力”，在人与人之间起联系作用的“中介力”，以及向成功方向引导的“推进力”。——大久保幸夫，《12个工作的基本》

在职场中，一个人的协调能力如何，会直接反映在他的工作进展上。通常，带业务线的人都需要多个职能部门配合支持，而职能部门都有自己的日常工作。比如财务，今天必须把工资表做完，但此刻你有紧急的付款问题需要请他审核处理，这时候你该怎么协调呢？你会发现，要想齐心协力，还真的不能光靠默契。

特别是在职场上协调资源的时候，别人为什么要听从于你呢？这也是最难的部分。对此，我给你三个建议。

第一，花言巧语，把对方架上去。这个方法也叫“戴高帽”，和拍马屁是一个道理。俗话说“千穿万穿，马屁不穿”，意思是说，但凡谎话都容易露馅，只有拍马屁不会。就算说得天花乱坠，听的人因为心里舒服，也就不深究了。比如，你在面对客户时可以说：“您在这行可比我有经验多了，这个方案的好处您肯定比我更明白。”你在面对同事时可以说：“总听老板讲，你是公司里最专业的，还特别有耐心，人特别好，我就厚着脸皮来了。”你把他抬得高高的，他一时下不来，也就不好意思拒绝你了。

第二，互换立场，从对方角度想。以前商场里的试衣间总有这样的提示："请勿把口红染到衣服上。"提醒的作用是起到了，但是会让人有点儿不舒服。后来很多店铺改了说法："不要让我们的衣服弄花您美丽的妆容。"站在你的角度为你着想，的确让人舒服多了。平常很多人找我帮忙，都会说："老路啊，我是您的'铁粉'啊，您多给我讲一讲，多帮我出出主意啊。"这么说没什么不对，但是说实在的，听多了也挺烦。为什么我就该帮你，你怎么不帮帮我呢？还有一次，有个人找我合作，跟我说："我们希望帮路总扩大一下商学课的影响力，所以想请您来做一场演讲。您把课程的二维码发给我，我在线上线下都做一些推广。"实际上，那一次宣传没什么效果，最后还是我帮他多一些。但是，他这样说话就让人特别受用，我也就不会太在乎，到底是谁帮谁多一些了。

第三，借用背书，让资源浪打浪。比如，你组织一次活动，先问A："你来参加吗？"你会发现，A最常见的回答就是："来的都有谁啊？"这个时候，如果你特别实诚地告诉他："我最看重你，所以第一个跟你说。"那么十有八九A的回答是："哦，我不太一定，看情况再说吧。"A要看的是什么情况呢？他要看有多少人来，还要看都有谁来。人们在参与一件事的时候，会在潜意识里担心自己是唯一参加的那个傻瓜，或者担心去的人里面没有自己喜欢的人。这个时候，聪明的做法就是先借用背书，就像马云一样，建议你这么说："B、C、D、E 都没问题，还有跟你关系不错的那个 F，也说好了要来。"同样的方法，再去跟 B、C、D、E、F 说，大家就都能来了。

一句话理解协调：

要想齐心协力，不能光靠默契。

有些事，该说不，就要说不
——拒绝——

痛苦，是可以拒绝的

有一个人感觉特别痛苦，他就去问禅师："禅师，我怎么才能解脱呢？"禅师笑了笑，给了他三天时间，让他自己"悟"。第一天，禅师问他："你悟到什么了？"他摇了摇头，于是禅师举起戒尺，照着他的手心，狠狠打了一下。第二天，禅师又问了同样的问题，他还是不知道，结果又挨了一次打。第三天，他还是什么也没悟出来，但是当禅师举起戒尺的时候，他赶忙伸手拦住。禅师笑着说："你终于悟了，痛苦，是可以拒绝的。"

拒绝

一味地顺从，会失去自我。一味地拒绝，会失去朋友。就人生而言，一方面应该懂得有容乃大，另一方面也应该明晓不能是来者不拒。——汪国真，《拒绝》

"理所应当"的帮助

我们在生活中承受的很多痛苦，从本质上来说，是因为我们不懂得拒绝。有时候，明明是帮助别人，却被当成了理所应当。比如，“你 PPT 做得那么好，要不你帮我改吧，反正你分分钟就搞定了”，“那个方案，我实在写不出来，要不你帮我写吧，反正你都写了那么多了，不差这一个”。还有，常有人跟我说：“老路，你帮我看看，你这么专业，随便出个主意就帮我们大忙了，反正你也不费劲。”

刚开始，我不懂拒绝，所以苦不堪言，每天花大量时间来应对这些莫须有的请求。有很多人自己都没想清楚，就习惯性地找别人帮忙。后来有一天我想明白了，我终究不能让所有人满意。所以，我就很自私地给自己定下一条规矩，以下这三种人的请求，我一定尽全力满足：1. 真心帮助过我；2. 真正关心过我；3. 真的在乎我的时间。除此之外，不管是谁，一律说“不”。

话说回来，大家也不能都像我这么任性，毕竟职场是一个讲求沟通协作的地方，一刀切地说“不”，会给你增添很多不必要的麻烦。因此，我们还是总结出三种沟通方法，可以让你在拒绝别人的同时不伤情面。

第一，推却得留有余地。人都有感性的一面，不管是多么通情达理的人，在被别人拒绝的时候，心里还是会很不爽。所以，高明的拒绝就是，虽然没办法帮你，但是意思到了，或者有折中方案。比如同事拜托你帮他改 PPT，你可以说，确实挤不出时间帮忙改了，但是可以跟他一起过一遍，提一些修改意见。这相当于不是直接挡回去一件事，而是先接过来，再还回去。

第二，回绝得有理有据。你总得找点儿托词才能拒绝别人，实在不行也得编个像样的理由，每次都是“臣妾做不到”也不行。什么是像样的理由呢？比如，别人劝你酒的时候，你说“我不会喝”，人家会放过你才怪。那如果你说：“不好意思兄弟，最近在喝中药，不能碰酒。”别人也就有台阶下了。当然，一方面坚持原则，另一方面还得保持灵活，不管理由多充分，拒绝别人还是要委婉一点儿。罗斯福在就任美国总统之前，曾经在海军担任要职。有一次，他的一位好朋友向他打听海军在一个小岛上建立潜艇基地的计划。罗斯福神秘地向四周看了看，压低声音问道：“你能保密吗？”朋友说：“当然能！”罗斯福微笑着说：“那么，我也能。”

第三，能不能之后再议。曾国藩有句名言：“事缓则圆。”很多时候，“缓兵之计”都是解决棘手问题的上上之策。比如别人找你借钱，你可以说：“等老婆给我发零花钱了，我就借给你。”再比如，面试官让你回去等通知，十有八九就是没有通知。关于用“缓兵之计”来应对，我是有切身体会的。有些人在麻烦别人之前，自己完全不过大脑，遇到这种情况，你完全没必要第一时间去帮忙，因为很有可能他在下一秒就反悔了。

一句话理解拒绝：

一味地拒绝，会失去朋友；一味地顺从，会失去自我。

有些利益，该拿下，就要拿下
——争取——

涨薪要争取吗？

美国职场心理专家对世界500强的部分公司做过调查。他们发现，除了例行的年终调薪，只有28%的老板会主动为员工涨工资。我就是其中之一，我的团队几乎没有人提加薪，因为他们知道我会优先考虑员工的利益，如果没加，那一定是有原因的。在我看来，升职加薪是老板的事情，你只管把手头的事做好，主动提加薪反而会让我不舒服。当然，对付我这样的老板也有招数，就是主动承担更大的责任，因为在这类老板的逻辑里，责、权、利是相互匹配的，更大的责任必然意味着更大的权和利。

当然，这个调查还给我们带来了另一个重要的结论：有54%的人通过自己的争取，获得过“非常规加薪”。看来，“会哭的孩子有奶吃”这句话，在大多数场景下都有效。

几种错误的争取方式

不过，主动争取加薪是需要技巧的，我见过很多错误的方式，比较典型的有以下几种。

1. 瞎攀比。有人开口就是："某某业绩比我差，入职比我晚，凭什么他的工资比我高？"这句话听起来有理有据，实则犯了职场大忌。薪资保密是职场基本规则，相互攀比，不但显得自己没有职业素养，还破坏了团队氛围。除非你不想在这干了，否则一定不要做这种事。

2. 求可怜。"老板，我家里上有老、下有小，老婆要生二娃，要送孩子出国，还有房贷、车贷没还完……"公司又不是慈善组织，哪里来的义务帮你还贷、养娃呢？更何况，我这当老板的一个娃还没有，你都二娃了。你跟我"哭穷"，不是"找死"吗？

3. 撂挑子。这是最不可取的一种方式。具体形式就是威胁老板，不给涨工资就不干了。其实这跟两口子过日子是一个道理，动不动就把"离婚"挂在嘴边，不该离的都被说离了。同样，你拿辞职威胁老板，就算他先答应了你，但从今往后，你也别再指望他拿你当"自己人"。在他心里，你丝毫没有职业精神，忠诚度已经大打折扣。他会抓紧做好人才储备，时机一到，就跟你结束这种"同床异梦"

争取

"会哭的孩子有奶吃"这句话的确不错，但我们一直都理解错了。这个"会哭"，不是跟压根不哭相比，而是与"瞎哭""乱哭"区别开来。聪明人知道在什么时候哭，该怎么哭。

的日子。

大多数老板确实是“装傻”的高手，你不提加薪确实没戏，你提的方式不对，也达不到自己想要的效果。那么，要想成功地获得“非常规加薪”，具体该怎么做呢？还是三个建议。

第一，天时——看势头选时机。如果你长期在一家公司工作，你的职业成长轨迹和这家公司的发展轨迹大体上应该是重合的，或者至少势头相近。假设公司还处于初创期，只看见老板投入，没看见赚钱，这个时候，你说要涨钱，老板会怎么想呢？他可能正纠结不知道裁谁呢，你来得太是时候了。相反，眼看着公司拿融资、发新股、销售利润翻番、未来一片大好的时候，老板心里想的很可能是，这个团队想要再进一步，还缺梦想、缺勇气、缺创意、缺执行力……反正就是不缺钱。他巴不得看见你有拼劲、有野心，想撸起袖子加油干。他会告诉自己，愿意跟着他一路走下去的，绝对不能亏待。

第二，地利——用稀缺说价值。工资的本质是一种劳动力价格。我们在供需定理中说过，但凡价格，都是由供需关系决定的。你得了解，市场上和你类似的人才供给有多少，自己是否具有不可替代性。为什么 NBA 全联盟几百名球员，哈登能签上亿美元的大合同，而一些边缘球员只能签底薪的临时合同呢？因为哈登在每场贡献十几次助攻的同时，自己还稳拿 30 多分，带领全队行云流水，而且只有哈登能做到这一点。换句话说，你在某一件事上不可或缺，发挥的作用没人能替代，跟老板谈判的时候，你的筹码也就大多了。

第三，人和——用责任换利益。从老板的视角和心态看，一个员工该不该涨薪，和他过往的贡献没有任何关系。我给你加工资，是因为基于你过往的表现，我判断你在未来会给公司创造更大的价值。你应该问自己，除了手头的事，你还能做什么？打算怎么做？做到什么水平？能为公司带来多少回报？想清楚了，就做一张明确的行动计划表，带着这张表去找老板谈，结果肯定不一样。带着主动承担更多责任的心态，无论是对付主动的还是被动的老板，都更有效。

一句话理解职场利益的争取：

知道什么时候哭、怎么哭的孩子，有奶吃。

有些话，不该说，就别说
——禁忌——

几种不该说的“话”

有人总结过，职场上有这么几种“话”，千万不能乱说。

一是套话。不少领导一开会就是总结，一总结就是三点：第一，这是一次成功的会、团结的会；第二，大家提了很多好意见，关键是落实；第三，散会，换下一拨人，开下一次会。这些流于形式、缺少实际内容的话，都属于套话。套话多了，就没人把你当回事了。

二是空话，就是说出口却兑现不了的话。这种话务虚不务实，主要用来表决心。决心越大，态度越正，空话就越响。老板给员工“画大饼”，基本都是空话；员工跟老板拍胸脯，常常也是空对空。

三是假话。职场上人人趋利避害，免不了编一些没有意义的假话。但是相信我，你觉得自己的谎话说得有多精巧，别人分辨起真假来就有多明了。尤其是你的老板，他之所以能当老板，必然有他的过人之处。你使的一些小伎俩、小手段，可能都是他多少年前玩剩下的。明明是因为起床太晚迟到了，非说是路上堵车。老板可能上下班也走这条路，今天堵不堵车，他还不知道吗？就算他不知道，被你骗过去了，但是这样没有意义的谎话，就算说成功99次，只要有一次被识破，老板就会默认前面99次也都是骗他的，你不觉得亏吗？我经常跟团队说这样一句话，老板就像监考老师，你在下面“打小抄”，他看得一清二楚，就看他想不想抓你。

职场沟通禁忌

在职场，攻城略地要靠能力、靠付出、靠真本事。同时，为了防守，我们也要懂得基本的职场规则，否则进一步退三步，非智者所为。

四是真话。假话不能说，真话还不让说吗？有些时候，真话确实不能说。举个例子，你是为汽车客户服务的，奔驰跟你约开会的时间，问这周四行不行。你心想，做人要实在，所以回答：“不行啊，周四已经约了宝马，周五约了奥迪，咱们下周吧。”这时候奔驰客户会怎么想？估计在心里冲你翻好几个白眼了。在你被开除多次以后，你就明白，有些真话，不该说就别说了。

三种要小心的情况

职场沟通的禁忌有很多，除了上面四种话不能说，还有以下三种情况，你得格外小心。

第一，不顾汇报关系。从走入职场的第一天起，你就应该明白，职场是一个等级社会，每个人都处在不同的阶层。对于初入职场的新人来讲，第一件事就是弄清楚谁是你的老板。这里说的老板，不是名片上印着这个O、那个O的“大领导”[①]，你该关心的就是你在汇报工作时面对的直属主管。你在职场上绝大部分的向上沟通都跟他有关。站在他的角度想，他最不希望看见的是什么呢？就是你越级汇报，有事跳过他，直接找大老板说。要想体现工作能力，你可以有一百种方式，但是有意或无意地跳过直属主管，你也会有一百种死法。如果大老板主动找你了解情况怎么办？能“一问三不知”吗？当然不行。你可以大大方方地回答，关键是之后你要第一时间主动跟你的直属主管同步。

第二，不看人前人后。我一直信奉一条处世之道：说别人好，要背着人说；说别人的不是，一定要当人面说。不在背后议论别人，不传闲话，是职场规则中少不了的一条。都说“世上没有不透风的墙”，真的没有吗？你可能会说，你只跟你最信任的人讲，比如A，而A也是这么想的，他也跟他最信任的B讲了，以此类推，全世界就都知道了。有人说，职场本就是个“是非之地”，想要洁身自好，又谈何容易？确实，有人的地方就有江湖。遇上了同事之间传闲话，把你卷进来了，你可能就要学会巧妙地保持中立，不经意地附和几句：“是吗？真的假的？”总归都是不清不楚的事，你能做到不表态、不掺和，就行了。

---

① 现在的公司会设置很多带“O”（Officer）的高管职位，比如CEO、COO（首席运营官）、CFO（首席财务官）、CTO（首席技术官）等。

第三，不分角色场合。同事之间的关系就像刺猬：离得太远，彼此之间缺少温暖；挨得过近，难免就会伤到对方。真的把同事当家人，亲密无间了，你就容易“口无遮拦”，让别人不舒服。比如，你和你的直属主管私下关系非常好，在一起扛过枪、打过仗、拼过酒……他可能也跟你说过，没有什么领导员工的分别，大家都是兄弟。这个时候，你必须提醒自己，不能毫无保留地相信这句话。无论你的直属主管再怎么民主，他也是人，也希望保持自己的威严，尤其是在团队成员或者在客户面前时。多提醒自己，开玩笑要有分寸，分清楚角色场合，保证你不吃亏。

一句话理解职场沟通的禁忌：

有些话，不该说，就别说。

第19章

你和比尔·盖茨，都只有24个小时

时间管理

优先级，你设得对吗？

——时间四象限——

你如何支配每天的24个小时？

在我看来，时间管理是一个本应被列入高考的科目，而从小到大，竟然从来没人教过我们。直到我们浑浑噩噩，荒度半生，才从支离破碎的信息中了解了一个真相：这个世界上的任何一个人每天都只有24个小时，你每天支配这24个小时的方式，决定了你是哪种人。

小镇青年度年如日，周而复始；职场人士被deadline（截止日期）倒逼，通常以小时为单位；那些活在风口浪尖的人的时间大多以分钟为单位。比如，吴晓波老师参加一场晚宴，至少要见7拨人；王健林 4 点起床，6 点半到机场，从印尼雅加达到海口，再到北京，两个国家、三个城市，会见省委书记，签约价值 500 亿元的万达城，飞行 6 000 千米，几乎没有休息时间。[①]

人生的“玻璃罐子”

那么，如何管理时间，才能像成功人士那样将你的人生效率最大化呢？

有这样一个实验。一位教授带着一个玻璃罐走进教室，他先在罐子里放入一堆高尔夫球，问学生：“这个罐子满了吗？”学生们回答：“满了。”教授倒入一杯小石子，填满了高尔夫球之间的空隙，然后问道：“满了吗？”学生们回答：“满了。”教授又倒入一杯沙子，将石子间的缝隙填得满满的，并问道：“满了吗？”学生们很无奈地答道：“这回肯定满了。”教授微微一笑，又拿出了一瓶啤酒。“现在你们把这个罐子想象成自己的人生，高尔夫球代表重要的东西，包括家人、朋友、健康、爱情；小石子代表一般重要的事情，比如工作、房子、车子；沙子代表不重要的小事。如果你先把沙子倒进去，会怎么样呢？你就没有空间放高尔夫球和小石子了。先放入高尔夫球，也就是真正重要的事，然后再放入小石子、

① 数据源于微博账号“万达集团”于 2016 年 12 月 1 日发布的行程单照片。参见 https:// m.weibo.cn/3281037352/4047831435972540。

沙子，就容易得多。”教授说道。“那啤酒代表什么呢？”有个学生问道。教授大笑着说：“它代表无论你的生活过得多么紧凑，你仍然有时间和朋友们喝几杯。”

时间管理

如果你把所有的时间和精力都消耗在琐事上，那就不会有时间去做真正重要的事。

针对时间管理，美国管理学家史蒂芬·柯维提出了一个实用的工具——时间四象限法，即根据事情的轻重缓急，把日常事务划分成四个类型：重要紧急、重要不紧急、紧急不重要、不重要也不紧急。这个模型本身不需要多做解释，但怎么用好这个模型，我还是

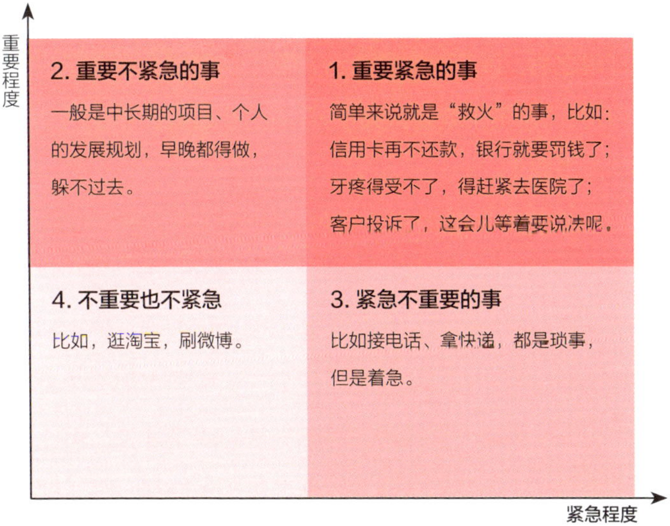

图 19-1　时间四象限法

给你准备了三条建议。

第一，不重要也不紧急的事，少做。有机构做过统计，自从iPhone 有了指纹解锁功能后，人们平均一天解锁手机的次数高达80 次。我们真的有那么多“既重要又紧急”的事要处理吗？事实可能是，我们只是习惯性地数一下朋友圈里的点赞数，然后随便打开一个 App，再无聊地关掉？绝大部分人的时间就是这样被浪费的，以至于他们不是“疲于应付”就是“虚度光阴”。如果你想改变这种生活，第一步就是把手机放远一点儿。

第二，紧急不重要的事，快做。有些小事没那么重要，可是不做又不行。在我很忙的时候，最头痛的就是被琐事干扰。对此，我的经验是快速做，别思考，别占用精力。拿订外卖来说，有些人用手机下订单之后，就开始每隔 5 分钟看一次骑手到哪儿了，看完还会抱怨两句：“再不来就要饿死了。”有这个时间，你手头的那点儿正事早就能干完了。

第三，重要不紧急的事，早做。如果你手头上“既重要又紧急”的事特别多，那么原因只有一个，就是“重要不紧急”的事，你从来不早做。你或许决定不了一件事情的重要性，但事情是否紧急，却几乎都是由你自己决定的。比如牙齿敏感了那么久，不早点儿去看医生，非要等伤到神经，疼到无法忍受了才去。再比如客户提了好多次意见，不早点儿改进，非要等起了冲突，媒体都来关注了，才去处理。如果你只能记住关于“时间四象限”模型的一条，我建议你记住这一条：重要的事，早做。在工作当中，70%~80%的时间应该被用来处理“重要不紧急”的事情，否则你就要不断地处理既重要又紧急的事。你选择哪一种工作方式呢？

一句话理解时间四象限：

大事早做，从容不迫。

拖延症，你治得好吗？

——战胜拖延——

躲不开的拖延症

看看你是否有过这些“症状”：明天开学，今天狂补暑假作业；明天 deadline，今天熬通宵写方案；总是“伪加班”，明明白天能做完的事，偏要拖到下班后再做；干活之前得先酝酿心情，一边酝酿，一边刷朋友圈；不断地跟自己说，反正那么多次都是最后一秒才交差的，这次也一定能在最后时刻大爆发……

如果上述经历你都有过，那么你跟我一样，也是拖延症的“重度患者”。

拖延症的几种原因

每个人患上拖延症的原因不太一样，大体上可以被归为三类。

1. 逃避压力型。一想到要做的事，就觉得难、烦躁，每分每秒都是煎熬，害怕做不好让人笑话，所以能躲一会儿是一会儿，像鸵鸟一样，把头埋起来，欺骗自己。
2. 追求完美型。这些人的理念是，不做则已，要做就做到极致，没有十足的把握绝不动手，结果一拖就没有结果了。比如明明现在的工作已经没有上升空间了，早就应该结束了，但是你告诉自己，要跳槽得提前做好准备。所以你一边做着所谓的准备，一边能拖一天是一天。这种类型的内心潜台词永远是："我还没准备好。"

拖延症的危害

拖延行为会产生许多负面的结果：从外在看，也许是损失金钱、损失信用；从内在看，你会变得自责、焦虑、消极、倦怠，在"拖延怪圈"中苦苦挣扎。

3. 寻找刺激型。这种人比较烦人，他们觉得自己天生就是来拯救世界的，所以总想给自己加戏。他们会故意压着很多事不做，等最后火烧眉毛了，再来玩命搏一把，要的就是演出绝地逢生，英雄归来的戏码。比如，再有一个月就到期末考试了，你还是不管不顾，天天玩，等到考试头一晚熬个通宵，第二天直接进考场。说实话，我就有这种类型的拖延症，可能是篮球比赛的绝杀瞬间看多了的缘故。

那么，如何预防和治疗拖延症呢？有三个小技巧。

第一，拆分任务时间。项目管理中有一个非常有名的工作方法，叫作 WBS（Work Breakdown Structure，工作分解结构）。意思就是把一个大项目分解成比较小的、容易管理和交付的工作包。有一个寓言故事就是讲这种工作方法的：老钟表对小钟表说："你一年要摆 31 536 000 下。”小钟表吓坏了，说：“这么多，这怎么可能做到呢？”这时候，老钟表笑着说：“忘掉刚刚那个数字，你只需要一秒摆一下就可以了。”小钟表心想：一秒摆一下太容易了。果然，它很轻松地就摆了一下。一年过去了，它成功地摆了这 3 000 多万下。绝大多数时候，拖延是一种习惯性的逃避，因为当一大堆任务摆在你面前时，想想就觉得难。不妨试一试把大任务拆解成小工作包，每次只要完成一件小小的工作，心中就会轻松很多。

第二，用好碎片时间。美国“时间管理之父”阿兰·拉金发明了一种时间管理方法，叫作“瑞士奶酪法”。瑞士奶酪上有很多小孔，所以这种方法就是告诉人们要学会“见缝插针”，用好碎片时间，而不是等待整块时间出现。比如，你现在准备开始一项简单的工作，大概需要 20 分钟才能完成，但你发现现在离午饭时间就差 15 分钟了，这时候你会怎么做？很多人都会因为时间不够，而选择什么都不干，等着到时间去吃饭。“瑞士奶酪法”告诉我们，你可以先利用 15 分钟来构思，记下思路和要点，然后去吃饭，回来之后再用 5 分钟把工作完成。用好碎片时间，你就没法以缺少整块时间为借口而拖延了。

第三，找到最佳时间。科学研究发现，每个人都有属于自己的生物钟，一天 24 个小时中状态最佳的时间段，对于每个人来说都大不一样。最典型的有两种：百灵鸟型和猫头鹰型。百灵鸟型的人能早起，早上的精力最充沛，比如王健林，凌晨 4 点就能起床工作。猫头鹰型的人正好反过来，状态最好的时间在晚上，比如我。我把很多需要精力高度集中的事都放在夜深人静的时候处理。对于很多人来讲，你也许有些时候就是效率低，那没关系，这个时间段可以少干活，但是你得保证，在状态好的时间段，把进度补上来。

一句话理解拖延症：

明日复明日，明日何其多。

“小干扰”，你屏蔽得了吗？
——抵抗干扰——

破碎的“无效时间”

我平时有个习惯，每次下载 App 之后的第一个动作就是禁用它的“通知”功能，因为我最讨厌工作的时候，手机不断地收到外卖优惠或者促销折扣等推送信息的干扰。有人可能会说：关掉通知后错过重要的信息怎么办？在我看来，这些推送中 99.99% 都是无效信息。如果来者不拒，你原本能用于工作的整块时间就会被割裂成破碎的“无效时间”。

畅销书作者古典说过：现代人的生活就是“信息过多、思考过浅，随时干扰、永远在线”。美国一位信息学教授做过相应的调查：职场人士平均每工作 11 分钟就会被打断一次，每次被打断平均需要 25 分钟才能再度集中精神，继续做原来的事。这就是你每天看似忙碌，回头想想却好像什么也没做的原因。

心流状态

抵抗干扰最好的办法，是让自己进入一种“心流”的状态。什么是心流？比如你跟朋友一起打游戏或者一起逛街，不知不觉几个小时就过去了，根本没过瘾。这就说明，你刚刚进入了心流状态。

心流

心流是指在做某些事情时，那种全神贯注、投入的、忘我的状态。

在心流状态下，你感觉不到时间的存在，在这件事情完成之后，你会有一种充满能量并且非常满足的感受。你在心流状态下做一件事时，好像进入了一个封闭的环境，外面再嘈杂也不会干扰你。唯独与这件事相关的所有信息，是你不会忽略的，不管它们有多复杂，你也不会感到丝毫费力。

当然，工作毕竟不是打游戏或者逛街。怎么能在工作的时候抵抗干扰，让自己进入心流呢？有三种方法。

第一，物理屏蔽法。如果你特别容易受周围声音的影响，建议你戴上耳机或者耳塞。我常年出差，包里一定备一副隔音耳塞，专门用来对付飞机上的两种人：1.“熊孩子”和“熊家长”；2.在机尾说话生怕机长听不见，到哪儿都像在自己家里一样随便的那种人。另外，不管是在家还是在办公室，你都可以设立一个工作区，在这个区域内尽量不出现与工作无关的物品，尽量保持工作区的简洁、清爽、一目了然。如果有条件，可以像程序员那样，用两台显示器来工作，用一个屏幕来做手头最重要的事，用另一个屏幕来处理杂事，比如收邮件、微信对话、上网查资料等。这样做的好处在于，处理重要事务的那个屏幕不会突然弹出来各种干扰信息。微软公司做过一项调查，多显示器能明显提升员工的工作效率。

第二，番茄工作法。意大利人弗朗西斯科 · 西里洛在 1992 年发明了番茄工作法，可以有效地抵抗干扰。具体来说，一个番茄时间就等于 25 分钟连续工作和 5 分钟强制休息，这样，30 分钟就构成了一个最小时间单位，也有人把它叫作“煮”1 个“番茄”。这样循环下来，等你连着“煮”了 4 个“番茄”，也就是工作了 2 个小时以后，可以休息 15~30 分钟。如果你每天能“煮”10 个“番茄”，你就有 5 个小时的大块时间，可以被用来高质量地完成那些“重要不紧急”的工作。剩下的两三个小时，可以被用来做一些琐事、杂事，即便有打扰也无所谓了。

第三，Deadline 倒逼法。很多在外企工作的朋友，一听 deadline 这个词就浑身哆嗦。这个词若直译成中文就是“死线”（多么残暴的说法：到日子，活儿没干完，你就可以去死了）。这也是为什么职场上流传着这么一条举世公认的“真理”：Deadline 是第一生产力。如果你做的是个大工程，包含很多分项工作和很多细节，那建议你拿张纸，画一张进度表，把今天该做什么、明天该做什么，一直到 deadline 之前的每一天做什么，都在表里用线段表示出来。这种表格有个专有名字，叫作“甘特图”，一听就知道，是用“甘特”这个人的名字命名的。有了“甘特图”，你现在是领先还是落后，最后能不能来得及赶完工，有没有调整的余地，全都一目了然。我团队里的一个小伙伴在准备婚礼的时候，做了一张超大的“甘特图”，九大模块，共计 80 个小项目，按照婚礼时间倒推，标注好每个项目的完成时间，自己驱动自己，按计划完成。最终在几乎没有请假也没有花钱请专人策划的情况下，办了一场所有人都点赞的定制化婚礼。

一句话理解抵抗干扰：

俯首埋头，进入心流。

压力大，你扛得住吗？
——压力管理——

“昂贵”的压力

2008年金融危机的时候，京东的资金链出现了问题：如果无法拿到新一轮的融资，京东将一夜回到一无所有时。在最艰难的那段日子，京东的CEO刘强东额头前面的一缕头发几乎一夜之间变白。我虽然没有白头发，不过在创业以后，也时常因为压力过大而焦虑得睡不着觉。

压力不仅伤人，还很“昂贵”。据权威统计，美国员工因压力过大而产生的“经常性旷工”“心不在焉”“创造力下降”等现象，给企业带来了每年超过1 500亿美元的生产力损失。[①]中国职场上因为员工压力而造成的损失也同样不容乐观，我估计，跟美国相比，可能有过之而无不及。

---

① 参见https://www.forbes.com/sites/karenhigginbottom/2018/04/20/the-price-of-presenteeism-2/。

ABC 原理

心理学中有一个非常有名的“ABC 原理”[①]。“A”代表事件本身，“B”代表你对这件事的看法，“C”是这件事带来的结果。我们总希望通过改变“A”来改变“C”。比如，大学毕业后无处可去，终日焦虑，就想着有份工作就好了；工作中缺乏经验，不能让客户满意，压力很大，就想着熬过这两年就好了；两年后，老板设定了新的业绩指标，压力更大了，就想着招两个新人就好了。结果招来了人，发现还得花心思培训、管理、激励——应付不完的压力轮回。

压力管理

让我们心理上受苦的不是事情本身，而是我们对事件的想法和围绕这个事件所编造的“故事”。——张德芬，《遇见未知的自己》

只改变“A”，可能永远也没法改变“C”，但你可以从“B”着手，也就是你对这件事的看法。比如，你上班看到老板脸色不太好（A），如果你认为老板是在对你不满（B），你这一天都会如坐针毡，压力很大（C）；但是如果你认为是老板身体不舒服（B），你也许会去关心一下老板，换来他对你的感谢，你自然压力全无

① ABC 原理是由美国临床心理学家阿尔伯特·埃利斯于 20 世纪 60 年代创立的一种公信力治疗体系。

（C）。不同的看法，就会产生不同的结果。

人的欲望是世界上最难填满的沟壑，只要有欲望，就会有压力。压力永远不会因为赚了更多的钱而变少，赚了一百万元，你还想要一千万元。我们唯一能做的就是改变心态，做到所谓“尽人事，听天命”。

除了心理的“按摩”，还有什么具体的方法可以帮助我们管理压力呢？我在这里还是提供三种小方法。

第一，给自己“洗个脑”。有一种专门应对压力的工作方法，是由美国教育家戴维·艾伦提出的，叫作“GTD 工作法”（Getting Things Done，把事情搞定）。它的核心理念就是 4 个字：清空大脑。当人们头脑里有很多件待办事项的时候，自然的生理反应就是压力大。这时候你只需按照任务清单，按部就班地完成每一件事。这比同时想着几件事更有效，压力也能因此得到舒缓。

第二，给自己扫个除。我有个习惯，只要家里有我觉得一年之内用不上的东西，就一定会被我扔掉。大多数人其实很难做到这一点，因为大多数人会觉得“没准儿以后还用得上”，然而事实证明，大部分“没准儿以后用得上”的东西以后往往根本用不上。放心地扔吧！在我看来，扔东西是减缓压力、提升生活品质的不二法则，你从这件事上获得的益处远大于可能的损失。类似的方法还有定期删掉你永远不会看的收藏夹，删掉那些你永远懒得整理的老照片，把你一年也穿不了一次的旧衣服捐出去，等等。

第三，给自己放个假。压力实在大的时候，不妨给自己放个假。放假的方式有很多种，时间长一点儿的，比如旅行。我每年一定会给自己彻底放个假，享受一次长途旅行，回来之后的状态总是会更加饱满。当然，时间不充裕的话也有其他选择，比如在专属自己的时光里，跑步、阅读、烘焙，总之，做一些你可以沉浸其中的事情。

一句话理解压力管理：

尽人事，听天命。

精力差，你管得好吗？
——精力管理——

管理精力，而非时间

有一段时间，我因为压力大、工作忙，整个人非常焦虑，并且经常失眠。给团队开会，不到 20 分钟就开始心不在焉。回到家，本想放松一下，可是心里总想着工作，最后，所谓的“休息”毫无质量可言。有亲人过生日，有朋友来北京，本应是生活中开心的一部分，我却感到巨大的负担。每天一进家门就往床上一躺，哪儿都不愿意去。那时我有一句名言：“等我熬完这一段，我就可以开始熬下一段了。”因为我真的不知道，这样疲惫的状态什么时候才能结束。

精力管理

管理精力，而非时间，才是高效表现的基础。——吉姆·洛尔、托尼·施瓦茨，《精力管理》

我的时间已经没法用任何效率工具来管理了，即便不放松也不睡觉，省出来的时间也不能被很好地利用。问题出在哪儿了呢？管理学大师彼得·德鲁克的一句名言刚好能回答这个问题：“我们更应该管理能量，管理精力，而非时间。”

“全情投入”

美国学者吉姆·洛尔和托尼·施瓦茨写了一本书，叫《精力管理》，英文原名是 *The Power of Full Engagement*，直译就是“全情投入的力量”。听得出来，“全情投入”就是这本书的核心主张。什么叫“全情投入”？就是“该干活就干活，该玩就玩，该休息就休息”。听起来很简单，能做到太难了。

彼得·德鲁克认为，人的能量和精力主要来自 4 个方面——体能、情绪、思想和精神。在我看来，体能和情绪是管理精力最重要的两个基础。如果用纵轴表示体能由低到高，横轴表示情绪从负面

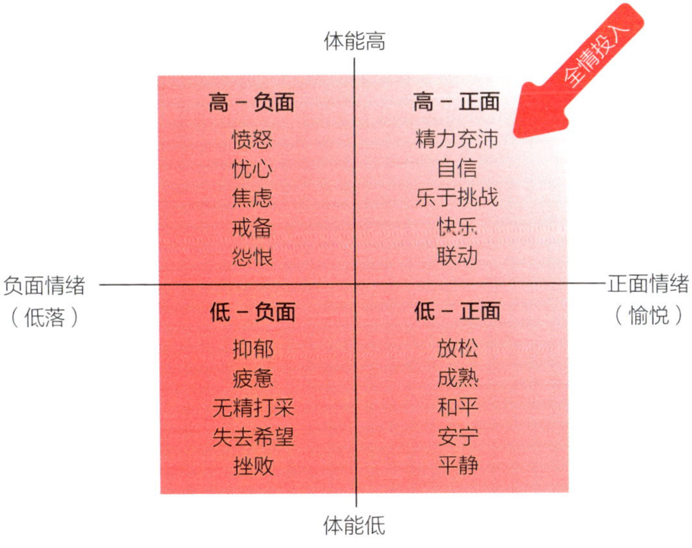

图 19-2　精力象限

到正面的变化，就可以形成“精力象限”。

情绪越低落，精力就越消极，表现也就越糟糕；反之，情绪越高涨，精力就越积极，表现也就越高效。全情投入只可能存在于“高 – 正面”的象限。

如何让自己进入“高 – 正面”象限，保持全情投入呢？我想给你三点建议。

第一，做到张弛有度。所谓“一张一弛，文武之道”，说的就是要劳逸结合。小时候，父母经常告诉我们，学的时候就认真学，玩的时候就踏踏实实地玩。精力管理的核心就是：工作的时候不闲聊，专注于提高效率；效率高了就不用加班，就能早回家；在休息时间，不管是多么重要的工作，都要彻底忘掉它，进入完全充电模式。这样，第二天又能够全情投入工作中。如此往复，形成良性循环。在这里，我想跟你分享日本作家村上春树说过的一段话：清晨五点起床，晚上十点之前就寝，这样一种朴素而规则的生活宣告开始。一日之中，身体机能最为活跃的时间因人而异，在我，是清晨的几个小时。在这段时间内，集中精力完成重要的工作，随后的时间或是用于运动，或是处理杂务，打理那些无须高度集中精力的工作。日暮时分便优哉游哉，不再继续工作。或是读书，或是听音乐，放松精神，尽量早点儿就寝。我大体依照这个模式度日，直至今天。拜其所赐，这二十来年工作顺利，效率甚高。

第二，突破惯常极限。我在美国读 MBA 的时候，除了图书馆，最常去的地方就是健身房。锻炼肌肉最科学的方法，就是将每个动作做到力竭，也就是“再也没法多做一下”。突破极限，意味着你要破坏原有的肌肉纤维，然后肌肉在重新生长的过程中才能变粗、变长。人的精力水平也是一样的，不管是改善体能，还是调整情绪，都要坚持到“再也没法多做一下”，然后在不断突破极限的过程中，寻找进步的空间。

第三，养成仪式习惯。行为心理学中有一个“21 天效应”，是说重复一种行为 21 天，就会变成习惯。人的意志力是有极限的，而如果能把一些费劲的行为养成习惯，我们就不用额外消耗精力了。比如，每天早上刷牙、洗脸时，你不需要思考，也不用费精力，机械地执行就行了。类似地，控制生气是很消耗精力的，那么每次发怒时强制自己数一、二、三，稍微冷静一下，怒气可能就消了一半。再比如，每次想吃甜食的时候，硬憋着肯定消耗精力，那么你可以让自己站起身来，到楼下走五分钟，血氧含量提高了，大脑运转就不那么依赖糖分了。养成好的行为习惯，用习惯去对抗精力消耗，人就能轻松很多。否则，工作需要消耗精力，减肥需要消耗精力，早睡需要消耗精力，所有的事都靠精力去干预和维持，那么就会出现我在本节开篇提到的那种情况：精力消耗殆尽，完全陷入恶性循环。

一句话理解精力管理：

该干活就干活，该玩就玩。

第20章

成为一个什么样的人，取决于你自己
职业生涯规划

你工作快乐吗？
——什么是好工作——

大家眼中的“好工作”

在500强公司拿高薪是很多年轻人的梦想。问题是，每年毕业的大学生都在做这个梦，500强却只有500个。2005年，我本科毕业的时候，一份月薪3 000元的工作是所有同学心里的目标，而我的第一份工作是电话业务员，月薪800元。十多年后的今天，曾经拿到3 000元月薪offer的同学，以及一毕业就进了事业单位的同学……大多在中年危机中煎熬，曾经的好工作放到今天来看就不那么好了。那到底什么是好工作呢？我们来看看关于好工作，通常会遇到的三个问题。

1. 大公司真的好吗？

大公司确实好，因为它有相对完整的架构和体系，以及相对完善的薪酬和福利。除此之外，你亮出名片的时候还特别有“面子”，爸妈都跟着脸上有光。但是，你做好准备成为一颗螺丝钉了吗？“BAT”的确比我的公司大，但并不代表“BAT”所有的员工都比我的员工强，若论综合能力，也许有的还不如我们。在大公司，你只能做一件事，还要一直做，以达到最高的个体效率。而在我这样的创业公司，没多少员工，每个人都身兼数职，你想不“打怪”都不行，你想不“升级”都不行。

大公司的成功缘于公司的资源和体系，而很多人往往不能意识到这一点，错误地把成功的 90% 归为自己的能力。比如，电视剧《乔家大院》里的孙茂才本是个乞丐，他投奔了乔家，为乔家的生意立下功劳，有了一定的地位。孙茂才认为，乔家生意蒸蒸日上，他居功至伟。后来，他私欲膨胀，被乔家赶了出来，于是投奔了乔家的对手钱家。钱家却对孙茂才说：“不是你成就了乔家的生意，而是乔家的生意成就了你。”在职场中，你能否分辨清楚哪些是自己的能力，哪些是大公司带来的资源和便利？离开大公司后，你剩下的才是你真正的本事。

2. 外企真的好吗？

大家都认为外企好，但好在哪里呢？无非是“高大上”的写字楼，略显奢侈的差旅标准，旁人艳羡的目光，但这些是你想要的吗？外企的工作看起来光鲜，然而大多数人都很难升职成为高级管理者。举个例子，微软中国公司上面有大中华区，大中华区上面有亚太区，然后才是美国总部。就算在总部，还有副总裁、高级副总裁、执行副总裁和首席执行官等各个级别。如果说微软总裁是总司令的话，那么微软中国总经理的角色也就是个连长，或者是个营长，至于总经理之下的副总、总监和高级经理，执行者的属性就更强了。很少有本土人士能够真正进入跨国公司的核心圈，你看到这层“玻璃”了吗？

3. 国外真的好吗？

我在 MIT 和杜克大学的很多中国同学都留在美国了。他们为了拿到身份，辛苦地计算着各种时间，时不时地还要惊恐地关注着最新的移民法案；他们费尽千辛万苦拿到 offer，却早已看到了自己职业生涯的“天花板”。美国雅虎公司于 2014 年 6 月公布的数据显示，虽然公司 39% 的员工为亚裔，但亚裔在管理层中仅占 17%，其中华人的比例更是少之又少。大多数在国外工作过的同学都能深刻地感受到，只要长着这张黄色的脸，职业生涯最高能到哪里，几乎都是预测得到的。

我有一个小学同学住在洛杉矶，她一个人亲历了一次地震。她跟我讲：“如果我没躲过去，可能都没人知道。”出国真的未必如你想象的那么光彩。也许你在国外旅行的时候看到的是“好山好水”，但当你真的在那儿生活的时候，体会到的就只剩下“好寂寞”了。

不管是大公司、外企，还是出国，这些选择本身并没有问题，都是不错的选择。我主要是想告诉你：要先弄清楚你想要什么。如果你不清楚自己想要什么，你就永远也不会找到所谓的好工作。因为你永远只能看到你得不到的东西，而你得到的，都不是你想要的。

一句话想清楚什么是好工作：

问问自己，你真的知道自己想要的是什么吗？

90% 的情况下，你的公司并没有那么烂
——跳槽与积累——

工作是理性的事

许多年前，我在一家互联网公司任职，当时部门来了一个新领导。新官上任三把火，需要机会展示权威，而我不幸成了给“猴”看的那只“鸡”。有一次周末加班，我迟到了半小时，新领导当着部门200多人的面，把我说得一无是处。我在公司的人缘一直都不错，很多人因此替我打抱不平：“周末加班也不给加班费，迟到半小时，至于这么不给面子吗？”“老路，我们支持你，咱们不伺候了。你去哪儿，兄弟们就跟你去哪儿。”而我却格外冷静，我清楚地意识到，面对“空降”高管这件事，我在哪儿都免不了会碰到。因此，我决心搞定这个新老板，不然永远都得在这个问题上认栽。这之后的结果是：我在这个新老板的器重之下，一年之内连升三级，成了她在团队里最信赖的人。在取得这些成就后，我毅然决然地递交了辞职信。

跳槽之前，我建议大家注意三点。

1. 工作需要你理性对待。工作是一件理性的事，不要意气用事。或许有人觉得你发脾气、甩手不干很有个性，但银行不会因为你有

个性就免了你的信用卡账单；或许你很帅地“炒”了老板，或者很酷地挖苦了一番 HR，但由此带来的后果还是要由你自己承担的。

2. 在 90% 的情况下，你的公司并没有那么“烂”。你之所以会认为“我的公司太烂了”，是因为你被有限的信息蒙蔽了，没有看到其他公司的情况，也就没有进行充分的对比。而当你真的跳槽了，就会发现，你原本认为不错的公司也没有那么“好”。就像《围城》里说的：“城里的人想出去，城外的人想进来。”

3. 有些问题是躲不开的。跳槽前请想一想，跳槽是否能解决问题。一般来说问题发生了，躲是躲不开的，在现在这家公司不能解决，在下一家公司多半也解决不了。

当然，我并不是反对跳槽，该跳的时候还得跳，只是不要因为盲目和躲避而跳槽。对此，我想给你三个建议。

第一，不要重蹈覆辙。人生就像一条曲线，偶尔会遇到低谷，但我认为，总体趋势应该是向上的，而不应该像心电图那样，每次都要回到起点。我面试过不少人，有人有四五段工作经历，多则 3 年，少则 1 年。都 30 多岁了，还要回到起点从一个初级职位干起，和 20 多岁的年轻人一起竞争，跟毕业生拿差不多的薪水，不觉得有点儿辛苦吗？这种日子好过吗？

第二，积累好再跳。你在新公司的价值取决于你之前的积累，这种积累包括：经验、人脉、口碑。如果每次跳槽都换个行业，那意味着你前些年的积累都将付诸东流，一切从头开始。其实在职业生涯早期，我也想不清楚这些问题，但是我发现，但凡“大咖”都有一个共同的特点，他们都是在某个行业坚守了十年、十五年以上。要想成为那样的人，就必须专注于一个行业，以五年、十年为人生刻度，成为这个行业的专家。当时，我选择了电商。老实讲，你觉不觉得我如今做的知识付费，也是电子商务的一种呢？

第三，年轻人敢闯就换。刚毕业的年轻人，在工作的头3年，应该拼命地换工作，尽可能多地接触各个行业和职业。3年后，当你大概了解了职场的基本运转规律、各行各业的差异，以及自己想要什么的时候，再选择一个行业，专注五年到十年，不要轻易更换。不过5~10年并不容易坚持。在一个岗位做了两三年后，大部分人会觉得自己已经弄懂了一切，懒得去寻求进步了。其实这个时候，比赛才刚刚开始，无论是客户关系、人脉、在业内的名气等，还都是远远不够的。还有一些人会遇到瓶颈，直至彻底厌倦、放弃，就像跑马拉松一样，开始很轻松，但是很快就会出现不适感。一般熬过这种难受，你就会发现自己还能往前跑一段。紧接着，第二次、第三次，不适感还是会袭来，如此往复。大多数人第一次就放弃了，一些人能坚持到第二次，到第三次时，虽然大家都坚持不住了，可是跑到这里的人也没几个了，这点儿资本已经足够你安稳地活一辈子了。

其实，我自己也跳过很多次槽。现在回头看，职业生涯早期的跳槽大多是随性而为，上面说的这些问题，我全都遇过一遍。但是后几年的跳槽则有了很大的不同，每一次，我都清楚自己要的是什么，为什么而跳。记得有一位猎头朋友说过这样一句话："如果你 35 岁还在通过招聘网站投简历，没有猎头一天到晚骚扰你的话，你就该反省一下，自己到底是哪里做错了。"这句话，你觉得有道理吗？

一句话想清楚跳槽与积累：

在这家公司解决不了的问题，
在下一家公司真的能解决吗？

你想改变世界，还是想卖一辈子汽水？
——入对行与跟对人——

没有绝对的好行业

当年，乔布斯在邀请百事可乐的总裁约翰·斯考利加入苹果时，问过他一个问题：“你是想改变世界，还是想卖一辈子汽水？”很明显，电脑行业比饮料行业更有发展前景。斯考利也因此被打动，选择跨行跳槽。但是这位在百事非常成功的总裁，到了苹果却表现平平。于是我禁不住要问这样一个问题：卖电脑和卖汽水，到底哪个才算是好行业呢？

现代职业分工已经达到了近乎极致的精细，人们基本上只能在一个行业成为专家。比如乔丹，打篮球是“男神”，打棒球就是“痴汉”了。同样，篮球“禅帅”菲尔·杰克逊当球员和教练时，拿到了 12 枚总冠军戒指，而当他成为管理这帮球员和教练的总裁时，却遭受了连连骂声。[①]

不管是卖电脑还是卖汽水，我们需要记住一点：大多数人认可的行业不见得就是好行业。毕竟成功或有钱的总是少数人，大多数

---

① 菲尔·杰克逊从 2014 年开始便成为 NBA 尼克斯球队的总裁。三年来，球队的战绩却是可怜巴巴的 80 胜 166 负，一次季后赛都没有进入。

人都很普通，见识有限。所谓的好行业，会有好几百万人同时盯上并瞬间涌入，这会导致竞争过于激烈，几乎没有人能达成最初定下的目标。

那么，如何客观地评判一个行业是否够好，是否适合自己呢？我认为有三个标准。

第一，不可逆转的趋势。在我看来，母婴行业就是好行业，因为开放“二孩”政策带来的整个市场越来越大，是不可逆的趋势；养老是好行业，因为中国的老龄化是不可逆的趋势；知识付费也是好行业，因为碎片化的学习是不可逆的趋势。判断一个行业好坏，不是看是否能赚钱，而是看未来走向。

第二，不可复制的天赋。我有一个特别会买衣服的朋友，他能在众多衣服中翻出一件特别适合自己的衣服。而我买一辈子衣服也达不到他这个水平。对于他来说，“时尚”就是个好行业，但对我来说就是“灾难”了。当然天赋这件事情，别人没办法帮你判断，只有你自己才能判断。如果你学得快、有悟性，能看到别人看不到的东西，那么恭喜你，你很可能找到了适合你的行业。

第三，不可替代的稀缺。我们公司之前一直在为一个岗位招聘，叫作“大文字”，前段时间碰巧认识了一个在微软工作的朋友。这位朋友的文字读起来让人如沐春风，一眼就能看出技高一筹。但是，在微软这样的 IT（信息技术）公司，这种能力除了让她在朋友圈获得一些赞，也没什么实际用处了。而同样的能力在知识付费领域，就被我们视如珍宝，她的不可替代性、稀缺性极强。所以，我甚至愿意给几倍的薪水，挖她过来。对她来说，微软和我们这家创业公司所在的知识付费行业，哪个是好行业呢？

阅人无数，不如名师开悟

除了入对行，在我看来，一件更重要的事就是跟对人，所谓“读万卷书，不如行万里路；行万里路，不如阅人无数；阅人无数，不如名师开悟”。好的领导，不是让你钱多、事少、离家近，而是至少具备以下三个特点。

第一，宽广的心胸。如果一个老板每天都发脾气，那他肯定不是个心胸宽广的人。能发脾气的时候却不发的，多半是非常厉害的人。中国老板最大的毛病，就是容忍不了能力比自己强的人。所以常常可以看到的一种现象是，领头的很有能力，手下却是一群庸才和闲人，如果是这样的话，还是不要去的好。

第二，从下属角度思考问题。这一点其实在面试的时候就能发现。如果面试官总是从自己的角度来考虑问题，几乎不听你说了什么，这就危险了。从下属的角度来考虑问题，并不代表他必须同意你的说法，但他必须了解你的立场，以及你为什么会这么想，然后他才有办法说服你。只关心自己怎么想的老板，往往难以获得下属的信服。

第三，敢于承担责任。如果出了问题就把责任往下推，有了功劳就往自己身上揽，这样的老板不跟也罢。要选择关键时刻抗得住，能够为下属的错误“买单”的人当老板，因为这是他作为老板的责任。

一句话帮我们看清什么是好行业：

入对行，跟对人，成功只是时间问题。

读清华还是北大？这不是选择
——选择——

选择无处不在

董卿在《朗读者》这个节目上，有过这样一段关于选择的朗读，我很喜欢，把它分享给你。

> 生存还是毁灭，这是一个永恒的选择题，以至于到最后我们成为什么样的人，可能不在于我们的能力，而在于我们的选择。
>
> 选择无处不在：面朝大海，春暖花开是海子的选择；人不是生来被打败的，是海明威的选择；人固有一死，或重于泰山，或轻于鸿毛，是司马迁的选择。
>
> 选择是一次又一次自我重塑的过程，让我们不断地成长，不断地完善。如果说人生是一次不断选择的旅程，那么当千帆阅尽，最终留下的就是一片属于自己的独一无二的风景。

我始终认为，我最终会成为什么样的人，取决于我所做过的每一个选择。我可以选择靠脸吃饭，虽然很明显这是条死路，也可以选择靠才华，虽然费了很大的劲也没什么才华；我可以选择，稿子质量差不多就行了，也可以选择反复修改 18 遍，不断地打磨、雕琢；我可以选择每天抱怨，自己为什么不是“富二代”，也可以努力奋斗，让我的孩子成为“富二代”。

我们永远都有选择，虽然有些选择不是立竿见影的，而是需要积累。比如，农民伯伯可以选择自己去浇地，也可以选择让老天爷去浇地。诚然，你浇一次水，秧苗也不见得马上就能长出来，但常常浇水，大部分秧苗终究会长出来的。但如果你不浇，收成就一定会很糟糕。

那我们应当如何做出选择呢？我认为有三个问题是你需要想清楚的。

第一，什么叫选择？很多人会说：“我命苦，没得选。”如果你认为“去阿里还是去腾讯”，“上清华还是上北大”，这种才叫选择的话，你的确没什么选择。但是你可以选择的是：是否更周到地为客户服务，是否对同事更耐心，是否把工作做得更细致，等等。你也可以选择：是否在痛苦中继续坚持，是否抛弃自己的负面想法，是否原谅一个人的错误，是否相信我在这里讲的这些话。生活每天都在给你选择的机会，你可以选择“视而不见”，也可以选择“做出选择”。

第二，什么是更重要的选择？你选择相信什么？你选择和谁交朋友？你选择做什么？你选择怎么做？在这些选择当中，意识形态层面的选择又远比客观条件的选择重要：比如选择做什么产品其实并不那么重要，而选择怎么做才重要；选择用什么人并没有那么重要，而选择怎么用这些人才重要。

第三，什么是比选择更重要的？一个大学生毕业了，他要去改变世界也好，要创业也好，做游戏代练也好，只要不犯法、不害人，都没有什么关系。要紧的是，他在选择了以后，怎么把事情做好。

除了这些，你还可以选择时间和环境。比如，你可以选择把这辈子最大的困难放在最有体力、最有精力的二三十岁，也可以走一步看一步，等到 40 岁再说。只是 40 多岁正是你这辈子最脆弱的时候，上有老、下有小，如果在那个时候碰上了职业危机，你连翻盘的机会都没有。你可以选择停留在“舒适区”，也可以选择不轻易饶过自己；你可以选择在办公室吹冷气、打《王者荣耀》，也可以选择在 40 度的酷热天气拜访客户。只是这一切的选择最终会累积起来，引导你到达你应得的未来。

因为生活而工作

“生活还是工作”是每一个职场人都会面对的选择题。我想，我们还是因为生活而工作，不是因为工作而生活。生活是最要紧的，工作只是生活的一部分。我总是觉得生活的各个方面都是相互影响的，如果生活本身一团乱麻，工作也不会顺利。所以要有娱乐、社交，要锻炼身体，要有和睦的家庭。最要紧的是要开心。前段时间，一个前同事找我聊天，倒了一肚子苦水。我问她："几年以前，你什么都没有，工资不高，没有客户关系，没有业绩，处于被开除的边缘。现在的你，比那时的条件好了很多，为什么却更不开心了？如果你做得越好越不开心，那你为什么还要工作？人最重要的是要让自己高兴起来，那种发自内心的改变会让你更有耐心，更有信心，更有气质，更能包容，否则，看看镜子里的你，你满意吗？"

一句话理解选择：

你最终会成为什么样的人，就决定在你的每个选择之间。

逆境，是上帝帮你淘汰竞争者的地方
——等待——

耐得住寂寞

当下社会，人心浮躁，人们最不喜欢的就是“等待”。但很多时候，并不是每一分努力都会得到回报，并不是每一个善意都能换来理解，我们唯一能做的就是静观其变。纵观商业圈成功人士，哪个没有经历过等待的历练？

周润发等待过，刘德华等待过，周星驰等待过，郭德纲也等待过。看到他们如今的功成名就，你可曾看到他们当初的等待和耐心？你可曾看到“金马奖影帝”在街边摆地摊？你可曾看到德云社一群人在剧场里给一位观众说相声？你可曾看到周星驰的角色连一句台词都没有？每一个成功者都有过一段低沉苦闷的日子，我几乎能想象出来他们借酒销愁的样子。在他们一生中最灿烂美好的日子里，他们渴望成功，但却“两手空空”，一如年轻时的你我。没有人保证他们将来一定会成功，而他们的选择是耐住寂寞。如果当时的他们总是念叨着“成功只属于富豪权贵”，你觉得今天的他们会怎样？

我曾经也不明白，为什么有些人能力不比我强，却要“坐”在我的头上，年纪比我大就一定要当我的领导吗？为什么有些人不需要努力就能赚钱？为什么比我大 10 岁的 70 后仿佛赶上了特别容易赚钱的好时期，而轮到我们 80 后，成家立业却变得如此之难了。有一天，我突然想明白了，当我还在上小学的时候，他们就已经在社会里挣扎奋斗了，他们在社会上积累了十几年、二十年的经验，我们新人来了，他们有的我们就都想要，我们这不是在要公平，我们这是在“抢劫”。因为我们要得太急，因为我们耐不住寂寞。

职业生涯就像体育比赛

职业生涯就像一场体育比赛，有“初赛”“复赛”“决赛”。“初赛”的时候大家刚刚进社会，大多数都是实力一般的选手，这时候努力一点儿、认真一点儿，很快就能让你脱颖而出。然后是“复赛”，能参加“复赛”的都是赢得“初赛”的，每个人都有些能耐，在聪明才智上都不相上下，这个时候再想要胜出，就不那么容易了。单靠一点点努力和认真还不够，要有很强的坚忍精神，要懂得靠团队的力量，要懂得收服人心，还要有长远的眼光。

看上去赢得“复赛”并不容易，但也不是那么难。因为这个世界的规律就是在给人一点儿成功的同时，让人骄傲自满。刚刚赢得“初赛”的人，往往不知道自己赢得的仅仅是“初赛”，有了一点儿小小的成绩，大多数人就会骄傲自满起来。虽然他们仍然不好对付，但是他们没有耐心，没有容人的度量，更没有清晰长远的眼光。就像一头愤怒的斗牛，虽然猛烈，最终还是会败的。而赢得“复赛”的人则像斗牛士一样，不急不躁，跟随自己的节奏，慢慢耗尽对手的耐心和体力。赢得“复赛”以后，这类人大约已经是很了不起的职业经理人了，或是当上了中小公司的总经理，或是成为大公司的副总，主管着每年几千万元乃至几亿元的生意。

最终的“决赛”来了。说实话，我自己都还没有赢得“决赛”，因此对于“决赛”的决胜因素也只能凭猜测。这个时候的输赢，或许就像武侠小说里写的那样，大家都是“高手”，只能等待对方犯错。世界的规律依然发挥着作用，赢得“复赛”的人已经不只是骄傲自满了，他们往往刚愎自用，听不进去别人的话。有些人的脾气变得暴躁，心情变得浮躁，身体变得糟糕，他们最大的敌人就是他们自己。在“决赛”中要做的，就是不被自己击败，同时等着别人被自己击败。这和体育比赛是一样的，最后看“高手”之间的较量，谁失误少，谁就能赢得“决赛”。

面对逆境

人总是会遇到挫折、低潮，以及不被人理解的消沉时刻，大多数人过不了这道“门槛”。每当此时，我们不妨想一想那些我们已经拥有却不曾关注的宝贵财富：年轻、健康、收支平衡、完整的家庭。还有什么可怕的？逆境是上帝帮你淘汰竞争者的地方。要知道，你不好受，别人也不好受，你坚持不下去了，别人也一样。千万不要告诉别人你坚持不住了，那只能让别人获得坚持的信心。让竞争者看着你微笑的面孔，失去信心，退出比赛。胜利终将属于那些有耐心的人。

在最绝望的时候，我喜欢看一部电影：*The Pursuit of Happiness*，中文叫《当幸福来敲门》，这部电影刷一百遍都不过分。在电影里，威尔·史密斯跟他的儿子说了一句话，这句话，我这辈子可能都忘不了。他说："Don't ever let somebody tell you that you can't do something." 翻译过来就是："不要让任何人告诉你，你做不到。"每当我遇到挫折，遇到我迈不过去的"坎"时，我就愿意再看一遍这部电影，然后独自一人望向窗外。我知道，我在静静等待，等待属于我的时刻到来。

一句话理解等待：

不要告诉别人你坚持不住了，
那只能让别人获得坚持的信心。

后　记
相　信

最终修订这本书稿的时候，正值2019年年初。裁员潮、宏观经济低迷、资本市场寒冬等不甚乐观的消息不绝于耳。

然而，我们从不希望兜售焦虑，而是希望你看到，即便是在这样的经济环境里，仍然有成功的创业者、优秀的职业人，从我们身边脱颖而出，取得惊人的成绩。我们坚定地相信，方法比努力更重要；我们坚定地相信，从长周期来看，对于自己的投资，才是真正的“价值投资”。

新的一年，我给我们的小团队定了一个主题，叫作“相信”。

我们相信，资本寒冬下的中国，会挺过去，会变得更好。

我们相信，风口褪去的知识服务行业，终究会大浪淘沙始见金，好的内容最终会帮助更多的人发生真正的改变。

我们相信，我们这个小团队，梦想高远，脚踏实地，终究会实现不一样的成就。

我们更相信，书本前的你会在新的一年，在追求自己梦想的道路上，勇敢前行，不负韶华。

谢谢你。谢谢你。谢谢你。

参考书目

1. 常青 . 应该读点经济学［M］. 北京 : 中信出版社，2009.
2. 曼昆 . 经济学原理［M］. 梁小民，梁砾，译 . 北京 : 北京大学出版社，2015.
3. 奚恺元 . 别做正常的傻瓜［M］. 北京 : 机械工业出版社，2006.
4. 杰里米 · 里夫金 . 零边际成本社会［M］. 赛迪研究院专家组，译 . 北京 : 中信出版社，2014.
5. 钟朋荣：格兰仕给中国制造业的启示［EB/OL］. [2003-07-16]. http://www.people.com.cn/GB/jingji/1045/1970776.html
6. 张维迎 . 博弈与社会［M］. 北京 : 北京大学出版社，2013.
7. 丹尼尔 · 卡尼曼 . 思考，快与慢［M］. 胡晓姣，李爱民，何梦莹，译 . 北京 : 中信出版社，2012.
8. 丹 · 艾瑞里 . 怪诞行为学［M］. 赵德亮，夏蓓洁，译 . 北京 : 北京大学出版社，2008.
9. 谈婧 . 重新定义分享［M］. 北京 : 中国友谊出版公司，2016
10. 吴晓波：我所理解的社群经济［EB/OL］.［2016-02-16］. https://mp.weixin.qq.com/s/-FL9wqdKc-X7l3KfVYzu-A

11. 除了理想还有生意，罗辑思维的社群生意经［EB/OL］.［2014-07-07］.http://www.tmtpost.com/120683.html
12. 社群商业——移动互联时代的新商业图景［EB/OL］.［2014-07-09］.https://mp.weixin.qq.com/s/2gwW1i09F3BDz-c-4MJ3UQ
13. 彼得·林奇．战胜华尔街［M］．北京：机械工业出版社，2007.
14. 黎万强．参与感［M］．北京：中信出版社，2014.
15. 赵大伟．互联网思维独孤九剑［M］．北京：机械工业出版社，2014.
16. 集中优势兵力，单点突破［EB/OL］.［2013-08-06］.http://blog.sina.com.cn/s/blog_49f9228d0101db1h.html
17. 埃里克·莱斯．精益创业［M］．吴彤，译．北京：中信出版社，2014.
18. 威廉·尼克尔斯，吉姆·麦克修，苏珊·麦克修．认识商业［M］．陈智凯，黄启瑞，译．北京：世界图书出版公司，2009.
19. 崔凯．投融资那点事儿［M］．北京：人民邮电出版社，2015.
20. 桂曙光．创业之初你不可不知的融资知识［M］．北京：机械工业出版社，2010.
21. A Deeper Look at Uber’s Dynamic Pricing Model［EB/OL］.［2014-03-11］.http://abovethecrowd.com/2014/03/11/a-deeper-look-at-ubers-dynamic-pricing-model/
22. 艾·里斯，杰克·特劳特．定位［M］．王恩冕，译．北京：中国财政经济出版社，2002.

23. 罗杰 · 道森 . 优势谈判［M］. 刘祥亚，译 . 重庆 : 重庆出版社，2015.
24. 马尔科姆 · 格拉德威尔 . 异类［M］. 季丽娜，译 . 北京 : 中信出版社，2009.
25. 丹尼尔 . 柯伊尔 . 一万小时天才理论［M］. 张科丽，译 . 北京 : 中国人民大学出版社，2010.
26. 安德斯 · 艾利克森，罗伯特 · 普尔 . 刻意练习［M］. 王正林，译 . 北京 : 机械工业出版社，2010.
27. 尼尔 · 布朗 . 走出思维的误区［M］. 张晓辉，译 . 北京 : 中央编译出版社，1994.
28. 尼尔 · 布朗，斯图尔特 · 基利 . 学会提问［M］. 吴礼敬，译 . 北京 : 机械工业出版社，2012.
29. 科里 · 帕特森，约瑟夫 · 格雷尼，罗恩 · 麦克米兰 . 关键对话［M］. 毕崇毅，译 . 北京 : 机械工业出版社，2012.
30. 马歇尔 · 卢森堡 . 非暴力沟通［M］. 阮胤华，译 . 北京 : 华夏出版社，2009.
31. 格里高利 · 哈特莱，玛丽安 · 卡琳奇 . 非语言沟通［M］. 梅子，郑春蕾，译 . 北京 : 中华工商联合出版社，2015.
32. 彼得 · 迈尔斯，尚恩 · 尼克斯 . 高效演讲［M］. 马林梅，译 . 长春 : 吉林出版集团有限责任公司，2013.
33. 威廉 · 翁肯 . 谁背上了猴子［J］. 哈佛商业评论，1974(11-12).

34. 大久保幸夫 .12 个工作的基本［M］. 程亮，译 . 南昌：江西人民出版社，2016.

35. 史蒂芬 · 柯维，罗杰 · 梅里尔，丽贝卡 · 梅里尔 . 要事第一［M］. 刘宗亚，译 . 北京：中国青年出版社，2010.

36. 简 · 博克，莱诺拉 · 袁 . 拖延心理学［M］. 蒋永强，陆正芳，译 . 北京：中国人民大学出版社，2009.

37. 阿兰 · 拉金 . 如何掌控自己的时间和生活［M］. 刘祥亚，译 . 北京：金城出版社，2005.

38. 米哈里 · 契克森米哈赖 . 心流［M］. 张定绮，译 . 北京：中信出版社，2017.

39. StaffanNöteberg. 番茄工作法图解［M］. 大胖，译 . 北京：人民邮电出版社，2011.

40. 张德芬 . 遇见未知的自己［M］. 北京：华夏出版社，2008.

41. Forbes.The Price Of Presenteeism［J/OL］https://www.forbes.com/sites/karenhigginbottom/2018/04/20/the-price-of-presenteeism-2/

42. 吉姆 · 洛尔，托尼 · 施瓦茨 . 精力管理［M］. 高向文，译 . 北京：中国青年出版社，2015.

43. 彼得 · 德鲁克，克莱顿 · 克里斯坦森，罗伯特 · 奎因 . 自我发现与重塑［M］. 刘铮筝，万艳，蒋荟蓉，译 . 北京：中信出版社，2015.

44. 胡震宁 . 为什么你还没有好工作［M］. 北京：北京航空航天大学出版社，2009.